재무제표로 찾아낸
저평가 주식 53

투자자들이 가장 궁금해하는
반도체 · 전기차 · 메타버스 · 게임
바이오 · 로봇 분야

재무제표로 찾아낸 저평가 주식 53

이승환 · 황우성 · 김태경
지음

센시오

| 프롤로그 |

저평가 종목은 재무제표에서 좋아야 할 숫자가 좋아지는 기업이다

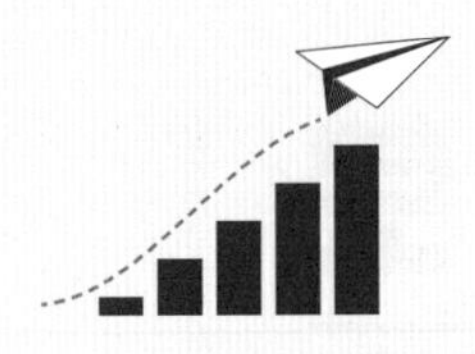

기업경영 활동을 숫자로 표현한 것이 바로 재무제표입니다. 재무제표에서 좋아야 할 숫자가 좋아지는 기업을 아는 사람은 남들보다 싸게 주식을 삽니다. 그런데 그게 어렵습니다.

이를테면 이런 숫자들 말입니다. 영업이익, 부채비율, 유동비율, 영업활동현금흐름, 재고자산회전율, 매출채권회전율 등. 빚이 많다고 해서 나쁘다고 볼 수 없습니다. 자산의 건전성을 나타내는 빚도 있습니다. 부채비율이 낮고, 1년 안에 팔 수 있는 유동비율이 높으면 좋습니다.

주식투자자 대부분은 재무제표가 투자에 매우 '중요한 사실'을 담고 있다는 점을 알면서도 막상 투자할 때, 직접 재무제표를 읽고 투자 결정이 옳은지 사전에도 사후에도 비교하지 않습니다. 가장 큰 이유는 재무제표를 분석하기 어려워하고, 재무제표에 담긴 숫자를 '빠르게' 투자정보로 바꿔 본 경험이 없기 때문입니다.

많은 주린이가 적은 자본을 가지고 소형주 위주로 주식투자를 시작합니다. '경험이나 쌓아보자.' 식으로 투자했다가 이익을 내기도 하지만 한 번의 실수로 그동안 쌓은 이익을 모두 날리기도 합니다. 이런 일이 일어나는 가장 근본적인 이유는 종목 선택을 위한 객관적인 정보가 부족하기 때문입니다.

소문과 뉴스 속에 팩트를 가려내기 위해서는 객관적인 잣대가 필요합니다. 재무제표의 회계 정보는 가장 기초적인 판단 근거입니다. 이 안의 숫자를 익히고, 이를 주식투자에 적용하는 데는 또 시간이 필요합니다만 적응만 하면 주식투자를 시작하기는 전 '클릭' 몇 번이면 누구나 전문투자자와 같은 경쟁선에 설 수 있습니다.

그래서 준비했습니다. 2022년, 주가가 저평가된 53개 기업의 재무제표를 쉽게 읽어 드립니다. 글을 따라 읽다 보면, 재무제표의 어려운 숫자를 투자정보로 바꾸는 데 큰 도움이 됩니다.

이 책에 담긴 일곱 가지 분야(반도체, 전기차·2차전지, 메타버스, 게임·콘텐츠, 제약·바이오)는 저자들 마음대로 선택한 게 아닙니다. 300명이 넘는 주식투자자에게 "어떤 테마의 저평가 주식이 궁금한가요?" 하고 조사를 진행한 후 결정했습니다. 그 후, 저자들은 회의를 거듭하며 수많은 기업의 재무제표를 분석했습니다. 그리고 저평가된 종목을 44개를 결정했고 추가로 저평가 유망주 9개를 선택했습니다. 그리고 글을 써내려갔습니다. 53개 기업 재무제표에 담긴 숫자를 쉽게 해설하며 저평가 이유와 투자 포인트를 담았습니다.

재밌는 일들도 있었습니다. 책을 쓰는 동안에 몇 종목이 올라서 정보를 공유받은 투자자들이 조금이나마 수익을 내기도 했고, 저자들끼리 "왜 그 종목 투자 안 했을까요?" 하고 서로 아쉬워하기도 했습니다. 투자란 이렇습니다. 공부하고, 정보를 얻을 수는 있지만 주식투자는 결국 본인이 책임지고 하는 것입니다.

이 책으로 '묻지마' 투자에 휩쓸리지 않고, 주식투자로 소중한 자산을 보호하고 증가시킬 수 있는 '지침'을 제시하고 싶었습니다. 안정적인 수익을 대형주가 아니더라도, 반드시 높은 이익을 얻을 수 있도록 가이드를 제시하도록 노력했습니다.

주식투자에 관한 3명의 현인을 소개할까 합니다. 첫 번째 현인은 개그맨 김수용 씨입니다. 그는 주식투자로 3개월 만에 1억 원을 버는 방법을 이렇게 말했습니다. "2억 원을 투자하세요!" 그만큼 주식투자로 반토막 나기 쉽다는 소리입니다. 두 번째 현인 아이작 뉴턴은 "나는 천체의 움직임까지도 계산할 수 있지만, 인간의 광기는 도

저히 계산할 수가 없다." 천재 물리학자인 그가 주식투자에 실패하고 약 2만 파운드(현재가치로 약 20억 원)를 날린 뒤 한 푸념입니다. 세 번째 현인은 성공한 투자자로 알려진 워런 버핏입니다. 그는 주주들에게 보낸 서한 중에 이렇게 썼습니다. "재무제표 숫자가 없었으면, 찰리와 나는 길을 잃었을 것이다."

주식투자에 관한 이 세 사람의 말을 곱씹어 보면 한 가지 공통점을 찾을 수 있습니다. 웃기는 놈도, 천재도, 성공한 투자자도 주식투자로 쉽게 돈을 벌 수 없다는 점입니다. 그렇다면 전업, 전문 투자자가 아닌 우리는 최소한 이상의 노력이 필요합니다.

대박만을 꿈꾸며 객관적인 판단이 없이 종목을 고르지 말아야 합니다. 사두고 넋 놓고 오르기만 기다리고 있는지 스스로 투자 패턴을 다시 한번 확인하면 어떨까요? 투자할 종목을 찾아 하이에나처럼 어슬렁거리지 말고, 2022년 주목할 10~20개 기업을 선택해 그 회사의 경영활동을 추적하면 어떨까요?

물론 이 책이 여러분의 그 수고를 삼 분의 일 정도는 덜어드립니다. 2022년 투자를 계획하실 때 꼭 미리 한 번 읽고 전략을 세우길 바랍니다.

2022년 2월

이승환, 황우성, 김태경

| 목차 |

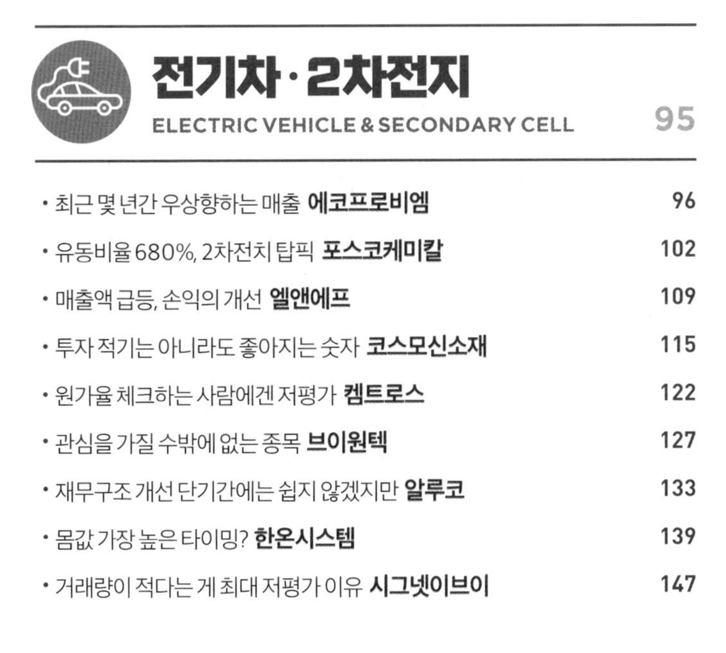

전기차·2차전지

메타버스

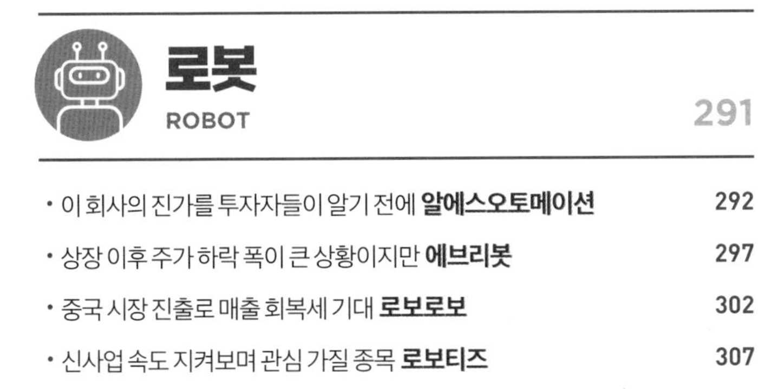

로봇
ROBOT 291

기타 저평가 유망주
UNDERVALUED PROMISING STOCKS 311

반도체 -시장 전망

우리나라 반도체 산업은 삼성전자와 SK하이닉스 반도체 등 완성품 기업을 대표로 꼽습니다. 그러나 반도체 산업에는 완성품 기업만 있는 게 아닙니다. 투자자라면 반도체 산업이 반도체 생산 공정에 따라 반도체를 설계하는 팹리스, 위탁생산만 하는 파운드리, 원재료를 공급하는 소재, 공장을 짓거나 검사장비 등을 제공하는 설비기업으로 나눠 있다는 걸 알아야 합니다. 반도체 시장에서 설계와 생산을 분리하는 것은 그만큼 생산 공정이 복잡하고 비용이 많이 들기 때문입니다.

또한 SK하이닉스 쪽에 납품하는 회사와 삼성전자와 관련이 깊은 회사를 구별할 수도 있어야 합니다. 반도체 산업에 주식투자를 하려고 마음먹었다면, 시장의 큰 흐름뿐만 아니라 투자의 향방이 어디로 흐를지도 예측할 수 있어야 합니다.

기존 우리나라반도체 산업은 메모리 반도체에 집중돼 있습니다. 2022년에 주목되는 분야는 '시스템 반도체' 분야입니다. 반도체의 활용이 점점 다양해지고 있습니다. 그중 하나가 바로 자동차용 반도체입니다. 전기차에 들어가는 부품 중에 반도체가 차지하는 비중이 점점 높아질 것입니다. 그동안 우리나라는 반도체 산업은 컴퓨터 하드디스크, USB, 스마트폰 등 메모리 반도체에 집중됐습니다. 이제는 시스템 반도체 관련 기업을 주의 깊게 살펴볼 필요가 있습니다. 그 외에도 LED, 디스플레이 등 다양한 분야의 반도체도 함께 지켜봐야 합니다.

반도체

SEMICONDUCTOR

점유율 1위 그러나 덩치가 작아서 저평가

어보브반도체

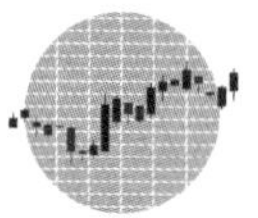

팹리스는 Fabrication+less의 합성어다. 반도체 생산의 주원료인 실리콘 웨이퍼를 만드는 공장을 팹(Fab·Fabrication facility)이라 하는데, '팹'을 보유하지 않고 제품을 설계 및 개발만 한 뒤 팹을 가진 회사에 반도체 생산을 위탁하는 회사가 팹리스 기업이다. 어보브반도체는 팹리스 기업으로, 리모컨 분야에서 80%로 독보적인 국내 1위, 소비자 가전 MCU 분야에서도 세계 4위의 시장점유율을 가진 회사다. 그렇지만 그렇게 큰 회사가 아니라는 것이 저평가 요인 중 하나다.

코로나19 상황으로 누구나 전 세계 경제가 침체할 것으로 예상했습니다. 그러나 미처 생각하지 못했던 수요와 산업의 반등이 이뤄진 데가 바로 반도체입니다. 2022년에도 반도체 산업의 호황은 계속될 것이라는 전망입니다. 세계적으로 사회적 거리두기가 강화되면서 하이퍼스케일Hyperscale[1] 고객들의 서버용 반도체에 대한 수요(전체 수요의 65% 해당)가 폭발적으로 증가했습니다.

재택근무 증가에 따른 PC와 스마트폰에 대한 수요도 함께 급성장

---

1 하이퍼스케일: 분산된 컴퓨팅 환경을 최대 수천 개의 서버로 확장할 수 있는 완전한 하드웨어와 시설의 조합.

하여 CPU, 낸드 플래시(NAND Flash), 디램(DRAM) 등에 대한 수요가 함께 증가했습니다. 이러한 현상으로 메모리 반도체가 2020년 전체 반도체 시장 매출 성장의 44%를 차지하는 결과를 보여줬습니다. 결과적으로 산업이 침체할 것이라는 기존 예상과는 달리 2020년에 반도체 업계 전체가 7.3%나 성장하는 추세를 보여줬습니다.

2020년의 메모리 반도체의 성장은 곧 웨이퍼[2]를 가공하는 파운드리 업체들의 생산 능력을 초과하게 만드는 사태를 초래했고 반도체 패키징, 테스트 등의 후공정 업체들의 대응 능력을 초과하게 되며 업계는 호황을 이루게 됐습니다. 반도체 수요 증가 예측은 전기차를 비롯한 친환경, ESG 표준 등 다양한 사회의 요구 등에서도 확인할 수 있습니다. 이런 원인에 더해 코로나19 상황은 차근차근 진행되던 반도체 시장을 순식간에 변화시키고 있습니다.

자동차에 적용되는 반도체는 비메모리 반도체입니다. 가전제품에는 1개 이상은 들어간다는 MCU(Micro controller Unit)가 대표적입니다. MCU는 다양한 전자 기기에 탑재되는 핵심 부품입니다. 프로그래밍을 통해 다양한 '제어'나 '연산 작업'이 가능합니다.

우리나라 반도체 기업 중 삼성전자와 SK하이닉스는 대기업입니다. 이들 외에 소재, 부품, 장비 등으로 유관 업체들이 많습니다. 반도체는 '파운드리', '팹리스', '디자인하우스' 등 다양한 형태의 기업 형태가 있습니다. 반도체는 고도의 기술을 다루고 있는 만큼 여러 형

2 웨이퍼: 실리콘(Si), 갈륨 아세나이드(GaAs) 등을 성장시켜 만든 단결정 기둥을 적당한 두께로 얇게 썬 원판을 의미. 웨이퍼에 다수의 동일 회로를 만들어 반도체 집적회로가 탄생한다.

태의 기업들이 협력해 하나의 '반도체 생태계'를 이루고 있습니다.

그중에 비메모리 반도체 팹리스 기업인 어보브반도체를 살펴보고자 합니다. 메모리 쪽은 대기업인 삼성전자와 SK하이닉스의 선전에 따라 변화가 많을 수밖에 없습니다. 그러나 어보브반도체는 자생적으로 주가 상승을 이룰 수 있는데도 많은 투자자가 아직 모르고 있기에 저평가 주식이라고 할 수 있습니다.

시장점유율보다 저평가된 어보브반도체

어보브반도체는 2006년 설립됐으며, MCU를 개발하여 제조 및 판매하는 사업 등을 영위하고 있습니다. 최대주주는 대표이사인 최원 18.99%, 그린칩스 2.55%입니다. 그린칩스의 90% 지분은 최원 대표이사가 갖고 있습니다. 어보브반도체의 모태는 LG반도체라고 할 수 있습니다. 어보브반도체는 LG반도체 MCU 사업부 직원들이 나와서 세운 회사입니다.

어보브반도체는 가전·전기 제품에 두뇌 역할을 하는 MCU를 설계합니다. MCU 팹리스 회사는 국내 몇 개가 있는데, 어보브반도체는 2011년 2위 회사 이타칩스를 인수해 전체 시장 약 20%를 차지하며, 가전 MCU에서는 강자가 됐습니다. 현재는 리모컨 분야에서 80%로 독보적인 국내 1위이며, 소비자 가전 MCU 분야에서도 세계 4위의 시장점유율을 보입니다. 그렇지만 그렇게 큰 회사가 아니라는 것이 저평가 요인 중 하나입니다.

어보브반도체는 2020년 기준 자산총계 1,400억 원이며, 종업원 수는 204명입니다. 임원진은 17명 정도 되는데 60~70년대 생이 주류입니다.

2020년 재무제표 중 가장 큰 변화는 단기차입금 217억 원이 생겼다는 점입니다. 부채비율 20%를 유지할 정도로 자금조달에 있어 별 문제가 없는 어보브반도체가 생전 처음 단기차입금을 조달했습니다. "코로나19 상황을 대처하기 위한 현금자산 확보 차원"이라고 돼 있습니다만, 2021년 3분기에는 이 단기차입금을 갚습니다.

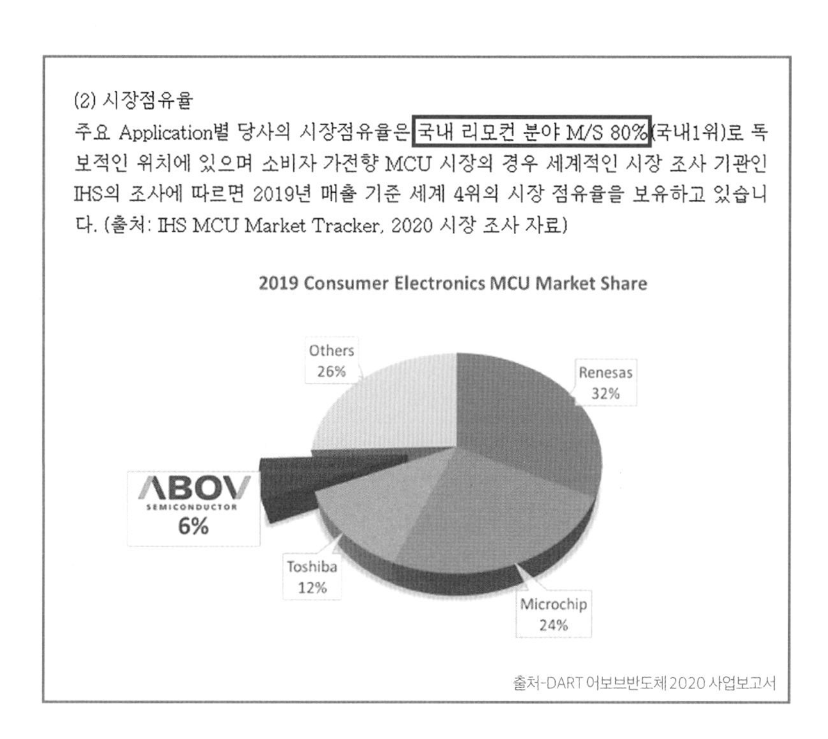

(2) 시장점유율

주요 Application별 당사의 시장점유율은 국내 리모컨 분야 M/S 80%(국내1위)로 독보적인 위치에 있으며 소비자 가전향 MCU 시장의 경우 세계적인 시장 조사 기관인 IHS의 조사에 따르면 2019년 매출 기준 세계 4위의 시장 점유율을 보유하고 있습니다. (출처: IHS MCU Market Tracker, 2020 시장 조사 자료)

출처-DART 어보브반도체 2020 사업보고서

반도체 회사이지만 팹리스 기업이기 때문에 큰 공장과 설비는 없습니다. 유형자산 26억 원 그리고 무형자산 112억 원이 보이는데 이는 개발비 397억 원과 영업권 155억 원 탓입니다. 영업권은 2021년 손상차손 20억 원 정도 감하면 더는 비용처리될 것은 없습니다. 손익 매출액이 1,441억 원으로 매년 증가 추세입니다. 원가율이 71%로 영업이익 176억 원 12.2%의 높은 이익률을 최근 2년 유지하고 있습니다.

재무제표 주석[3]에서 관계기업투자 항목을 보면 화인칩스, 다빈칩스, 오토실로콘 등 주로 반도체 관련 기업들에 투자하고 있습니다. 영업권 관련 주석에서는 이타칩스가 보유한 터치키 인식 관련 기술 이적을 위해 이타칩스를 합병할 때 155억 원의 영업권이 발생한 기록이 있습니다. 무분별한 사업확장이 아니라 기술을 습득하기 위한 합병이라는 점이 투자자들에게는 매력적인 요소로 보입니다. 현재 개발 중인 개발 자산명 키워드 A36T가 눈에 띕니다. 구체적인 정보는 재무제표에 없습니다. 그게 신기술일지, 전혀 다른 아이템일지 알 수 없기 때문입니다만 합병 이후에 이적된 터치키 인식 관련 기술과 연관이 있다고 짐작할 수 있습니다.

어보브반도체의 주력제품은 MCU 중에서도 가전 관련 반도체입니다. 특히 2020년 매출 비중을 보면 전용제품으로는 센서 419억

---

3 재무제표의 주석: 재무제표를 구성하는 5가지 요소 중 하나. 다른 4개 보고서(재무상태표, 손익계산서, 자본변동표, 현금흐름표)를 더 잘 이해할 수 있도록 추가 설명돼 있고, 유용한 추가정보 등을 담고 있다.

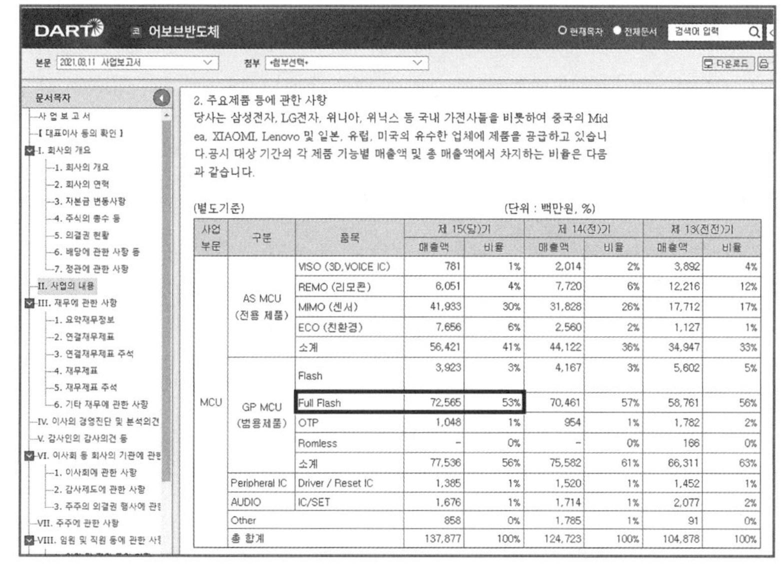

2. 주요제품 등에 관한 사항
당사는 삼성전자, LG전자, 위니아, 위닉스 등 국내 가전사들을 비롯하여 중국의 Midea, XIAOMI, Lenovo 및 일본, 유럽, 미국의 유수한 업체에 제품을 공급하고 있습니다.공시 대상 기간의 각 제품 기능별 매출액 및 총 매출액에서 차지하는 비율은 다음과 같습니다.

(별도기준) (단위 : 백만원, %)

사업부문	구분	품목	제 15(당)기		제 14(전)기		제 13(전전)기	
			매출액	비율	매출액	비율	매출액	비율
MCU	AS MCU (전용 제품)	VISO (3D, VOICE IC)	781	1%	2,014	2%	3,892	4%
		REMO (리모콘)	6,051	4%	7,720	6%	12,216	12%
		MIMO (센서)	41,933	30%	31,828	26%	17,712	17%
		ECO (친환경)	7,656	6%	2,560	2%	1,127	1%
		소계	56,421	41%	44,122	36%	34,947	33%
	GP MCU (범용제품)	Flash	3,923	3%	4,167	3%	5,602	5%
		Full Flash	72,565	53%	70,461	57%	58,761	56%
		OTP	1,048	1%	954	1%	1,782	2%
		Romless	-	0%	-	0%	166	0%
		소계	77,536	56%	75,582	61%	66,311	63%
	Peripheral IC	Driver / Reset IC	1,385	1%	1,520	1%	1,452	1%
	AUDIO	IC/SET	1,676	1%	1,714	1%	2,077	2%
	Other		858	0%	1,785	1%	91	0%
	총 합계		137,877	100%	124,723	100%	104,878	100%

출처-DART 어보브반도체 2020 사업보고서

원(30%)과 범용제품 풀 플래시(Full Flash) 725억 원(57%)이 비중이 높습니다. 국내와 해외로 나뉜 지역별 매출액은 5:5의 비중으로 점차 해외 매출이 증가하는 추세입니다.

어보브반도체가 판매하는 제품은 1)범용 MCU, 2)Touch MCU, 3)Power MCU(스마트폰 충전기 및 이동전원 또는 보조배터리용 MCU), 4) BLE SoC(블루투스 저전력 4.2 IP ex. 콘서트 응원봉), 5)Fire & Safety MCU, 6)Motor용 MCU(백색가전 모터를 구동시키는 MCU), 7)리모컨 MCU, 8)근조도 센서(주변 빛의 밝기에 따라 TV 또는 모바일 기기의 화면의 밝기가 조정되는 기능) 등이며 이 외에도 최근 4~5년간 사물인터넷(IoT)의 핵심은 MCU라는 점을 인지하고 관심을 가지고 있습니다.

자동차 MCU로 기대치가 높아져

팹리스 기업은 매출액이 크지 않습니다. 반도체의 최종 생산자가 아니기도 하지만, 전자제품의 소재인 반도체이기에 납품처가 있어야 합니다. 어보브반도체는 삼성전자, LG전자, 위니아, 오성전자, 쿠쿠전자, 위닉스를 거래처로 두고 있습니다. 최근 4년 매출액이 증가 추세이지만 그 폭이 크지 않습니다. 그런데 2019년 말부터 주가가 상승해 시가총액이 자산총계 2배가 된 적도 있습니다. 전기차 상용화가 앞당겨지는 분위기에 가전 외에 자동차 MCU를 만드는 팹리스 수요도 주식시장을 달군 것으로 추측됩니다.

비메모리 시장에 대한 우려도 존재합니다. 우선 비메모리 팹리스 업체는 외주생산을 통해서 제품을 만듭니다. 파운드리 회사가 웨이퍼를 갖고 MCU를 만들어 줘야 합니다. 메모리 특수를 누리고 있는 파운드리 회사들이 소량의 팹리스 회사 물량을 해결해줄까요? 웨이퍼 수요량이 많지 않은 MCU가 메모리 반도체나 5G 칩, AI 칩 등의 대용량, 대면적 칩에 순위가 밀리게 됐습니다. 팹리스 MCU 업체들이 고객의 수요량 대비 공급량을 맞추기 어려운 시황에서 생산설비의 다원화가 필수적입니다. 현재 기조에서는 MCU 시장 역시 지속해서 성장할 것으로 예상하나 생산량 확보 문제 해결이 동반돼야 큰 성장이 가능할 것입니다.

어보브반도체는 그동안 노력해 지금의 위치를 얻었습니다만 지금까지 오게 된 과정이 그리 녹록하지는 않았습니다. 인터넷에 떠도는 2011년 10년 전 IR 보고서를 보니 어보브반도체는 '모든 전기/전자제품에 1개 이상 사용되는 제어용 반도체 1위 기업'이 되는 게 비전이었습니다. 당시 임직원 100명 중에 절반이 연구개발 인력이었고 응용 분야로 가전, 자동차, 의료기기 등 다양한 시장 분야를 언급했습니다. 가장 최근 매출액 비중을 보면 이 중에서 가전 쪽만 실질적으로 성장 실적을 이룬 것으로 추정됩니다.

2020년 매출 비중이 제일 높은 것은 풀 플래시 반도체입니다. 냉장고, 세탁기, 리모컨 등에 사용되는 반도체입니다. 2011년 이타칩스를 합병해 국내 1위 시장점유율 기업이 된 후, 2017년 세계 Top 5 MCU 공급자 그리고 5,000억 원 매출 달성을 목표로 했습니다. 순위는 이뤘으나 매출액은 그에 못 미치는 1,400억 원이었습니다.

기존 선두업체의 시장을 빼앗아 오지 못했거나, 시장이 축소됐을 것으로 생각할 수 있습니다. 하지만 반도체 시장이 나쁘지 않습니다. 매출액이 시장점유율 순위에 낮은 이유는 MCU 회사와 완성품 회사 간의 연결고리가 강하기 때문입니다. 따라서 영업력 아니면 기술력이 부족하다고 볼 수도 있습니다.

그런데도 어보브반도체가 저평가인 이유가 있습니다. 주가가 더 상승할 것이라는 데에 희망적인 뉴스 2가지가 있기 때문입니다. SK하이닉스가 파운드리 업체인 '키파운드리' 완전 인수를 검토 중이라는 소식입니다. 키파운드리는 LG반도체의 파운드리 사업부이자, 어보브반도체가 위탁생산을 맡기던 곳입니다. 키파운드리가 SK하이닉스로 인수되면 향후 어보브반도체가 SK하이닉스와 밀접한 관계를 맺게 되는 계기가 됩니다. SK로서는 파운드리 매출을 늘리기 위해서 팹리스 기업과의 공조를 높일 수밖에 없으니, 단기적으로는 어보브반도체에 호재라고 판단됩니다.

최근 정부의 K-반도체 육성 계획도 팹리스 업체에 긍정적인 시그널입니다. 이 두 번째 뉴스가 단기적으로 주가에 반영되거나 매출로 이어질 수는 없겠지만, 장기적으로 봤을 때는 희망적입니다. 앞으로 자동차 특히 전기차 관련 반도체는 수요가 늘어날 수밖에 없습니다. 전기차에는 센서, 엔진, 제어장치, 구동장치 등 2,000여 개 이상의 차량용 반도체가 필요하다고 합니다.

어보브반도체는 2019~2020년 MIMO(센서) 및 ECO(친환경) 전용 MCU, 풀 플래시 범용 MCU 등의 수주가 확대됨에 따라 매출은 전년 대비 매년 증가하는 추세입니다. 국내보다 해외 판매가 증가하고 있습니다. 글로벌 경기 개선이 기대되는 가운데 스마트 가전 및 무선 이어폰 시장의 확대, 차량용 관련 MCU 시장 진출 등으로 매출 성장이 지속할 것으로 전망됩니다.

투자 팁

2020년 어보브반도체가 단기차입금을 217억 원 조달했습니다. 사업보고서에서는 "코로나19 상황을 대처하기 위한 현금자산 확보 차원"이라고 돼있습니다만, 2021년 3분기에는 단기차입금을 갚습니다. 3년 평균 영업이익률 11%, 매출액 성장률 12%, 부채비율 26%입니다. 재무구조가 탄탄한 회사로 향후 성장성이 기대됩니다. 비메모리 반도체의 영역이 갈수록 늘고 있는 현 상황을 봤을 땐, 어보브반도체의 성장성도 매우 높습니다. 특히나 매년 매출액의 12~13%인 170억 원 정도를 연구개발비로 투자하고 있고, 인공지능 반도체 등 신사업 투자도 꾸준히 이뤄지고 있어 가격 단기 조정이 이뤄지고 있는 현재가 투자 적기라고 볼 수 있겠습니다. 2022년에는 매출액 증가를 기대할 수 있지 않을까 싶습니다.

회사 소개

(FY2021 3Q 기준)

- **회 사 명:** 어보브반도체(주)
- **회사개요:** 어보브반도체는 비메모리반도체(MCU)를 개발하여 제조 및 판매하는 사업 등을 영위하고 있으며, 2009년 6월 5일 코스닥에 상장했다.
- **주주구성:** 최원 18.99%, 그린칩스홀딩스 2.55%, 소액주주 61.70%

밝은 파운드리 시장, 개선되는 재무제표
DB하이텍

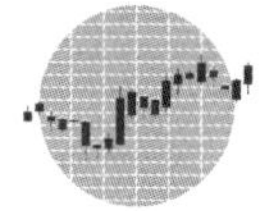

DB하이텍은 반도체 제조를 주 사업으로 하고 있으며, 주요 사업 부문은 웨이퍼 수탁 생산 및 판매를 담당하는 파운드리다. 밝은 파운드리 시장의 미래와 안정적으로 개선되고 있는 재무제표로 봤을 때, DB하이텍은 저평가 주식이라 할 수 있다.

주식투자 공부를 조금이나 했던 분이라면 DB하이텍을 알고 있을 것입니다. 그러나 DB하이텍이 삼성전자에 이어 국내 반도체 파운드리 업계 2위 업체라는 점과 파운드리 기준 전 세계 7~10위권 기업이라는 점을 모르는 투자자가 아직 많습니다. DB하이텍은 전 세계에 반도체 부족 현상으로 주목받기도 했습니다. 국내 반도체 업계 2위, 세계 상위권 순위 등에서도 볼 수 있듯이 확대되고 있는 파운드리 시장에서 DB하이텍은 저평가 종목이라 할 수 있습니다.

파운드리란 '반도체 위탁생산'을 뜻하는 용어입니다. 반도체 산업은 용도에 따라 메모리 반도체와 시스템 반도체로 구분됩니다. 이중

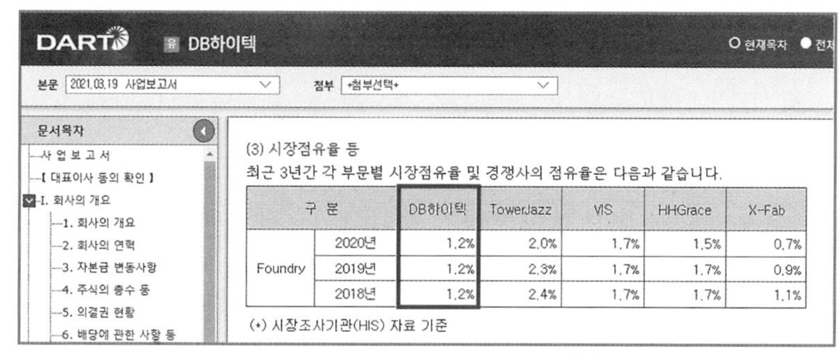
DART DB하이텍

현재목차 전체

본문 2021.03.19 사업보고서 첨부 +첨부선택+

문서목차
- 사 업 보 고 서
- 【 대표이사 등의 확인 】
- I. 회사의 개요
  - 1. 회사의 개요
  - 2. 회사의 연혁
  - 3. 자본금 변동사항
  - 4. 주식의 총수 등
  - 5. 의결권 현황
  - 6. 배당에 관한 사항 등

(3) 시장점유율 등

최근 3년간 각 부문별 시장점유율 및 경쟁사의 점유율은 다음과 같습니다.

구 분		DB하이텍	TowerJazz	VIS	HHGrace	X-Fab
Foundry	2020년	1.2%	2.0%	1.7%	1.5%	0.7%
	2019년	1.2%	2.3%	1.7%	1.7%	0.9%
	2018년	1.2%	2.4%	1.7%	1.7%	1.1%

(*) 시장조사기관(HIS) 자료 기준

출처-DART DB하이텍 2020 사업보고서

메모리 반도체는 데이터를 저장하는 역할을 하고, 시스템 반도체는 연산, 제어 등의 정보처리 기능이 있습니다. 시스템 반도체는 비메모리 반도체 또는 시스템(LSI)이라고도 부릅니다. 시스템 반도체는 정보처리 같은 두뇌 역할을 합니다.

퀄컴 · 엔비디아 · 애플 · AMD처럼 생산시설 없이 반도체 설계만 하는 팹리스는 숱하고, 그 수도 점점 늘고 있습니다. 반면, 팹리스로부터 주문을 받아 반도체를 생산해주는 파운드리 업체는 매우 드뭅니다. 이유는 반도체 생산시설을 갖추기 위해선 막대한 투자비용이 드는 데다가 높은 수준의 미세공정 기술이 필요하기 때문입니다. DB하이텍은 이 드문 파운드리 기업 중 하나입니다.

업계 관계자는 "과거 하청업체 취급을 받던 파운드리가 급부상하면서 반도체 시장을 쥐락펴락하고 있는데, 반도체 대란은 이를 잘 보여주는 사례"라면서 "반도체 공급망을 쥐고 있는 파운드리의 중요성은 더욱 커질 가능성이 높기 때문에 이를 확보하려는 각국의 경쟁은 더 심해질 것"이라고 강조합니다.

과거에는 파운드리 분야가 크게 주목받지 못했습니다. 설계를 통해 자사 제품을 출시하는 것이 각 기업의 주요 목표였기 때문입니다. 하지만 이후 반도체 기술력이 발전하고 미세공정이 늘어나면서, 설계뿐만 아니라 이를 구현하는 것 또한 중요해졌습니다. 바로 파운드리 시장을 둘러싼 전쟁이 시작된 배경입니다.

재무제표에 드러난 기술과 사업 분야는 다음과 같습니다. DB하이텍은 0.35um부터 90nm에 이르는 첨단 제조 공정기술을 바탕으로 고부가가치 시스템 반도체를 생산하는 시스템 반도체 전문 기업입니다. 생산한 제품들은 TV, 컴퓨터, 모바일, 자동차 등 일상생활에 필요한 다양한 분야의 핵심 부품으로 사용되고 있습니다.

DB하이텍은 2001년 국내 최초로 시스템 반도체 파운드리 사업에 진출했습니다. 그리고 2008년 세계 최초로 0.18um BCDMOS(복합고전압소자) 공정기술을 개발하는 등 특화 파운드리 분야를 적극 공략했습니다. Analog/Power(BCDMOS), CMOS Image Sensor, Mixed Signal 공정을 이용한 고부가가치 특화 제품을 전략적으로 육성하고 최신 기술 개발을 위해 끊임없이 노력하고 있습니다. 특히 최근에는 MEMS, Power Device, RF HRS/SOI CMOS 등 신규 사업 육성에도 박차를 가하고 있습니다.

앞서 말했듯이 앞으로 반도체 시장은 '파운드리'가 주제로 언급돼야 합니다. 예전에는 반도체 설계의 이슈가 중요했다면, 최근에는 얼마나 세밀하고 정확하게 잘 만들 수 있느냐가 관건이 됐습니다. 코로나19로 인한 수급 불균형으로 반도체 생산에 제동이 걸렸습니다. 상대적으로 값싼 자동차 반도체가 제대로 공급이 안 되니, 차를 주문해도 완성차가 나오지 못하는 상황이 됐습니다. 세계 각국의 수장들이 아시아 여러 파운드리 회사에 친밀감과 회유를 보이는 가장 큰 이유입니다. DB하이텍은 파운드리 시장 국내 2위, 세계 상위권 기업입니다. 세계 기업들 눈에 DB하이텍이 매력적으로 보일 수밖에 없습니다. 이런 이유로 DB하이텍은 더욱 성장할 가능성이 크다고 볼 수 있습니다.

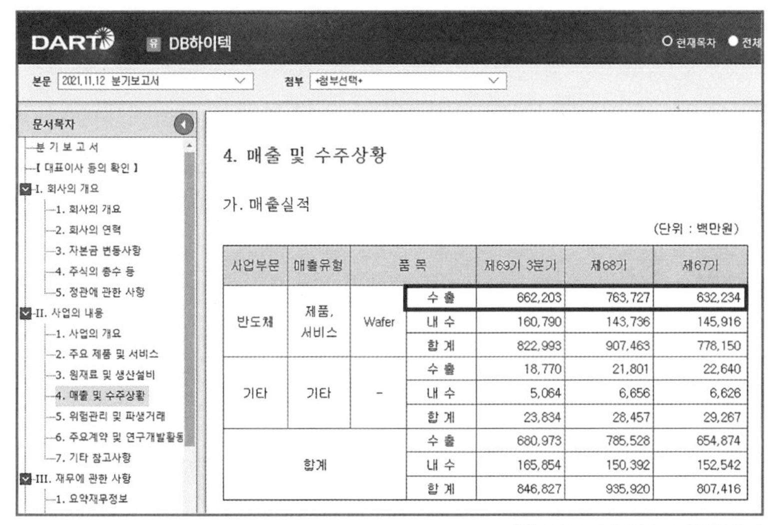

4. 매출 및 수주상황

가. 매출실적

(단위 : 백만원)

사업부문	매출유형	품 목		제69기 3분기	제68기	제67기
반도체	제품, 서비스	Wafer	수 출	662,203	763,727	632,234
			내 수	160,790	143,736	145,916
			합 계	822,993	907,463	778,150
기타	기타	-	수 출	18,770	21,801	22,640
			내 수	5,064	6,656	6,626
			합 계	23,834	28,457	29,267
합계			수 출	680,973	785,528	654,874
			내 수	165,854	150,392	152,542
			합 계	846,827	935,920	807,416

출처 - DART DB하이텍 2021 3분기보고서

개선되는 재무제표로 봤을 때도 DB하이텍은 저평가

기업이 사업다각화를 모색할 때 보통 동종업 분야를 지켜봅니다. 이종 산업으로 성공하는 회사는 그리 많지 않습니다. DB하이텍은 그런 면에서 대단한 회사라고 볼 수 있습니다. 이 회사의 재무제표는 66기나 됩니다. 현재 모습은 1953년 농업 사업을 영위했던 '한국농약주식회사'와는 전혀 다른 분야인 반도체 회사입니다. 2020년 자산총계 1조 1,785억 원 중에 유형자산이 6,746억 원(57%)에 이를 정도로 설비가 중요한 반도체 회사입니다. 물론 매출채권, 미청구공사, 재고자산 등 여러 자산이 골고루 재무상태표에 구성돼 있습니다만, 제조설비가 중요한 회사다운 분포입니다.

회사 부채를 비중으로 분석해 보면 장기차입금 967억 원이 제일 큽니다. 그러나 이 장기차입금이 2017년에는 3,155억 원이었다는 사실은 그간 DB하이텍이 재무구조 개선에 노력했다는 걸 확인할 수 있습니다. 왜냐하면 그간 금융비용이 높아 영업이익이 좋더라도 당기순이익이 그만큼의 효과를 내지 못하고 있었기 때문입니다. 2021년 3분기 기준 회사 매출액을 살펴보면, 8,468억 원의 매출을 올렸습니다. 영업이익은 2,609억 원으로 31%의 영업이익률을 기록했습니다. 반도체 웨이퍼를 생산하는 DB하이텍의 전체 매출액 중에 수출이 6,622억 원 그리고 내수가 1,607억 원입니다.

(연결)영업이익율이 19년 22.4%→20년 25.6%→21년 3분기 30.8%로 매년 증가하고, 부채비율 19년 68.9%→20년 48.3%→21

년 3분기 38.9%로 지속 개선되고 있습니다. 당기순이익이 19년 1,046억 원→20년 1,660억 원→21년 3분기 1,995억 원 발생하여 이익잉여금으로 차곡차곡 쌓여가는 안정적인 회사입니다. 밝은 파운드리 시장의 미래와 안정적으로 개선되고 있는 재무제표로 봤을 때, DB하이텍은 매력적인 주식입니다.

투자 팁 ···

DB하이텍 요즘 잘나갑니다. 그리고 더 잘나갈 가능성이 큽니다. 비대면 수요 증가 따른 TV, 노트북 등 IT산업의 호조로 PMIC(전력관리반도체) 중심의 8인치 파운드리 수주가 증가하기에 매출 규모가 점점 확대 중입니다. 매출이 느니 원가구조도 좋습니다. 일찍이 농업 쪽에서 과감히 반도체로 선회한 결정이 올바른 선택이었습니다. 파운드리의 장래는 무척이나 밝습니다. 과감하게 장기투자 가능한 종목으로 추천합니다.

회사 소개

(FY2021 3Q 기준)

- **회 사 명:** DB하이텍
- **회사개요:** 주식회사 DB하이텍은 1953년에 "한국농약주식회사"로 농약 제조업을 주사업 목적으로 하여 설립됐으며, 동부화학(주), 동부한농종묘(주), 동부일렉트로닉스(주) 등을 인수 및 합병하고, 금속재료사업을 (주)동부메탈로, 농업기반사업을 (주)동부한농으로 분사시키는 등 사업다변화 과정을 거쳐 현재는 비메모리 반도체의 파운드리와 비메모리 반도체의 조립 및 판매를 목적으로 하는 종합반도체사업을 주요사업으로 영위하고 있다. 지배기업의 상호는 (주)한농, 동부한농화학(주), (주)동부한농 및 (주)동부하이텍을 거쳐 2017년 10월 27일자 임시주주총회의 결의에 따라 (주)DB하이텍으로 변경다.
- **주주구성:** (주)DB 12.39%, 국민연금 13.09%, 소액주주 74.54%

가격조정이 오면 주저 없이 살 것

리노공업

재무제표 안의 숫자를 어려워하는 투자자가 봐도 꾸준히 우상향하는 기업이다. 영업이익률이 19년 37.7%, 20년 38.7%, 21년 3분기 42.1%로 매년 증가하고 있다. 이런 점에서 더 오를 가능성이 높은 종목이다. 리노공업은 전량 수입에 의존하던 검사용 프로브(PROBE)와 반도체 검사용 소켓(IC TEST SOCKET)을 자체 브랜드로 개발하여 제조 및 판매하는 사업과 초음파 진단기 등에 적용되는 의료기기 부품을 제조 및 판매하는 사업 등을 펼치고 있다.

리노공업은 반도체 칩 테스트 1위 업체입니다. 대표적인 후공정 테스트 업체이며 약 25,000여 종의 제품을 생산하고 있습니다. 매출 대부분이 주문 제작 제품이며 개발 당시 가장 높은 부가가치를 형성한 후 시간이 지남에 따라 가격이 하락하는 특징을 갖고 있습니다. 10년 전만 해도 리노공업은 코스닥 시가총액 100위권 밖에 있었습니다. 하지만 2019년 11월부터 본격적으로 주가가 상승하기 시작했고, 최근에는 시가총액 3조 원을 향해 달려가고 있습니다. 영업이익은 2019년 641억 원에서 2020년 779억 원으로 21% 늘었고, 2021년 1,000억 원을 넘어 사상 최대치를 기록했습니다.

주가가 이미 오를 만큼 올랐다고 판단할 수도 있습니다. 그러나 리노공업의 힘은 기술력과 기술력을 원천으로 삼은 실적입니다. 검사용 프로브와 반도체 검사용 소켓의 수출이 실적을 떠받들고 있습니다. 반도체 검사용 소켓의 경우 2020년 수출 실적이 810억 원 정도였는데, 21년 3분기까지 매출 실적이 1,200억 원을 넘겼습니다. 중장기적으로 봤을 때, 회사의 가치는 더 올라갈 수 있을 것이라 판단됩니다.

2021년 상반기만 두고 봤을 때, 반도체(메모리 및 비메모리) 테스트 패키징(PACKAGE)용 장비의 소모성 부품인 반도체 테스트 소켓 류는 전체 매출 대비 59.21%(871억 원: 수출 787억 원, 국내 84억 원)의 매출비율을 기록했습니다. 반도체나 인쇄회로기판의 전기적 불량 여부를 체크하는 소모성 부품인 리노 핀 류는 전체 매출 대비 32.42%(477억 원: 수출 334억 원, 국내 143억 원), 기타 상품 0.07%(1억 원)의 매출비율을 기록했습니다.

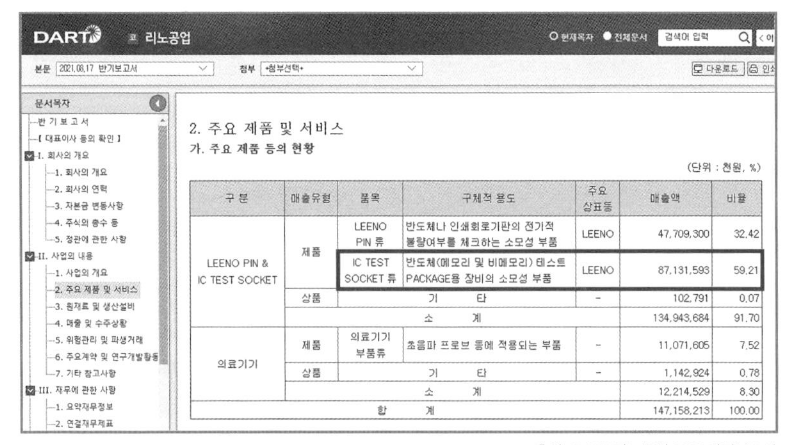

2. 주요 제품 및 서비스

가. 주요 제품 등의 현황

(단위 : 천원, %)

구 분	매출유형	품목	구체적 용도	주요 상표등	매출액	비율
LEENO PIN & IC TEST SOCKET	제품	LEENO PIN 류	반도체나 인쇄회로기판의 전기적 불량여부를 체크하는 소모성 부품	LEENO	47,709,300	32.42
		IC TEST SOCKET 류	반도체(메모리 및 비메모리) 테스트 PACKAGE용 장비의 소모성 부품	LEENO	87,131,593	59.21
	상품	기 타		-	102,791	0.07
	소 계				134,943,684	91.70
의료기기	제품	의료기기 부품류	초음파 프로브 등에 적용되는 부품	-	11,071,605	7.52
	상품	기 타		-	1,142,924	0.78
	소 계				12,214,529	8.30
합 계					147,158,213	100.00

출처 - DART 리노공업 2021 반기보고서

리노공업은 무차입경영을 목표로 타인자본조달비율을 0%로 유지하는 것이 전략이라고 밝힐 정도로 재무를 철저히 관리하고 있습니다. 부채비율 15%를 유지는 재무 상태가 매우 건전한 기업으로 투자자에게는 매우 매력적인 기업입니다.

리노공업은 여전히 성장하고 있다

리노공업은 1978년 비닐봉투를 생산하고 판매하는 작은 회사로 출발했습니다. 헤드폰 부품, 카메라 케이스 등 산업 흐름에 맞춰 사업을 다각화했습니다. 1980년대 중반 개발한 테스트 핀과 소켓으로 인해 회사의 규모가 커지기 시작했고, 2001년 코스닥에 상장했습니다. 리노공업은 외국산에 의존했던 테스트 핀과 소켓을 국산화하는데 성공했고, 해외 시장에서도 기술력을 인정받아 시장점유율을 높여갔습니다.

테스트 핀은 반도체 검사장비가 다양한 반도체 칩과 호환되도록 어댑터 역할을 하는 소모성 부품입니다. 소켓은 이를 모듈화한 것입니다. 테스트 핀인 리노 핀은 글로벌 시장 점유율 약 70%로 독보적 1위입니다.

다양한 반도체 메모리, 비메모리 반도체가 나옴에 따라 그 제품에 대한 정상/불량 테스트를 꼭 진행해야 하기 때문에 향후에도 꾸

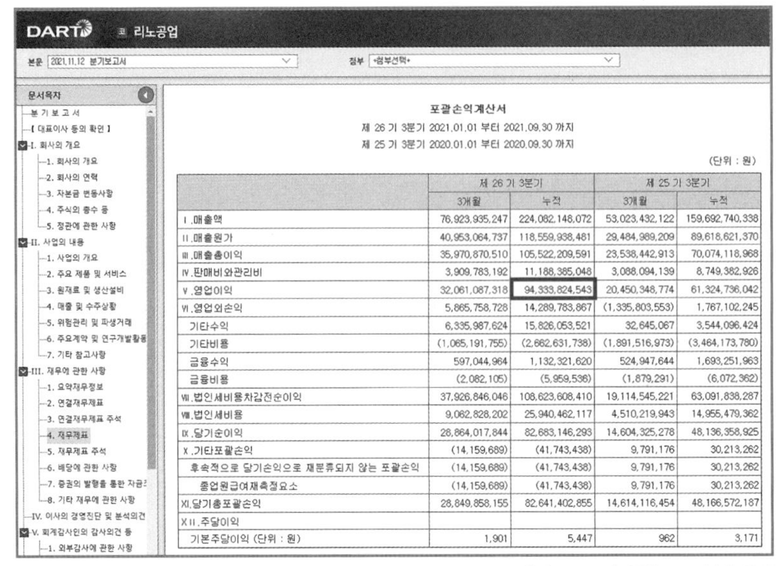

포괄손익계산서

제 26 기 3분기 2021.01.01 부터 2021.09.30 까지

제 25 기 3분기 2020.01.01 부터 2020.09.30 까지

(단위 : 원)

	제 26 기 3분기		제 25 기 3분기	
	3개월	누적	3개월	누적
I.매출액	76,923,935,247	224,082,148,072	53,023,432,122	159,692,740,338
II.매출원가	40,953,064,737	118,559,938,481	29,484,989,209	89,618,621,370
III.매출총이익	35,970,870,510	105,522,209,591	23,538,442,913	70,074,118,968
IV.판매비와관리비	3,909,783,192	11,188,385,048	3,088,094,139	8,749,382,926
V.영업이익	32,061,087,318	94,333,824,543	20,450,348,774	61,324,736,042
VI.영업외손익	5,865,758,728	14,289,783,867	(1,335,803,553)	1,767,102,245
기타수익	6,335,987,624	15,826,053,521	32,645,067	3,544,096,424
기타비용	(1,065,191,755)	(2,662,631,738)	(1,891,516,973)	(3,464,173,780)
금융수익	597,044,964	1,132,321,620	524,947,644	1,693,251,963
금융비용	(2,082,105)	(5,959,536)	(1,879,291)	(6,072,362)
VII.법인세비용차감전순이익	37,926,846,046	108,623,608,410	19,114,545,221	63,091,838,287
VIII.법인세비용	9,062,828,202	25,940,462,117	4,510,219,943	14,955,479,362
IX.당기순이익	28,864,017,844	82,683,146,293	14,604,325,278	48,136,358,925
X.기타포괄손익	(14,159,689)	(41,743,438)	9,791,176	30,213,262
후속적으로 당기손익으로 재분류되지 않는 포괄손익	(14,159,689)	(41,743,438)	9,791,176	30,213,262
종업원급여재측정요소	(14,159,689)	(41,743,438)	9,791,176	30,213,262
XI.당기총포괄손익	28,849,858,155	82,641,402,855	14,614,116,454	48,166,572,187
XII.주당이익				
기본주당이익 (단위 : 원)	1,901	5,447	962	3,171

출처 - DART 리노공업 2021 3분기보고서

준히 성장할 수 있는 산업이라고 판단할 수 있습니다. 리노공업은 해외의 다수 기관으로부터 관심을 많이 받는 것으로 유명합니다. 2020년부터 급격한 주가 상승의 이유도 해외 기관들의 투자가 이어진 이유 때문은 아닐까 추측할 수 있습니다.

리노공업의 2021년 3분기 기준 자산총계는 4,651억 원입니다. 직전 년도인 2020년에 비해 1,036억 원이나 증가했습니다. 주요 항목으로는 매출채권 514억 원과 기타금융자산 127억 원이 증가 원인입니다. 매출채권의 경우 손익계산서와 비교해야 하는데 만약 비슷한 매출 추이를 보인다면 매출채권의 회수 가능성을 의심해야 하기 때문입니다. 그러나 리노공업은 2021년 3분기 2,240억 원의 누적 매출액과 943억 원의 영업이익을 기록하고 있습니다. 40%의 매출 신장과 더불어 2020년과 마찬가지로 높은 영업이익률(42%)을 보입니다.

재무제표 안의 숫자를 어려워하시는 투자자가 봐도 꾸준히 우상향하는 기업입니다. 영업이익율 19년 37.7%, 20년 38.7%, 21년 3분기 42.1%로 매년 증가했습니다. 당기순이익이 19년 528억 원, 20년 554억, 21년 3분기 827억 원 발생했으며, 이러한 이익은 2021년에 금융기관 예치금으로 561억 원, 브라질 외화국공채로 101억 원 등으로 투자되고 있습니다. 매년 이익이 차곡차곡 쌓이는 알짜 회사입니다.

투자 팁

꾸준히 성장하는 회사입니다. 연구개발의 기본개념으로 '전 사원의 연구원화'로 삼고 있는 것이 인상 깊습니다. 또한 성장성만큼은 의심할 여지가 없습니다. 높은 이익률을 고려할 때 매출액 증가만 약속될 수 있다면, 주가 상승을 기대할 수 있는 회사입니다. 2020년부터 주가가 꾸준히 올랐는데, 혹시라도 가격 조정이 내려오면 주저없이 살 수 있는 회사라고 생각됩니다. 다품종 소량의 비메모리 반도체 칩에 대한 수요가 높아지고, 이와 함께 IC 검사용 소켓 수요도 증가하지 않을까 싶습니다.

회사 소개

(FY2021 3Q 기준)

- **회 사 명:** 리노공업
- **회사개요:** 1996년 12월 설립돼 2001년 12월 코스닥시장(KOSDAQ)에 상장했으며, IC TEST SOCKET과 PROBE 등의 제조 및 판매를 주 영업목적으로 하고 있다
- **주주구성:** 이채윤 34.66% Wasatch Advisors, Inc 7.02% Kabouter Management 5.05%, 소액주주 50.84%

부채비율 감소, 영업이익률 증가
ISC

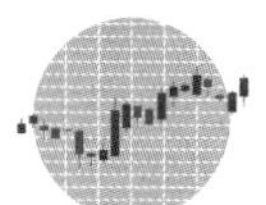

영업이익률이 19년 2.3%→20년 14.8%→21년 분기 26.5%로 지속적으로 증가하고 있다. 현재보다는 앞으로 성장이 기대 기대되는 종목이다. ISC는 반도체 테스트용 실리콘러버소켓과 테스트용 프로브를 포함한 반도체, ICT 토탈솔루션을 공급하고 있다. 종속회사로는 ISC International 등 6개 회사가 있으며, 북미와 일본에서 사업을 영위하고 있다.

2001년 설립된 회사로 반도체 테스트 소켓이 주력 사업입니다. 반도체 집적회로(IC)의 양품 여부를 판단하는 전기적 성능 테스트 때 필요한 검사장비와 디바이스를 연결하는 소모성 부품을 생산하고 있습니다. 고객사와의 동반 개발이 필수적이므로 다품종 소량 생산 체제로 사업이 이뤄지고 있습니다.

ISC는 크게 2가지 사업부로 구성돼 있습니다. 반도체 테스트솔루션 사업과 FCCL 사업입니다. 주력 사업인 반도체 IC와 IT 디바이스 등을 테스트하는 반도체 테스트솔루션은 전체 매출액의 약 54% 비중을 차지하고 있습니다.

ISC의 매출은 인텔과 AMD, 엔비디아, 퀄컴, 삼성전자 등 전 세계 350개 고객사로부터 발생합니다. ISC의 러버형 소켓은 주로 메모리 반도체 테스트에 사용됐습니다. 하지만 최근엔 마진이 좋은 비메모리 반도체용 소켓의 비중 또한 늘리고 있습니다. 비메모리 반도체 고객사 확대가 계속되고 있다는 것을 확인할 수 있습니다.

신규 사업으로 mmWave(28GHz) 5G 안테나용 FCCL[1] 제조를 위한 기반을 마련하고 있는데, 제조 관련 글로벌 핵심기술 확보를 통해 우수성과 향후 성장 가능성을 인정받았습니다.

2021년 3분기 기준 자산총계는 2,386억 원, 부채총계 387억 원, 자본총계는 1,998억 원입니다. 부채비율 19%로 직전인 2020년에 39%에 비해서 부채비율이 많이 낮아졌습니다. 실제로는 2020년에 조금 높았을 정도이고, 보통 20% 내외이기 때문에 재무 건전성을 걱정할 필요가 없는 튼튼한 회사입니다. 과거 4년 치 재무제표를 살펴보면 2020년이 특징적인 변화가 있습니다. '투자부동산'이 확 늘었습니다. 2019년의 유형자산인 '토지와 건물' 일부를 임대목적으로 재분류해서 투자부동산 410억 원이 늘어났습니다.

또 하나는 없던 전환사채 발행이 300억 원입니다. 부채가 없는 회사가 굳이 이런 자금조달이 필요할까? 싶었는데 이유는 "베트남 공장의 시설증설 및 국내 법인의 운영"입니다. 2021년 이 전환사채는

1 FCCL: 슬림 디지털 기기에 필수적인 연성회로기판(FPCB)의 원판. FCCL에 회로를 형성해 FPCB를 만든다. 휴대폰 기판 등에는 폴리이미드(PI) 필름에 동박을 입힌 캐스팅 방식 제품이, LCD의 칩온필름(CoF) 등에는 폴리이미드(PI) 필름에 구리를 증착, 두께와 회로선폭을 줄인 스퍼터링 방식의 FCCL을 많이 사용한다.

조기전환 돼 투자자들에게 높은 이익을 안겨줬습니다. 회사의 재무 상황에 따라 '전환사채' 발행은 다르게 읽힐 수 있습니다. 정말 자금이 부족해서 '급한' 자금 수혈용이었는지, '과감한 투자'를 위한 시드머니였는지. ISC는 후자입니다. ISC의 주력제품인 반도체 테스트 소켓의 매출이 2020년부터 증가합니다. 2020년 매출액 1,217억 원에서 2021년 3분기까지 누적 매출액이 1,097억 원으로 비슷한 수준인데 중요한 차이는 매출원가가 확 줄어 영업이익이 굉장히 높습니다.

영업이익 291억 원으로 영업이익률 26.5%를 기록하고 있습니다.

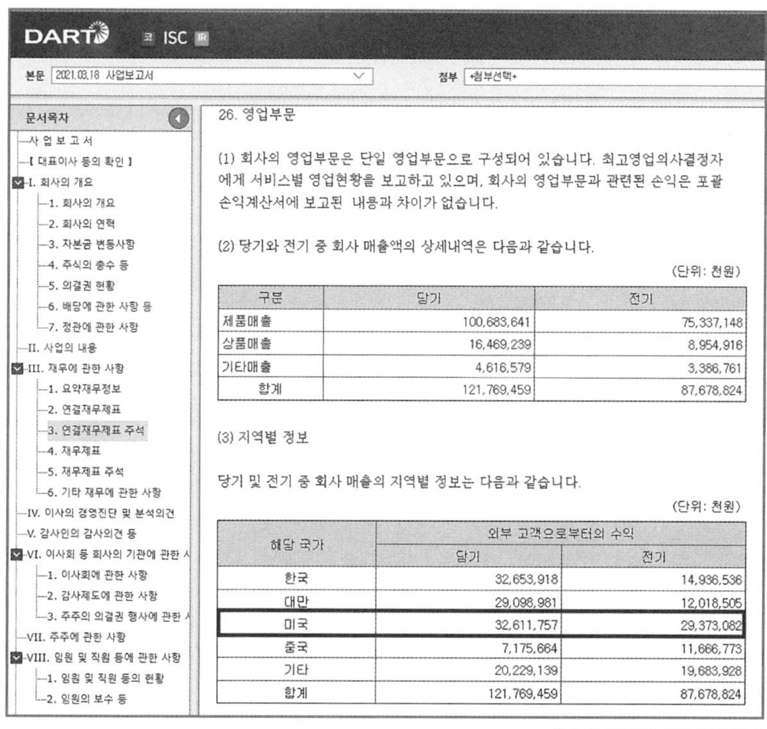

DART 코 ISC IR

본문 2021.03.18 사업보고서   첨부 +첨부선택+

문서목차

26. 영업부문

(1) 회사의 영업부문은 단일 영업부문으로 구성되어 있습니다. 최고영업의사결정자에게 서비스별 영업현황을 보고하고 있으며, 회사의 영업부문과 관련된 손익은 포괄손익계산서에 보고된 내용과 차이가 없습니다.

(2) 당기와 전기 중 회사 매출액의 상세내역은 다음과 같습니다.

(단위: 천원)

구분	당기	전기
제품매출	100,683,641	75,337,148
상품매출	16,469,239	8,954,916
기타매출	4,616,579	3,386,761
합계	121,769,459	87,678,824

(3) 지역별 정보

당기 및 전기 중 회사 매출의 지역별 정보는 다음과 같습니다.

(단위: 천원)

해당 국가	외부 고객으로부터의 수익	
	당기	전기
한국	32,653,918	14,936,536
대만	29,098,981	12,018,505
미국	32,611,757	29,373,082
중국	7,175,664	11,666,773
기타	20,229,139	19,683,928
합계	121,769,459	87,678,824

출처 - DART ISC 2020 사업보고서

현금흐름도 2020년부터 좋아진 상태라서 전환사채로 조달됐던 자금이 사업의 마중물 역할을 톡톡히 하고 있습니다. 2021년 3분기 기말의 현금자산 347억 원입니다.

지역별 정보를 살펴보면, 2020년부터 한국과 대만, 미국 골고루 상승하고 있습니다. 구체적인 고객정보에서 1개 회사의 수주금액이 85억 원에서 258억 원으로 급등한 것도 확인할 수 있습니다. 반도체 관련돼 ISC의 전망이 좋아질 것으로 추측됩니다.

ISC의 2018년 이후 매출액 증가 추이가 좋습니다. 1,018억 원→876억 원→1,217억 원 등 2019년 주춤했던 매출액이 상승세를 타고 있습니다. 1,000억 원 이상의 매출액을 기록하면 이익률도 높아지는 효과가 납니다. 다만 2020년 기타비용 159억 원(금융자산 평가손실, 유형자산손상차손 등)의 일회성 비용이 차감돼 생각만큼 높은 당

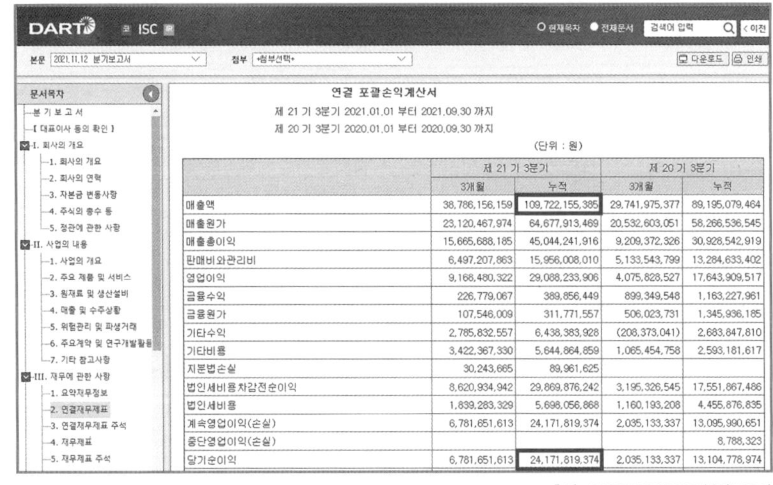

연결 포괄손익계산서

제 21 기 3분기 2021.01.01 부터 2021.09.30 까지

제 20 기 3분기 2020.01.01 부터 2020.09.30 까지

(단위 : 원)

	제 21 기 3분기		제 20 기 3분기	
	3개월	누적	3개월	누적
매출액	38,786,156,159	109,722,155,385	29,741,975,377	89,195,079,464
매출원가	23,120,467,974	64,677,913,469	20,532,603,051	58,266,536,545
매출총이익	15,665,688,185	45,044,241,916	9,209,372,326	30,928,542,919
판매비와관리비	6,497,207,863	15,956,008,010	5,133,543,799	13,284,633,402
영업이익	9,168,480,322	29,088,233,906	4,075,828,527	17,643,909,517
금융수익	226,779,067	389,856,449	899,349,548	1,163,227,961
금융원가	107,546,009	311,771,557	506,023,731	1,345,936,185
기타수익	2,785,832,557	6,438,383,928	(208,373,041)	2,683,847,810
기타비용	3,422,367,330	5,644,864,859	1,065,454,758	2,593,181,617
지분법손실	30,243,665	89,961,625		
법인세비용차감전순이익	8,620,934,942	29,869,876,242	3,195,326,545	17,551,867,486
법인세비용	1,839,283,329	5,698,056,868	1,160,193,208	4,455,876,835
계속영업이익(손실)	6,781,651,613	24,171,819,374	2,035,133,337	13,095,990,651
중단영업이익(손실)				8,788,323
당기순이익	6,781,651,613	24,171,819,374	2,035,133,337	13,104,778,974

출처 - DART ISC 2021 3 분기보고서

기순이익을 기록하지는 못했습니다. 2021년 3분기까지 누적 매출액이 1,097억 원을 기록하고 있습니다. 이 종목이 저평가 받고 있는 이유입니다. 2021년 결산에 대한 기대감은 높습니다. 2021년 이후에는 제대로 된 평가를 받을 것입니다.

20년 종속기업 (주)지멤스의 손실발생으로 보유한 투자부동산 435억 원 손상 이슈로 손상차손 65억 원이 발생했습니다. 21년 1월에 (주)지멤스를 합병했으며, 유형자산으로 분류 변경했습니다. 21년 중 전환사채의 전환권 행사로 221억 원의 자본금 및 주식발행초과금이 증가했고, 부채비율이 20년 말 38.6%에서 21년 3분기 19.4%로 감소했습니다. (연결)영업이익률은 19년 2.3%→20년 14.8%→21년 분기 26.5%로 지속적으로 증가하고 있습니다. 현재보다는 앞으로 성장이 기대되는 종목입니다.

투자 팁

실리콘 러버를 기반으로 하는 반도체 IC 테스트 소켓을 국내 최초로 개발함에 따라 세계 1위의 시장점유율을 기록하고 있다고 합니다. 이 기술을 얼마나 초격차로 유지할지 꾸준히 지켜보는 게 투자의 포인트입니다. 반도체 산업이 나날이 성장하는 건 부인할 수 없는 사실입니다. 그에 맞춰 최종 완성 단계에서 성능 테스트를 하는 소켓의 성장도 당연합니다. 게다가 테스트 소켓은 소모성 부품이기 때문에 반도체 산업이 죽지 않는 이상 생산이 될 수밖에 없습니다. 비메모리 반도체 비중이 늘어나는 것도 좋은 현상입니다.

회사 소개

(FY2021 3Q 기준)

- **회 사 명:** ISC
- **회사개요:** 2001년 2월 22일에 설립돼 전기전자 소재와 부품의 제조 및 판매 등을 주요 사업으로 영위하고 있으며, 2007년 10월 1일자로 코스닥에 상장했다. 주력사업은 반도체 IC와 IT 디바이스 등을 테스트하는 반도체 테스트 솔루션 사업이다. 5G 안테나용 FCCL 제조를 위한 신사업을 추진 중에 있다.
- **주주구성:** 헬리오제1호사모투자합자회사 외 3인 34.76% 자사주 4.43%, 소액주주 49.5%

지배·종속 회사 모두 영업이익 10% 이상
엘비세미콘

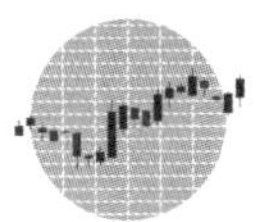

반도체 호황과 맞물려 현금흐름도 아주 좋은 기업이다. 엘비세미콘은 평판 디스플레이용 Driver IC(DDI), CMOS Image Sensor(CIS) 등 비메모리 반도체의 범핑(Bumping) 및 패키징(Packaging) 사업을 영위하고 있다. 실리콘웍스에 납품해 LG디스플레이 및 중화권 시장으로, 삼성전자를 통해 삼성디스플레이에서 매출액을 올리고 있다. 주로 LG디스플레이에 납품했는데 이제는 좀 독자노선을 확실히 걷기 시작했다는 것을 재무제표에서 확인할 수 있다.

엘비세미콘은 반도체 후공정 회사입니다. OSAT[1](Outsourced Semiconductor Assembly and Test)로 불리는 후공정 산업은 반도체 칩과 메인보드를 연결하고, 칩을 보호하기 위한 일련의 공정과 반도체 칩의 양불을 판정하는 테스트 등으로 이루어져 있습니다. 최근 전자제품의 경박단소화, 다기능화로 인해 반도체 후공정 기술이 더욱 중요해지고 있습니다.

엘비세미콘이 하는 반도체 후공정 사업은 최종제품인 IT 제품에

1 OSAT: 반도체가 생산된 후 제 역할을 할 수 있도록 후처리를 하는 기업이다.

따라 종류가 다양합니다. 주요 패널업체 구매 정책의 특성상 팹리스 업체 및 파운드리 업체로부터 통상 한 달 정도의 주기로 필요 물량 발주가 이루어지고 수시로 추가 물량이 발주되고 있습니다. 엘비세미콘의 주요 고객사는 LG디스플레이와 삼성디스플레이에 구동칩을 공급하는 엘엑스세미콘과 매그나칩반도체 등입니다.

고객사의 요청에 따른 사양과 개발 일정에 맞춰 팹리스에서 설계한 주문형 반도체에 대한 범핑, WLP 및 관련 테스트 사업을 전문으로 하고 있습니다.

엘비세미콘의 주요 제품은 100% 매출을 담당하고 있는 Display Driver IC(DDI) 및 Power Management IC(PMIC), CMOS Image Sensor(CIS) 등 반도체 칩 후공정 서비스를 하고 있으며, 이와 관련된 Test, Assembly 등 단일 사업 부문으로 구성돼 있습니다. 엘비세미콘은 파운드리가 제조한 반도체를 받아 범핑, 칩온필름(COF), 프로브 테스트 공정 등을 수행합니다.

범핑은 반도체를 기판에 연결해주는 전도성 돌기인 범프를 만드는 작업이고, COF는 특수필름으로 반도체를 포장하는 작업입니다. 후공정 작업 중에 하나인 프로브 테스트도 가능한 회사입니다. 테스트는 반도체 전기적 신호가 잘 이뤄지는 확인하는 작업입니다.

엘비세미콘의 대주주 구성을 보면 LB그룹이 LG 계통인 것을 금방 알 수 있습니다. LB그룹이 커지게 된 계가 바로 엘비세미콘을 키우면서입니다. 그저 LG 쪽 물량을 받아서 크기만 한 것도 아닙니다.

엘비세미콘이 처음에는 LG디스플레이와 LG그룹 관련 회사에 납품했지만 이후 삼성 쪽 시스템온칩(SOC) 물량을 수주했다는 점은 높게 사야 할 부분입니다.

엘비세미콘의 가장 최근 이슈로 자회사 엘비루셈의 상장입니다. 엘비루셈은 엘비세미콘과 마찬가지로 DDI 후공정 회사입니다. 2020년 매출액 2,098억 원에 영업이익 218억 원을 기록합니다. 현재 엘비세미콘의 연결기준 재무제표를 봤을 때, 엘비루셈의 실적이

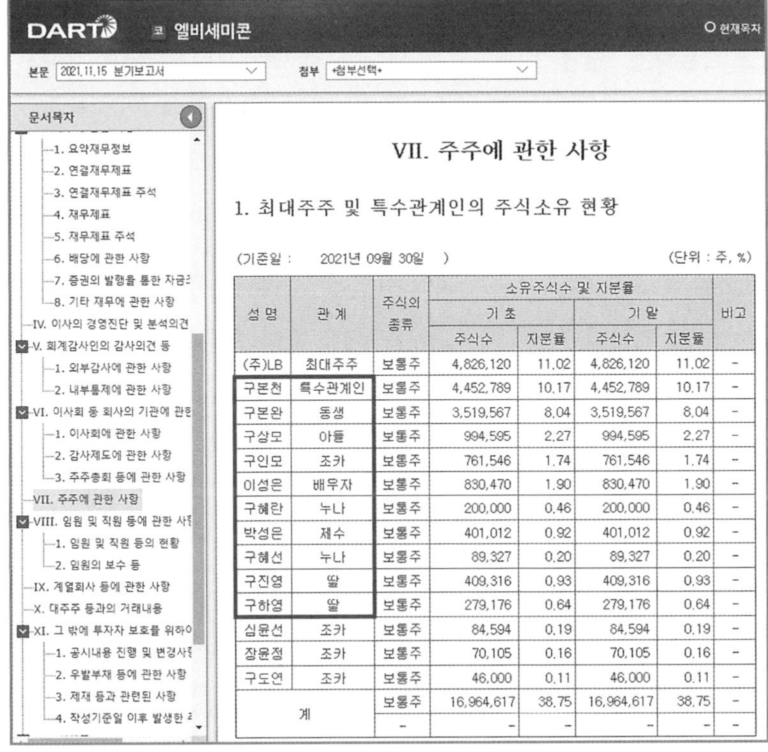
DART 엘비세미콘 현재목차

본문 2021.11.15 분기보고서 첨부 +첨부선택+

문서목차

1. 요약재무정보
2. 연결재무제표
3. 연결재무제표 주석
4. 재무제표
5. 재무제표 주석
6. 배당에 관한 사항
7. 증권의 발행을 통한 자금
8. 기타 재무에 관한 사항
IV. 이사의 경영진단 및 분석의견
V. 회계감사인의 감사의견 등
1. 외부감사에 관한 사항
2. 내부통제에 관한 사항
VI. 이사회 등 회사의 기관에 관한
1. 이사회에 관한 사항
2. 감사제도에 관한 사항
3. 주주총회 등에 관한 사항
VII. 주주에 관한 사항
VIII. 임원 및 직원 등에 관한 사
1. 임원 및 직원 등의 현황
2. 임원의 보수 등
IX. 계열회사 등에 관한 사항
X. 대주주 등과의 거래내용
XI. 그 밖에 투자자 보호를 위하여
1. 공시내용 진행 및 변경사
2. 우발부채 등에 관한 사항
3. 제재 등과 관련된 사항
4. 작성기준일 이후 발생한

VII. 주주에 관한 사항

1. 최대주주 및 특수관계인의 주식소유 현황

(기준일 : 2021년 09월 30일) (단위 : 주, %)

성 명	관 계	주식의 종류	소유주식수 및 지분율				비고
			기 초		기 말		
			주식수	지분율	주식수	지분율	
(주)LB	최대주주	보통주	4,826,120	11.02	4,826,120	11.02	-
구본천	특수관계인	보통주	4,452,789	10.17	4,452,789	10.17	-
구본완	동생	보통주	3,519,567	8.04	3,519,567	8.04	-
구상모	아들	보통주	994,595	2.27	994,595	2.27	-
구인모	조카	보통주	761,546	1.74	761,546	1.74	-
이성은	배우자	보통주	830,470	1.90	830,470	1.90	-
구혜란	누나	보통주	200,000	0.46	200,000	0.46	-
박성은	제수	보통주	401,012	0.92	401,012	0.92	-
구혜선	누나	보통주	89,327	0.20	89,327	0.20	-
구진영	딸	보통주	409,316	0.93	409,316	0.93	-
구하영	딸	보통주	279,176	0.64	279,176	0.64	-
심윤선	조카	보통주	84,594	0.19	84,594	0.19	-
장윤정	조카	보통주	70,105	0.16	70,105	0.16	-
구도연	조카	보통주	46,000	0.11	46,000	0.11	-
계		보통주	16,964,617	38.75	16,964,617	38.75	-
		-	-	-	-	-	-

출처-DART 엘비세미콘 2021 3분기보고서

합쳐 있습니다. 엘비세미콘의 별도 기준 즉 엘비세미콘만의 실적은 2020년 2,341억 원에 영업이익 256억 원입니다.

반도체 호황, 계속 이어갈 수 있을까요?

연결기준 엘비세미콘의 재무제표를 살펴보겠습니다. 2021년 1분기 자산이 증가했습니다. 매출채권, 재고자산, 유형자산 3가지 주요 항목입니다. 2020년 반도체 호황이 아직 유효한 듯싶습니다. 매출액이 2017년 이후 증가 추세입니다. 2020년에는 13% 상승했고, 이익률은 9.7%입니다. 아울러 현금흐름도 아주 좋습니다. 특히 2019~2020 유형자산 취득의 투자 활동이 적극적(1,931억 원)으로 이뤄지고 있습니다.

주주 구성을 보니 구씨와 친인척이 무척 많습니다. 누나, 조카, 제수 등등 LG 느낌, 아니나 다를까 LG그룹 창업주의 4남 구자두 LB인베스트먼트 회장 장남이 대주주(구본천 부회장)입니다. 2005년부터 재직 중인 박노만 대표는 전문경영인 같습니다. 주로 LG디스플레이에 납품했는데 이제는 좀 독자노선을 확실히 걷기 시작했네요. 삼성전자 매출 비중이 21%까지 나온다고 하며 예전에 LG그룹에서 인수한 '루셈'이라는 비메모리 반도체 패키징 회사를 곧 IPO해 LB그룹은 엘비세미콘+엘비루셈이 캐시카우(Cash cow)[2] 역할을 할 것으로 기대하고 있습니다.

엘비세미콘의 장단점을 사업보고서는 이렇게 말하고 있습니다. "당사는 고객사(반도체 제조 및 설계업체)의 요청에 따른 사양과 개발 일정에 맞춰 팹리스에서 설계한 주문형 반도체에 대한 범핑, WLP 및 관련 테스트 사업을 전문으로 하는 반도체 후공정 회사입니다. 따라서 첫 번째 우위는 주요 매출처와의 협업 관계 강화로 팹리스 전문업체와 공동으로 고객의 요구에 맞는 고품질의 반도체를 경쟁사에 대비하여 빠르게 개발, 공급함으로써 고객으로부터 확고한 신뢰성을 확보하고 있으며, 두 번째 우위는 2000년대 초반 국내에서 처음으로 골드범핑 사업을 시작하면서 지금까지 축적된 기술력으로 공정기술을 개선하고 차세대 패키지 신기술을 개발 적용해 경쟁사 대비하여 높은 품질과 성능을 구현함과 동시에 원가면에서도 경쟁우위를 가지고 있는 것이 핵심 경쟁우위 요소입니다."

"다만 당사 매출은 비메모리 반도체 중에서도 Display Panel에 사용되는 DDI에 매출이 편중돼 있기 때문에 Display Panel의 전방 산업인 TV, Monitor, 노트북, 스마트폰 등 Set 시장 업황에 따라 실적이 민감하게 영향을 받을 수밖에 없습니다. 이에 당사는 최신 공정/기술개발과 함께 제품 다변화의 일환으로 PMIC 등의 매출을 지속적으로 늘려 나가고 있으며, 국내 및 해외 전공정업체 등과 지속적으로 신규 제품 개발 활동을 펼쳐 나가고 있습니다."

---

2 캐시카우: 잘 키워놓기만 하면 평생 우유를 생산하는 젖소에 대한 은유적 표현이다. 위험성이 낮으면서 안정적인 이익을 올린다는 뜻이다. 돈줄 또는 현금창출원이라고 할 수 있다.

엘비세미콘 주가는 어떻게 될까요?

엘비세미콘은 반도체 관련주로 분류되지만, 반도체 소재 중에 디스플레이 산업과 연계된 회사입니다. 코로나로 인해 오히려 혜택을 받은 데가 반도체 분야입니다.

생활 전반에 비대면 활동 중심의 실내 생활이 많이 늘어나면서 이와 관련하여 온라인 시장의 성장과 영상, 게임, 교육(인터넷 강의) 등의 콘텐츠 소비가 늘어나면서 이러한 콘텐츠 소비의 도구인 TV, PC(노트북 & 태블릿) 등 IT Device 산업 및 관련 반도체 산업은 상대적으로 피해가 크지 않았으며 일부 산업은 전년 대비 소폭 성장하기까지 했습니다.

IT Device 시장을 전방시장으로 하는 엘비세미콘은 이러한 전방시장의 선방에 힘입어 2020년 글로벌 경기 위축이라는 어려운 상황에서도 매출은 전년 대비 약 13% 증가한 4,428억 원을 기록했으며, 영업이익은 전년 대비 약 15% 감소한 428억 원을 기록했습니다. 코로나19 대유행에 따른 비대면 활동 중심의 실내 생활이 많이 늘어나면서 이와 관련된 온라인 시장의 성장과 영상 콘텐츠 소비가 늘어나면서 IT Deivce 산업은 소폭 성장하여 매출액은 증가했으나, 웨이퍼 관련 재료인 금 시세 상승에 따른 재료비 상승, 일부 제품의 가동율 하락에 따라 영업이익은 감소했습니다. 앞으로도 마찬가지 상황이 연출될 수 있습니다.

현재 엘비세미콘의 원재료 가격 추이는 2021년 1분기 기준으로는 살짝 하락했지만 여전히 높은 수준입니다. 전방 산업인 디스플레이 등 회사의 코로나 대응이 앞으로 어떻게 전개될지도 관건입니다.

주식 투자자로서는 종속회사인 엘비루셈의 상장도 신경이 쓰입니다. 엘비루셈의 기업가치가 시장에서 높게 평가되면 지분을 67.96% 가진 엘비세미콘의 가치도 오르는 것은 당연합니다. 그러나 엘비루셈에 직접 투자해도 되기 때문에 엘비세미콘의 주가가 단기간 고평가됐다가 빠질 수도 있습니다.

투자 팁

삼성전자의 파운드리 사업 확장과 OLED 패널의 수요 확대, 어플리케이션 DDI 집적회로(IC) 칩 수 증가, CIS 및 AP 증설 효과 등으로 외형 성장이 전망됩니다. 아직은 이익률이 폭발적이지는 않습니다만 매출 성장 추이가 당분간 이뤄질 것 같습니다. 포트폴리오 다변화가 이뤄지고, 그에 따른 마진율 상승이 추가 상승률을 결정할 것으로 생각합니다.

엘비세미콘은 엘비루셈 주식을 2018년 2월 27일에 67.96% 주식 양수를 통해 취득하여 연결종속회사로 회계처리하고 있습니다. 지배회사/종속회사 모두 10% 이상의 영업이익을 꾸준히 올리고 있는 회사로 엘비세미콘의 연결재무제표를 통해 전체적으로 합산된 재무상황을 판단할 수 있습니다. 상장 시 유입된 현금을 재원으로 투자에 활용하여 성장을 견인할 것으로 기대됩니다.

회사 소개

(FY2021 3Q 기준)

- **회 사 명:** 엘비세미콘(주)
- **회사개요:** 엘비세미콘은 2000년 2월 반도체 제조와 관련하여 플립칩범핑(FlipChip & Bumping) 기술을 이용한 Au Bump 및 Solder Bump서비스,웨이퍼 범핑 테스트 서비스, 반도체 조립사업을 영위할 목적으로 설립됐다. 2005년 12월 29일 상호를 마이크로스케일(주)→엘비세미콘(주)로 변경했다.
- **주주구성:** (주)엘비 11.02%, 구본천 10.17%, 소액주주 70.77%

매출이 오르는 기업은 이유가 있다

원익IPS

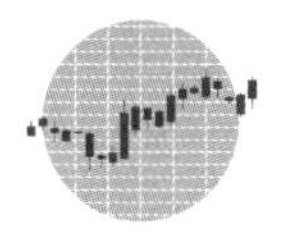

2020년 처음 매출 1조 원을 넘겼는데 2021년 3분기에 이미 매출 1조 원을 달성했다. 눈여겨 볼 종목이다. 원익IPS는 반도체, LCD, OLED, 태양전지(Solar Cell) 핵심 장비를 보유한 국내 최대의 전 공정 종합 장비 회사다. 재무제표에서 현금흐름이 좋은 이유는 매출 성장과 더불어 수익성 개선을 이룬 데다 현금흐름도 순유입세를 이어갔기 때문이다.

이 회사의 사업은 크게 반도체 제조용 장비, 디스플레이 제조용 장비, 태양전지 제조용 장비 부문으로 구성돼 있으며 매출 구성에서 94.6% 차지하고 있습니다. 분할 전 회사인 원익홀딩스가 가지고 있던 사업 중 위 세 사업의 제조 사업 부문을 담당하고 있는 것입니다. 원익IPS는 2019년 2월 원익테라세미콘 합병으로 국내 대형 장비 기업으로 도약했습니다. 한정된 사업장 내에서 설비와 인력을 활용하여 제품을 생산하기 때문에 사업 부문의 구분이 현실적으로 어렵다고 사업보고서에 밝히고 있습니다. 따라서 매출군은 그 성장성과 증가폭 등으로 봐야 합니다.

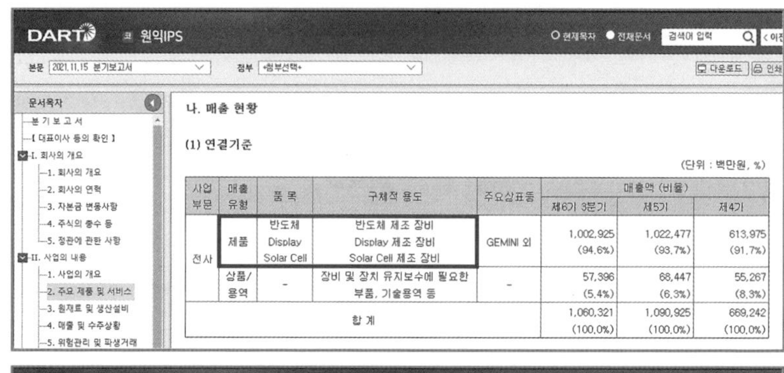

나. 매출 현황

(1) 연결기준

(단위 : 백만원, %)

사업부문	매출유형	품 목	구체적 용도	주요상표등	매출액 (비율)		
					제6기 3분기	제5기	제4기
전사	제품	반도체 Display Solar Cell	반도체 제조 장비 Display 제조 장비 Solar Cell 제조 장비	GEMINI 외	1,002,925 (94.6%)	1,022,477 (93.7%)	613,975 (91.7%)
	상품/용역	-	장비 및 장치 유지보수에 필요한 부품, 기술용역 등	-	57,396 (5.4%)	68,447 (6.3%)	55,267 (8.3%)
합 계					1,060,321 (100.0%)	1,090,925 (100.0%)	669,242 (100.0%)

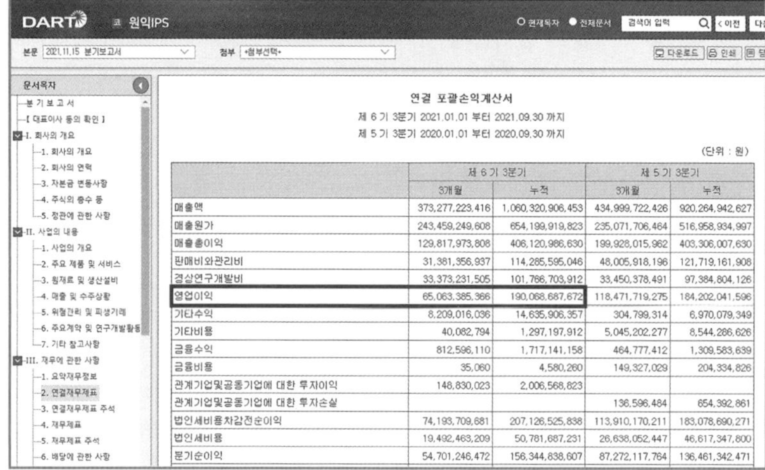

연결 포괄손익계산서

제 6 기 3분기 2021.01.01 부터 2021.09.30 까지

제 5 기 3분기 2020.01.01 부터 2020.09.30 까지

(단위 : 원)

	제 6 기 3분기		제 5 기 3분기	
	3개월	누적	3개월	누적
매출액	373,277,223,416	1,060,320,906,453	434,999,722,426	920,264,942,627
매출원가	243,459,249,608	654,199,919,823	235,071,706,464	516,958,934,997
매출총이익	129,817,973,808	406,120,986,630	199,928,015,962	403,306,007,630
판매비와관리비	31,381,356,937	114,285,595,046	48,005,918,196	121,719,161,908
경상연구개발비	33,373,231,505	101,766,703,912	33,450,378,491	97,384,804,126
영업이익	65,063,385,366	190,068,687,672	118,471,719,275	184,202,041,596
기타수익	8,209,016,036	14,635,906,357	304,799,314	6,970,079,349
기타비용	40,082,794	1,297,197,912	5,045,202,277	8,544,286,626
금융수익	812,596,110	1,717,141,158	464,777,412	1,309,583,639
금융비용	35,060	4,580,260	149,327,029	204,334,826
관계기업및공동기업에 대한 투자이익	148,830,023	2,006,568,823		
관계기업및공동기업에 대한 투자손실			136,596,484	654,392,861
법인세비용차감전순이익	74,193,709,681	207,126,525,838	113,910,170,211	183,078,690,271
법인세비용	19,492,463,209	50,781,687,231	26,638,052,447	46,617,347,800
분기순이익	54,701,246,472	156,344,838,607	87,272,117,764	136,461,342,471

출처-DART 원익IPS 2021 3분기보고서

원익IPS는 2017년 매출액 6,300억 원 수준에서 2020년 1조 원 매출을 달성했습니다. 2021년 증권사 추정 예상 1조 3,000억 원 수준입니다. 원익IPS가 이토록 급격한 성장을 이룰 수 있었던 이유는 반도체 시장에서의 많은 투자가 이뤄졌기 때문입니다. 4차산업과 사물인터넷(IoT) 시대, 전기차, 스마트 시티 등 점점 다양한 분야에서의 반도체가 활용되는 추세입니다.

2021년 3분기 기준 원익IPS 매출액 약 1조 원에 영업이익 1,900억 원을 기록합니다. 이는 증권사 컨센서스에 부합하며, 2019년 원익테라세미콘 합병 이후에 안정적인 합병 효과를 나타내고 있다고 봅니다. 반도체 시장의 뒷받침이 물론 있었지만 두 회사가 합병 후 시너지가 나오고 있는 수치입니다.

원익IPS의 2021년 3분기 연결회계기준 순현금은 2,266억 원으로 집계됐습니다. 총차입금이 24억 원에 불과하고 현금 및 현금성자산이 2,290억 원에 이릅니다. 원익IPS의 경우 2016년 이후 2019년(순차입금 36억 원)을 제외하고는 순현금 기조를 유지해왔으나 그 규모가 2,000억 원을 넘긴 것은 이번이 처음이라고 합니다. 3분기 말 기준 잉여현금흐름(FCF)[3]도 638억 원 순유입됐습니다.

이렇게 현금 흐름이 좋은 이유는 매출 성장과 더불어 수익성 개선을 이룬 데다 현금흐름도 순유입세를 이어갔기 때문입니다. 원익IPS는 2020년 처음 매출 1조 원을 넘겼는데 2021년 3분기에 이미 매출 1조 원을 달성했습니다. 주요 고객사인 삼성전자와 SK하이닉스의 설비투자(CAPEX) 확대에 따라 장비 수주가 늘기도 했습니다.

2019년 원익테라세미콘과의 합병 이후 2020년 (연결)매출은 2019년 6,692억 원에서 10,909억 원으로 4,217억 63% 증가했습니다. 2021년 3분기 누적매출 또한 2019년 동기에 비해 1,401억

---

3 FCF: Free Cash Flow의 약자로 잉여현금흐름을 의미한다. 기업이 사업으로 벌어들인 돈 중 세금과 영업비용, 설비투자액 등을 제외하고 남은 현금을 의미한다. 철저히 현금 유입과 유출만 따져 돈이 회사에 얼마 남았는지 설명해주는 개념이다.

15% 증가했습니다. 매출은 지속적으로 상승하고 있으며, (연결)영업이익율 또한 2019년 6%에서 2020년 13%, 2021년 3분기 누적 18%로 증가하는 등 성장성이 뚜렷한 회사입니다. 주요 주주에 삼성전자 3.77%와 삼성디스플레이 3.77%가 있어 사업으로뿐만 아니라 지분으로도 관계가 있다는 것을 알 수 있습니다.

원익IPS는 매출액은 해가 바뀔수록 증가하고 있습니다. 숫자는 거짓말하지 않습니다. 이 종목이 저평가인 가장 큰 이유가 좋은 부분에서 점점 늘어가는 숫자입니다. 이런 기업에 투자해야 합니다.

투자 팁

원익그룹의 중심 축이 되는 회사입니다. 삼성그룹의 반도체 사업과 밀접한 연관성을 갖고 있습니다만 적절한 지배구조 개선(지주사 체제, 원익테라세미콘 합병 등), 반도체 장비 관련 사업 집중이 돋보이고 있습니다. 2021년 약 1조 3,000억 원의 매출 달성과 2,000억 원 이상의 영업이익이 기대됩니다. 이런 추세가 2022년까지 지속될 것으로 전망합니다. 반도체의 향후 긍정적 전망에 대해서는 의심할 여지가 없습니다. 다만 삼성과 하이닉스가 얼마큼, 어느 정도의 속도로 투자를 진행하느냐에 따라 전공정, 후공정 업체의 수혜 여부를 잘 따져야 할 것 같습니다. 장비의 중화권 진출 또한 중요한 이슈일 수 있습니다.

회사 소개

(FY2021 3Q 기준)

- **회 사 명:** 원익IPS
- **회사개요:** 원익홀딩스가 영위하던 사업 중 반도체, Display, Solar 장비의 제조사업 부문을 담당. 2019년 2월 원익테라세미콘 합병으로 대형 장비 기업으로 도약했다.
- **주주구성:** 원익홀딩스 32.90% 삼성전자 3.77%, 삼성디스플레이 3.77% 소액주주 50.09%

주가가 단기적으로 하락하면 담자

이오테크닉스

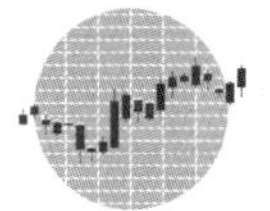

이오테크닉스의 현재 주가가 이미 많이 오른 상태로 보인다. 그럼에도 이오테크닉스를 저평가 종목으로 꼽은 이유는 기존 기술에서 파생돼 새롭게 확장하는 신규 사업에 대한 기대 때문이다. 이오테크닉스는 레이저 마커 시스템과 레이저 응용기술 제품의 제조업이 주력사업이다. 레이저 기기를 제조하는 Eo-Technics Suzhou와 PCB 레이저를 가공하는 레비아텍 안산 등을 종속회사로 보유하고 있다. 레이저 마킹 분야를 시작으로 드릴링, 트리밍, 커팅 등 다양한 레이저 응용 분야로의 진출을 확대하고 있다.

최근 언론에 따르면 삼성전자는 삼성디스플레이와 함께 2022년에 QD-OLED TV를 출시할 것으로 알려졌습니다. 삼성전자가 새로운 TV 전략으로 OLED TV 출시를 본격화한다면 2022년부터 삼성디스플레이 OLED 신규 설비 투자의 빅 사이클이 도래할 것으로 전망됩니다. 증권사 애널리스트조차 "한국, 중국 패널 업체들의 OLED 패널 출하량 모두 성장할 것"으로 전망했습니다.

"스마트폰용 OLED 패널 시장에서 독보적인 점유율을 확보하고 있는 삼성디스플레이는 주력 고객사인 Apple, 삼성전자, Xiaomi, Vivo, Oppo 등을 중심으로 중소형 OLED 패널 출하량이 2021년

4.5억 대에서 2022년 5.3억 대까지 증가할 것으로 전망된다. (…) 2022년 OLED 패널 출하량은 전년 대비 33% 증가한 6,000만 대를 기록할 것으로 예상된다."(출처: 하이투자증권 2021.5.21)

이 경우 OLED, 반도체 호황에 따른 부품 소재 회사가 선제적으로 실적이 좋을 수 있습니다. 공장 증설을 위해서 먼저 움직이니까요. 이오테크닉스는 레이저 기술로 반도체와 연관된 회사입니다. 특히 주요 고객사가 삼성디스플레이입니다. 또한 종속기업 현황을 보니 중국, 대만, 베트남, 인도, 싱가폴, 미국, 독일 등 수출을 위해 해외 여러 곳에 교두보를 가진 회사입니다. 주석 32.3 지역부문별 정보를 미

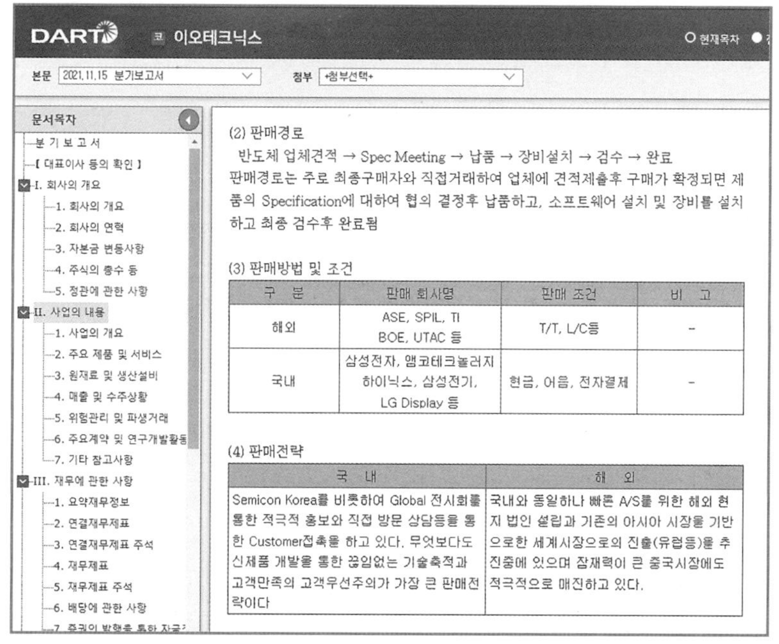

(2) 판매경로

반도체 업체견적 → Spec Meeting → 납품 → 장비설치 → 검수 → 완료

판매경로는 주로 최종구매자와 직접거래하여 업체에 견적제출후 구매가 확정되면 제품의 Specification에 대하여 협의 결정후 납품하고, 소프트웨어 설치 및 장비를 설치하고 최종 검수후 완료됨

(3) 판매방법 및 조건

구 분	판매 회사명	판매 조건	비 고
해외	ASE, SPIL, TI BOE, UTAC 등	T/T, L/C등	-
국내	삼성전자, 앰코테크놀러지 하이닉스, 삼성전기, LG Display 등	현금, 어음, 전자결제	-

(4) 판매전략

국 내	해 외
Semicon Korea를 비롯하여 Global 전시회를 통한 적극적 홍보와 직접 방문 상담등을 통한 Customer접촉을 하고 있다. 무엇보다도 신제품 개발을 통한 끊임없는 기술축적과 고객만족의 고객우선주의가 가장 큰 판매전략이다	국내와 동일하나 빠른 A/S를 위한 해외 현지 법인 설립과 기존의 아시아 시장을 기반으로한 세계시장으로의 진출(유럽등)을 추진중에 있으며 잠재력이 큰 중국시장에도 적극적으로 매진하고 있다.

출처-DART 이오테크닉스 2021 3분기보고서

리 찾아보니, 2020년 매출액 중의 60%가 해외에서 발생했습니다.

이오테크닉스는 레이저 종합 전문 기업으로 반도체와 디스플레이, PCB[1], 매크로(Macro) 제조 공정에 사용되는 레이저 및 장비를 개발, 생산하는 업체로 마킹(Marking) 분야는 세계에서도 압도적인 기술력을 보유하고 있는 반도체 후공정 업체입니다.

이오테크닉스의 세계 1위 기술인 레이저 마킹 업무를 이해하기 쉽게 설명하자면 완성된 반도체 제품에 고성능 레이저를 이용하여 회사명, 제품번호와 같은 정보를 각인시키는 기술입니다. 이오테크닉스는 이러한 레이저 기술을 바탕으로 반도체 웨이퍼 절단 기술 개발, 향후에도 무궁무진한 발전을 기대할 수 있는 기업입니다.

재무제표 특징을 짚어 보면, 전통적인 제조사인데 우선 부채비율이 17%(2020년 기준) 매우 낮습니다. 저평가 종목이라고 소개하는 이유 중 하나입니다. 단기차입금 118억 원이 있지만, 기말의 현금 968억 원을 보면 뭐 이건 부채는 거의 없다고 봐야 할 회사입니다. 그렇다면 나머지는 다 매입채무와 같이 거래처에 줘야 할 돈이겠죠.

자산항목 비중에 유형자산 32%인데 재고자산도 24%로 만들어 창고에 쌓아 두고 거래처에 납품하고 이런 형국입니다. 그런데 최근 들어 이 재고자산과 함께 매출채권도 같이 늘고 있습니다. 업황이 좋으니 불량 재고, 채권이 아니라 매출이 증가한 탓 같습니다. 역시나 2021년 1분기 매출액이 822억 원으로 2020년 4분기 699억 원,

---

1 PCB: Printed Circuit Board. 인쇄회로기판이다. 저항기, 콘덴서, 집적회로 등 전자부품을 인쇄 배선판의 표면에 고정하고 부품 사이 구리 배선으로 연결해 전자 회로를 구성한 판이다.

2020년 1분기 626억 원보다도 늘고 있습니다. 특히 좋은 건 당기순이익입니다. 167억 원의 당기순이익률 20.3%, 2020년도 영업이익 385억 원으로 좋았는데 외환차손 등으로 100여억 원의 손실이 반영돼 당기순이익이 낮았습니다. 올해 1분기에는 도리어 금융수익 80억 원이 도움을 주어 당기순이익이 영업이익보다 많습니다.

좋은 실적 이미 주가에 반영됐을까?

최근 5년간 이오테크닉스 주가 흐름을 살펴보면, 2019년 이후 상승세에 들어서는 것을 확인할 수 있습니다. 물론 코로나19로 인한 2020년 3월 대폭락을 제외하고 말입니다. 매출액은 2017년이 정점을 보였습니다. 그렇다면 지금의 주가 117,400원(2022년 1월 18일 종가 기준)은 2020년과 2021년 상반기의 경영성과를 대부분 반영하고 있을 것 같다는 생각이 듭니다. 주식투자를 염두에 둔 투자자라면, 아무리 실적 전망이 좋은 회사라도 주가에 선반영이 됐다면 투자에 주저할 수밖에 없습니다. 주가가 높게 상승하기 위해서는 회사의 현금 창출 능력이 급증하거나, 시장에서 경쟁우위를 확보해 가격과 공급물량을 좌지우지할 수 있어야 합니다. 산업이 턴어라운드하여 매출과 제품가격이 동시에 상승할 때도 주가가 좋아질 수 있습니다. 이오테크닉스는 그런 면에서 긍정적이나 현재 주가는 이미 많이 오른 상태로 보입니다.

그런데도 이오테크닉스를 저평가 종목으로 꼽은 이유는 기존 기술에서 파생돼 새롭게 확장하는 신규 사업에 대한 기대 때문입니다.

이오테크닉스에 대한 평가는 아래와 같습니다. "글로벌 경기침체에도 반도체용 레이저 어닐링 장비와 디스플레이용 커팅 장비 등의 수주 호조로 전년 대비 큰 폭의 매출이 성장할 것이라고 합니다. 국내외 경기 개선과 반도체, 디스플레이, PCB 등 다양한 수요처 확보, 반도체 산업의 성장 및 디스플레이 업황의 회복으로 매출 성장세 지속할 듯 보입니다.(출처_딥서치)"

가능성은 레이저 어닐링 기술[2]입니다. 2020년부터 이오테크닉스는 레이저 어닐링 기술 개발을 완성하여 테스트 과정에 있으며 이 기술에 이상이 없다면 삼성전자는 관련 장비 발주를 진행하겠다고 밝혀 실적이 기대되고 있습니다. 그밖에도 반도체와 인쇄회로기판(PCB), 디스플레이, 스마트폰 등의 생산 설비에 들어가는 다양한 제조 장비 개발에 힘쓰고 있습니다.

실제로 매출액이 크게 변할 수도 있습니다. 원래 주력제품은 반도체에 각인하는 레이저 기술이었는데 레이저 어닐링 기술을 개발해 매출 증가가 이뤄지고 있다고 합니다. 재무제표에서 주목할 점이 2021년 1분기 매출채권 1,003억 원입니다. 기말 674억 원에서 1,003억 원으로 증가했으니까요. 주식의 흐름을 생각했을 때, 좋은 지표입니다.

---

2 레이저 어닐링 기술: 반도체에 불순물을 도핑시킬 때 이온 이식 직후에 반도체의 격자에 생긴 손상을 제거하기 위해 약 1시간 동안 웨이퍼를 400도 정도 가열 후 냉각하여 재료 표면을 변형시키는 기술이다.

삼성전자나 납품처가 대기업이니 반기 이후에는 좀 더 큰 폭의 상승 조짐이 보일 수도 있겠습니다. 또 하나 기대가 되는 부분은 해외 특히 중국 쪽 기업의 설비투자입니다. 이오테크닉스의 주요 고객사로는 삼성전자, 삼성디스플레이, 삼성전기, LG디스플레이 등이지만 이미 언급했듯이 내수는 물론이며 중국 디스플레이 업체인 BOE를 비롯하여 대만의 반도체 패키징 업체인 ASE를 통해 수출도 안정적 유지되고 있는 업체입니다. 선발주자인 국내의 설비투자와 후발주자인 중국의 코로나19 극복 이후 행보는 이오테크닉스가 바라던 바일 것입니다.

투자 팁

기존 기술에 의존한 실적상승은 한계가 있습니다. 주가 급등은 신규사업이나 새로운 기술이 가져다주는 기대감이 함께해야 합니다. 이오테크닉스는 이미 주가에 기존 레이저 마킹 부분은 반영이 됐습니다. 새롭게 시도하는 레이저 어닐링 기술이 관전 포인트가 될 것입니다. 재무재표상 안정성은 뛰어난 회사이지만, 시장의 큰 기대감 때문인지 주가가 현재는 고평가 받고 있다고 개인적으로 판단합니다. 그럼에도 저평가 종목으로 선정한 이유는, 단기 주가 하락할 때 관심을 가져야 할 종목이기 때문입니다.

회사 소개

(FY2021 3Q 기준)

- **회 사 명:** (주)이오테크닉스
- **회사개요:** (주)이오테크닉스는 1993년 12월에 설립됐으며, 주요 사업은 Laser Marking System과 Laser 응용기술제품의 제조, 판매하는 제조회사로서 EO Technics Taiwan Co., Ltd 등이 현지에서 판매 및 AS업무를 담당하고 있다. 또한 EO Technics Suzhou Co., Ltd, (주)레비아텍안산은 지배기업에서 제조한 레이저 기계장치를 이용하여 PCB 임가공업 및 레이저 기계장치를 제조, 판매하고 있다. (주)이엠테크는 지배기업에서 Laser Marking System 제조시 필요로 하는 Laser 부품 및 반도체 부품을 제조, 판매하고 있다.
- **대주주:** 성규동 대표이사 외 특수관계자 등 31.07%. 소액주주 55.8%

당기순이익 급감해도 키포인트

네패스

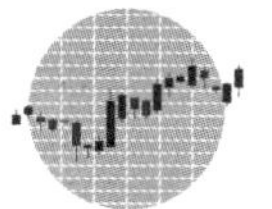

최근 2배 가까이 뛴 판관비 영향으로 영업이익이 대폭 감소하고, 당기순이익도 급감한 상태다. 다만 국내 반도체 산업 기반이 메모리에서 비메모리 영역까지 새로운 확장을 시작하고 있으며, 첨단 후공정 파운드리 국내 단독 공급자인 네패스의 시장 성장은 좋은 투자 포인트로 볼 수 있다. 네패스는 반도체 사업 부문, 전자재료 사업 부문, 2차전지 사업 부문으로 이루어져 있다.

네패스는 반도체 후공정 기업입니다. 반도체 제조 공정은 크게 전공정과 후공정으로 나뉘는데, 전공정은 웨이퍼에 회로 패턴을 그려 반도체 다이(Die)를 만드는 공정입니다. 후공정은 다이를 테스트하고 패키징해 칩으로 만드는 공정입니다. 초미세 공정으로 전공정으로는 전환이 쉽지 않습니다. 반도체 칩 성능을 끌어올리기 위한 후공정이 주목받는 이유입니다. 네패스는 테스트부터 패키징까지 후공정의 거의 모든 과정을 '턴키[1]'로 제공합니다.

---

1 턴키: 제품을 구매자가 바로 사용할 수 있도록 생산자가 인도하는 방식이다. 우리나라에서는 보통 설계와 시공을 함께 발주하는 설계·시공 일괄입찰의 뜻으로 쓰인다.

네패스는 엔드팹(End-FAB)[2] 기술을 근간으로 첨단 시스템 반도체의 소형화, 고성능화에 기여하는 '패키징 및 테스트' 반도체 사업과 반도체·디스플레이 제조에 사용되는 전자재료 사업으로 구분돼 있습니다. 즉, 반도체 사업은 네패스가 사업화에 성공한 플립칩(Bumping) 기술을 확보하여 스마트폰, 웨어러블 디바이스, 자동차 등 다양한 스마트 애플리케이션(Application) 등의 칩셋(Chip-set)을 위한 WLP(Wafer Level Package), FOWLP/PLP로 국내외에서 확고한 입지를 구축하고 있으며, 전자재료 사업은 고순도재료생산 기술을 바탕으로 반도체, LCD등 미세회로 패턴(Pattern)을 구성하기 위하여 사용되는 공정재료인 현상액(Developer), 컬러 필터(Color Filter) 현상액(Color Developer), Etchant, PR(Photo regist), 세정제(Cleaner), 연마제(Slurry) 등의 소재사업에 집중하고 있습니다.

우리나라 반도체 산업 역사에서 네패스를 빼놓을 수 없습니다. 1990년 네패스 전신인 크린크리에이티브가 설립된 후 2년 만에 반도체·디스플레이용 미세회로 형성용 현상액을 첫 국산화했습니다. 사업을 처음 시작했을 때, 주력은 화학 소재였습니다. 2000년대 들어 네패스는 시스템 반도체 패키징 사업에 나서 본격적인 반도체 산업에 뛰어들었습니다. 당시 국내에는 시스템 반도체, 그중에서 첨단 패키징 기술은 굉장히 낯설었습니다. 네패스는 시스템 반도체 고성능화가 이뤄지면서 패키징 기술 중요성이 떠오를 것이라 생각하고

---

2 엔드팹: 전체 공정 가운데 메탈 및 마무리공정만을 처리하는 팹을 의미한다. 최종공정에 해당하는 이 공정을 처리하는 시간이 초기공정과 폴리공정에 비해 1.3~1.5배 길다는 점에 착안해 엔드팹 개념이 탄생했다.

구 분	주요재화 및 용역	주요고객
반 도 체 부문	Bumping & Package	삼성전자 등
전자재료 부문	Developer, Etchant	엘지디스플레이 등
2차전지사업 부문	2차전지용 리드탭 등	-

출처- DART 네패스 2021 3분기보고서

본격적인 사업화에 나섰습니다. 현재 네패스의 반도체 부문은 계열사 포함 전체 매출의 83%를 차지할 정도로 핵심 사업이 됐습니다.

네패스는 팬아웃(FO) 분야의 강자입니다. 팬아웃은 반도체 다이 밖까지 재배선층(RDL)을 확장시켜 반도체 칩의 신호 입출력(I/O)을 늘리는 기술입니다. 전력 효율성을 크게 높이고 칩의 신호 처리 능력도 개선할 수 있습니다. 대만의 파운드리 기업 TSMC가 삼성으로부터 애플 칩 생산을 가져올 수 있었던 이유도 이 팬아웃 기술 때문으로 알려져 있습니다.

네페스의 사업 분야는 크게 세 부문입니다. 반도체 산업은 점차 시스템 반도체의 중요성이 부각되고 있으며 국내 대표 반도체 업체들 역시 시스템 반도체 시장의 중요성을 인식하여 해당 영역의 투자에 박차를 가하고 있는 상황으로, 시스템 반도체 시장은 메모리 대비 3배 이상 거대한 시장입니다. 현재 IT 애플리케이션 시장을 주도하는 제품은 모바일에 기반을 둔 스마트 디바이스(Smart Device)이며 이를 구성하는 주요 부품들이 대부분 시스템 반도체입니다. 첨단 앤드 팹 비즈니스는 시스템 반도체 공급망 관리(Supply Chain)의 핵심 공정이며 국내 공급업체는 전무한 상황에서 세계 수준의 기술로 산업을 선도하고 있습니다.

전자재료는 케미컬 시장의 특수성에 기인하여 변동성이 낮으며, 신제품인 기능성 캐미컬(Chemical)이 매출에 기여하기 시작했습니다. 특히 전자재료 사업 부문은 높은 국내 시장 점유율과 그간 집약한 기술 노하우를 바탕으로 수입에 의존하던 캐미컬을 국산화했으며 내재화를 통한 신뢰성 검증으로 주요 고객 대상 신규 매출을 기대하고 있습니다. 2차전지용 부품을 국산화하여 ESS(에너지저장장치), EV(전기차)용 배터리에 적용, 급성장하는 에너지 분야로 영역을 확대하고 있습니다. 최근 2배 가까이 뛴 판관비 영향으로 영업이익이 대폭 감소하고, 당기순이익도 급감한 상태입니다. 다만 국내 반도체 산업 기반이 메모리에서 비메모리 영역까지 새로운 확장을 시작하고 있으며, 첨단 후공정 파운드리 국내 단독 공급자인 네패스의 시장 성장은 좋은 투자 포인트로 볼 수 있겠습니다.

2021년 3분기 실적은 매출액 1,074억 원으로 2020년 동기 대

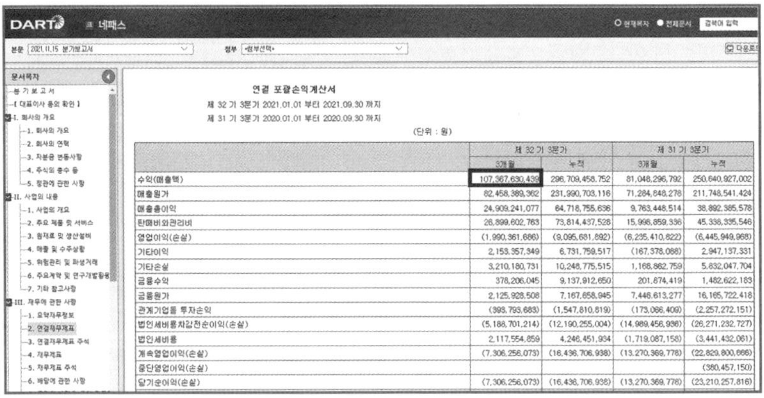

연결 포괄손익계산서

제 32 기 3분기 2021.01.01 부터 2021.09.30 까지

제 31 기 3분기 2020.01.01 부터 2020.09.30 까지

(단위 : 원)

	제 32 기 3분기		제 31 기 3분기	
	3개월	누적	3개월	누적
수익(매출액)	107,367,630,439	296,709,458,752	81,048,296,792	250,640,927,002
매출원가	82,458,389,362	231,990,703,116	71,284,848,278	211,748,541,424
매출총이익	24,909,241,077	64,718,755,636	9,763,448,514	38,892,385,578
판매비와관리비	26,899,602,763	73,814,437,528	15,998,859,336	45,338,335,546
영업이익(손실)	(1,990,361,686)	(9,095,681,892)	(6,235,410,822)	(6,445,949,968)
기타이익	2,153,357,349	6,731,759,517	(167,378,088)	2,947,137,331
기타손실	3,210,180,731	10,248,775,515	1,168,862,759	5,832,047,704
금융수익	378,206,045	9,137,912,650	201,874,419	1,482,622,183
금융원가	2,125,928,508	7,167,658,945	7,446,613,277	16,165,722,418
관계기업등 투자손익	(393,793,683)	(1,547,810,819)	(173,066,409)	(2,257,272,151)
법인세비용차감전순이익(손실)	(5,188,701,214)	(12,190,255,004)	(14,989,456,936)	(26,271,232,727)
법인세비용	2,117,554,859	4,246,451,934	(1,719,087,158)	(3,441,432,061)
계속영업이익(손실)	(7,306,256,073)	(16,436,706,938)	(13,270,369,778)	(22,829,800,666)
중단영업이익(손실)				(380,457,150)
당기순이익(손실)	(7,306,256,073)	(16,436,706,938)	(13,270,369,778)	(23,210,257,816)

출처-DART 네패스 2021 3분기보고서

비 32.5% 증가했고, 영업손실 20억 원, 분기 순손실 73억 원으로 적자 지속입니다. 누적 기준으로는 매출액 2,967억 원으로 18.4% 증가했고, 영업손실 91억 원, 당기순손실 164억 원으로 적자 지속입니다. 반도체 패키징 관련 FOWLP(팬아웃 웨이퍼 레벨 패키지)에 이은 FO-PLP(팬아웃 패널 레벨 패키지) 양산에 대규모 투자를 단행하면서 매출은 증가했으나 설비투자, 연구개발비 증가 등의 비용 부담으로 인한 적자가 지속됐습니다. FO-PLP 전력반도체(PMIC) 양산의 경우 최근 양산을 개시하면서 매출 가시화되기까지는 시간이 필요할 것으로 보입니다.

네패스의 2021년 3분기까지 누적 매출액은 전년 동기 비해 증가한 2,967억 원입니다. 그러나 매출증가와 달리 영업이익은 -90억 원으로 더 적자폭이 늘어났습니다. 이유는 매출액 대비 늘어난 판매관리비 탓입니다. 판매관리비 비중이 18%에서 25%로 약 7% 이상 증가했습니다. 그럼에도 매출액 상승은 반도체 관련 시장확장에 대한 네패스의 의지를 보여 주고 있습니다. 저평가 이유입니다. 네패스는 시설자금 확보를 위한 999억 원의 유상증자를 결정해 자금조달을 서두르고 있습니다. 종속회사인 (주)네패스 아크 신공장 증설 등 적극적인 투자를 진행 중입니다.

네패스는 네패스 아크, 네패스야 하드, 네패스 라웨 등과 홍콩 지주회사, 미국 및 인도네시아법인 등을 종속기업의 선전으로 2022년이 기대되는 회사입니다. 네패스 라웨의 FO-PLP 가동률 상승과 네패스 아크의 테스트 수주 증가세 등 외형 성장을 주목해야 합니다.

투자 팁

시스템 반도체 핵심 밸류체인으로 성장할 회사입니다. 시스템 반도체, 비메모리 반도체 등 반도체 산업 중에서도 가파르게 성장해가는 부문의 키포인트 역할을 말을 수 있는 회사입니다. 주가가 이미 많이 올랐지만 대내외 이슈로 일부 조정을 받는다면 투자자의 입장에서 추가 매수 가능한 종목입니다.

회사 소개

(FY2021 3Q 기준)

- **회 사 명:** (주)네패스
- **회사개요:** 지배회사는 반도체 및 전자관련 부품, 전자재료 및 화학제품 제조, 판매를 영위할 목적으로 1990년 12월에 설립 및 1999년 12월 상장됐다. 패키징 및 테스트의 반도체 사업과 반도체/디스플레이 제조에 사용되는 전자재료사업으로 구분돼 있다.
- **주주구성:** 이병구 외 특수관계자 25.90%, 소액주주 70.07%

이런 기업에 투자하지 않으면 어디에?

예스티

현금흐름표를 체크했을 때, 2019년 대규모 적자와 달리 2020년 영업활동현금흐름 115억 원으로 긍정적인 시그널을 보이고 있다. 2019년에 굉장히 많은 자금을 조달해서 '무언가'에 집중적으로 투자했음을 재무제표로 확인할 수 있다. 2020년 흑자로 전환된 것을 봤을 때, '되게 열심히 하는 기업' 아닐까 하는 느낌을 받게 된다. 이런 기업에 투자해야 한다. 2000년 3월에 설립됐으며, 반도체장비, 부품 및 자동화 기계 제조, 판매가 주요 사업이다.

전력반도체 소재 실리콘 카바이드(SiC)[1]가 뜨고 있습니다. 전기차 덕분입니다. 기존 반도체(Si)보다 전력 효율이 높고 고전압·고전류·고온에서 작동이 적합한 SiC가 전기차 시대의 '필수 부품'으로 인정받기 시작했기 때문입니다.

기존 전기차에는 이전까지 가격이 저렴한 Si 소재를 써왔으나 이는 150도 이상 고온에서 반도체 성질을 잃는 단점이 있습니다. 향후

1 실리콘 카바이드: 실리콘(Si)과 탄소(C)로 구성된 화합물 반도체 재료. 강도가 낮은 기존 반도체는 고열과 고전압, 진동에 취약해 차량용 소재로 쓰기 어렵다. 따라서 훨씬 작은 크기와 무게로 에너지 효율은 높이고 손실은 줄여주는 실리콘 카바이드가 각광받게 됐다.

전기차의 전력 효율을 올리고 저항을 줄여 열 발생을 줄이는 등 SiC 전력반도체의 수요 전망이 높아지고 있습니다.

SiC의 활용은 특정 분야에 한정돼 있습니다. 제조 과정이 복잡하고 어려워 생산량이 적고 가격이 비쌉니다. 기존 Si와 달리 SiC는 고정밀도의 고온 처리가 필요하고, 고강도의 기판(substrate)을 처리하는 과정도 어렵습니다. 여기에 복잡한 고가 장비가 필요하고, 생산 과정에서 발생하는 문제들을 해결하는 데 상당한 노하우가 필요합니다.

관련 국내 회사는 SiC 반도체 제작용 웨이퍼 생산이 가능한 SK실트론과 국가기술표준원으로부터 SiC 파워반도체 제조 핵심기술을 기반으로 신기술(NeT) 인증을 획득한 예스파워테크닉스입니다. 예스티로부터 70억 원을 투자받고 관계사로 편입됐으며, 총 200억 원 규모의 투자를 단행해 SiC 파워 반도체 제조용 전용 시설을 구축, 현재 양산 중입니다. 예스티는 반도체, 디스플레이용 열처리 장비 전문업체입니다.

SK그룹이 예스티 관계사에 관심을 갖은 이유

재무제표 22기를 작성한 예스티는 젊은 회사가 아닙니다. 자산총계는 2020년 연결 재무상태표 기준 1,657억 원 부채는 1,002억 원, 자본은 654억 원의 부채비율 153%. 자산을 우선 살펴보니, 외상값 잔액과 같은 매출채권이 165억 원에서 66억 원으로 2019년에 비해서 많이 줄었습니다. 전에 없이 생겨난 매각예정자산 130억 원이 잡혀 있는데 주석 14번을 살펴보니 공장 이전으로 전 공장을 매각하는 것입니다. 부채비율이 그렇게 좋은 편은 아닙니다. 그것으로 봐서 유동성을 먼저 파악해야 되는데 단기 금융부채가 584억 원으로 제일 큰 상황입니다. 게다가 이는 2019년도 296억 원에서 비해 늘어난 상태입니다. 하지만 매각예정자산도 있고, 현금도 부족한 편이 아니니 그렇게 걱정할 필요는 없고, 이 때문에 오히려 저평가되고 있다는 생각이 듭니다.

재무제표인 손익계산서로 넘어가니 매출액은 660억 원, 영업이익은 4억 원에 불과합니다. 그런데 2019년 매출액이 533억 원이고, 매출원가가 592억 원으로 원가가 높아 이미 원가 손실이 58억 원이 났고, 218억 원의 대규모 적자가 발생한 적이 있습니다. 그래서 현금흐름표를 체크해봤습니다. 2019년 대규모 적자와 달리 2020년 영업활동현금흐름 115억 원으로 긍정적인 시그널을 보이고 있습니다.

주의 깊게 봐야 할 사항은 투자활동현금흐름입니다. 2019년에 324억 원의 투자활동현금흐름이 보입니다. 유형자산이 증가했는데 268억 원이 증가했고, 이 재원은 재무활동인 전환사채 발행 200억 원, 장기차입금도 148억 원, 단기차익금 90억 원 등입니다. 요약하자면 2019년에 굉장히 많은 자금을 조달해서 '무언가'에 집중적으로 투자했다는 결론입니다.

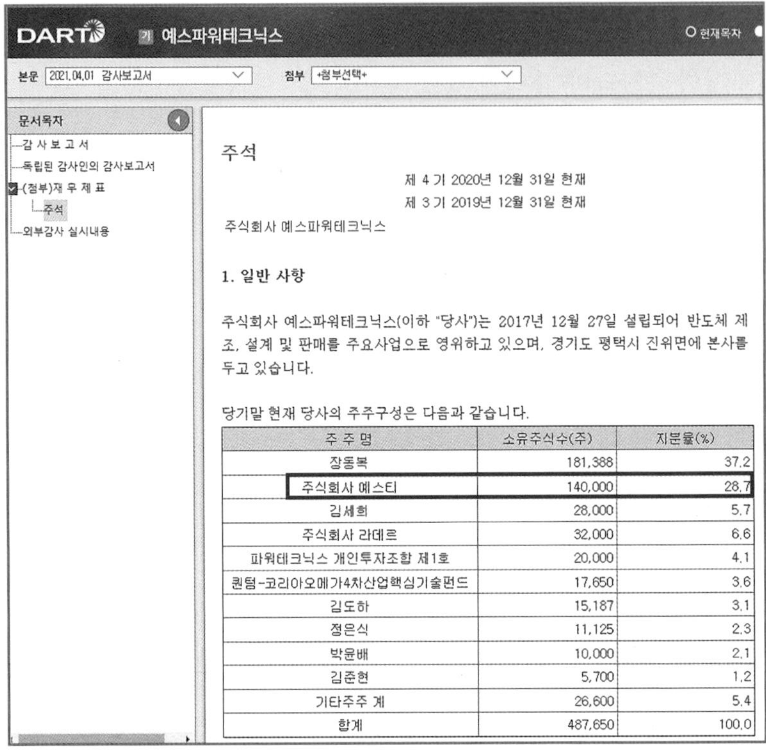
DART 기 예스파워테크닉스

본문 2021.04.01 감사보고서 첨부 +첨부선택+

문서목차
- 감사보고서
- 독립된 감사인의 감사보고서
- (첨부)재무제표
  - 주석
- 외부감사 실시내용

주석

제 4 기 2020년 12월 31일 현재

제 3 기 2019년 12월 31일 현재

주식회사 예스파워테크닉스

1. 일반 사항

주식회사 예스파워테크닉스(이하 "당사")는 2017년 12월 27일 설립되어 반도체 제조, 설계 및 판매를 주요사업으로 영위하고 있으며, 경기도 평택시 진위면에 본사를 두고 있습니다.

당기말 현재 당사의 주주구성은 다음과 같습니다.

주주명	소유주식수(주)	지분율(%)
장동복	181,388	37.2
주식회사 예스티	140,000	28.7
김세희	28,000	5.7
주식회사 라데르	32,000	6.6
파워테크닉스 개인투자조합 제1호	20,000	4.1
퀀텀-코리아오메가4차산업핵심기술펀드	17,650	3.6
김도하	15,187	3.1
정은식	11,125	2.3
박윤배	10,000	2.1
김준현	5,700	1.2
기타주주 계	26,600	5.4
합계	487,650	100.0

출처 - DART 예스파워테크닉스 2020 감사보고서

100% 직결되지는 않겠지만 그 결과로 영업활동현금흐름이 2020년에 115억 원으로 다시 흑자로 전환했다고 본다면 '회사가 되게 열심히 산 거 아닐까' 하는 생각이 듭니다. 예스티의 종속회사는 예스티히팅테크닉스가 크며 관계기업 투자 리스트에는 반도체 장비 제조 판매, SiC 전력반도체 개발 생산 등이 보입니다. 그중에서 가장 주의 깊게 봐야 할 회사는 예스파워테크닉스입니다.

예스티의 매출액은 반도체 장비 및 관련 부분 부품 매출이 626억 원으로 거의 대부분을 차지하고 있습니다. 국내 쪽에서는 474억 원이 발생하고 그다음으로 높게 발생하는 지역은 베트남입니다. 매출액이 10% 이상 되는 외부 고객 중에 A사가 194억 원, 나머지는 60억 원, 80억 원, 40억 원 정도니까 한 군데가 조금 많이 사주는 정도네요. 보고 기간 외에 일어났던 일에 관한 얘기인데, 전환사채 147억 원이 전환 청구돼 주가가 희석이 되는 효과가 발생할 것입니다. 또한 예스티는 대표이사가 가진 예스파워테크닉스 지분을 29억 원을 매수했습니다. 예스파워테크닉스는 비상장사라서 확인이 아직 되지 않으나, 지분 변화가 일어났습니다.

예스티의 2021년 2분기 실적을 보면 그다지 좋지 않습니다. 반도체 관련 회사이지만 매출액이 증가 폭이 예전과 비슷할 뿐이고, 원가 상승로 적자를 기록하고 있습니다. 이 회사의 한 방은 전력반도체 관계회사 예스파워테크닉스 지분 24.2%입니다. 가장 핫한 분야인데 지분이 더 줄었습니다. 대주주 지분을 예스티가 매수했음에도 불구하고요. 이유는 (주)SK의 투자 때문입니다. 지분 33.6%을 268억 원 인수했습니다. SK그룹이 예스티 관계사에 관심을 갖은 이유는 전력 반도체의 미래에 대한 선제적 투자라고 볼 수 있습니다. 그 과실을 누구의 이름으로 딸지, 잠재력을 가진 회사입니다.

투자 팁

수익성 회복이 다소 더디지만, 자회사를 통한 SiC 전력반도체 사업은 기대가 상당히 큽니다. 특히 자회사 예스파워테크닉스의 2대 주주 SK그룹과의 시너지는 향후 꼭 체크해야 할 투자 포인트입니다. 당장 사야 할 종목으로 꼽을 순 없지만, 자회사 성장에 따라 기업가치 재평가가 충분히 가능한 관심 종목으로 추천합니다.

회사 소개

(FY2021 3Q 기준)

- **회 사 명:** (주)예스티
- **회사개요:** 예스티는 2000년 3월 6일 설립돼 디스플레이 및 반도체장비, 부품 및 자동화기계 제조, 판매를 주요사업으로 영위하고 있으며, 경기도 평택시 진위면에 본사를 두고 있다. 한편, 지배기업은 2014년12월 29일자로 한국거래소가 개설한 KONEX시장에 주식을 상장했으며, 2015년 12월 16일자로 KOSDAQ시장에 이전 상장했다.
- **주주구성:** 장복동 23.5% 기타 63.2%.

흑자 전환, 관리종목 리스크에서 벗어난

루멘스

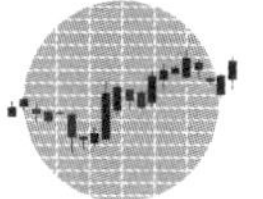

최근 종속회사의 회생절차를 신청했으며, 재무구조 개선을 위해 본사 건물을 매각한다. 4년 연속 적자로 관리종목 지정 대상이었으나 2021년 1분기 마침내 흑자 전환에 성공한다. '야수의 심장'을 가진 투자자라면 루멘스를 지켜볼 만하다. 벼랑 끝에서 살아온다면 그 상승폭이 상상을 초월할 수 있기 때문이다. 루멘스는 마이크로 LED, 미니 LED 기술력을 갖고 있는 회사다.

반도체, 태양광 등 관련 산업은 늘 중국과의 경쟁으로 고질적인 어려움을 겪습니다. LED 쪽도 마찬가지입니다. 국내 발광다이오드(LED) 업계 역시 중국의 맹공으로 수년째 고전을 면치 못하고 있습니다. 지난 2020년에는 LED 칩 대(對)중국 무역수지가 적자를 기록합니다. 우리가 중국에 파는 것보다 수입하는 양이 많아진 탓입니다.

"2020년 1~2월 LED 칩 중국 수출액은 395만 3천 달러, 수입은 358만 6천 달러를 기록했다. 수출액은 지난해 같은 기간(976만 2천 달러)보다 59.5%나 급감했다."(출처 관세청)

과거 LED 칩은 삼성전자, LG이노텍 등 주요 대기업이 TV에 들어

가는 백라이트유닛(BLU), LED 조명에 들어가는 칩 개발에 속도를 올리면서 성장동력으로 주목받았습니다. 그러나 이제는 가격 경쟁력이 없어진 이상 신기술 개발에 온 힘을 다합니다. LED 업계가 기대하는 건 마이크로 LED와 미니 LED 시대의 도래입니다. 아무리 신기술이 개발됐다고 해도 시장이 소비하지 않으면, 버티기 힘듭니다. LED는 반도체로 분류되기도 합니다. 반도체와 태양광이 중국 업체와 초격차를 다투는 것처럼 LED 쪽도 마찬가지입니다. LED는 완제품이 아니라 소재입니다. 신기술이 보편화되고, 제품으로 상용화돼야 매출과 이익이 실현됩니다.

루멘스도 선제적으로 마이크로 LED, 미니 LED 등을 개발했습니다만…. 아직 시장은 새로운 제품을 소화하지 못하고 있습니다. LED 광원 사업이 부진하자 루멘스가 택한 차별화 전략은 '자동차 전장사업부의 신설'과 '미니 LED' 개발입니다. 루멘스는 자동차 LED 광원과 LED 모듈을 만드는 전장사업 강화를 위하여 2017년 LED라이텍(주)를 연결대상 종속회사로 편입했으며, 루멘스의 LED광원기술과 엘이디라이텍의 영업 및 생산기반에 더불어 중국현지법인의 생산능력을 활용하여 매출 성장을 도모해 왔습니다.

또한 FLD(Flexible LED Display)[1]를 개발해 디스플레이를 어디든 설치할 수 있으며, 의료, 바이오, 산업용 등의 용도에 적합하고 경제성

---

1 루멘스 플렉시블LED 디스플레이: 얇고 가벼운 필름형 제품으로 유연한 기판을 사용하여 손상 없이 구부리거나 말 수 있다. 설치곡면에 대한 제약이 거의 없어 원기둥, 천정, 바닥 등에도 손쉽게 설치가 가능하고 모든 제어장치(Wifi 통신 등)와 LED가 전부 내장돼 있어 이전설치 등 사후관리가 용이한 장점이 있다.

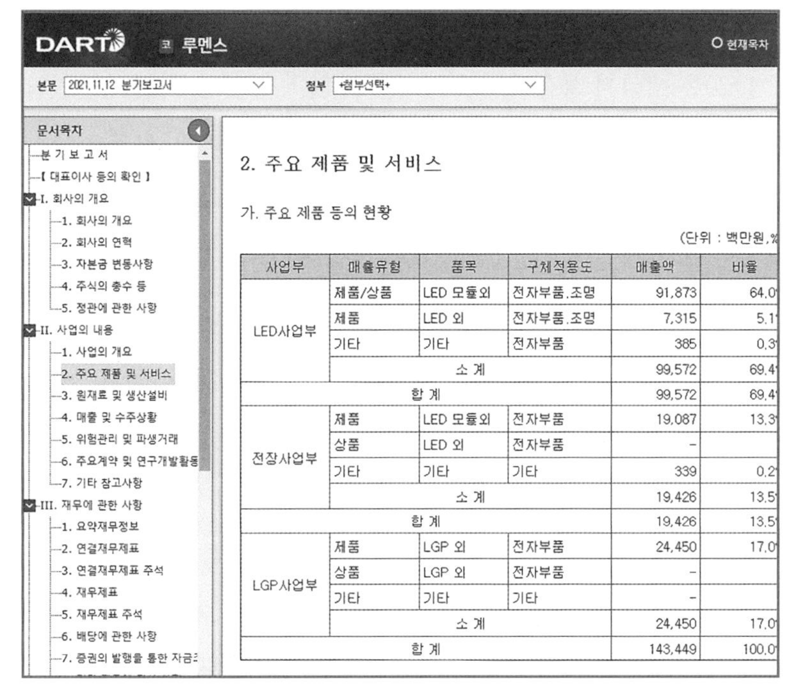

2. 주요 제품 및 서비스

가. 주요 제품 등의 현황

(단위 : 백만원,%

사업부	매출유형	품목	구체적용도	매출액	비율
LED사업부	제품/상품	LED 모듈외	전자부품,조명	91,873	64.0
	제품	LED 외	전자부품,조명	7,315	5.1
	기타	기타	전자부품	385	0.3
	소 계			99,572	69.4
합 계				99,572	69.4
전장사업부	제품	LED 모듈외	전자부품	19,087	13.3
	상품	LED 외	전자부품	-	
	기타	기타	기타	339	0.2
	소 계			19,426	13.5
합 계				19,426	13.5
LGP사업부	제품	LGP 외	전자부품	24,450	17.0
	상품	LGP 외	전자부품	-	
	기타	기타	기타	-	
	소 계			24,450	17.0
합 계				143,449	100.0

출처-DART 루멘스 2021 3분기보고서

을 갖춘 다양한 파장영역대의 UV-LED를 구현했으며, 제품개발을 위한 투자 및 양산을 준비하고 있습니다.

높은 원가에 따른 4년 연속적자

루멘스는 LED 관련 전문 업체로 삼성전자와 현대차에 LED 제품을 납품하는 회사입니다. 루멘스는 3개 사업 부문을 갖고 있습니다. LED 사업 부문의 주요 제품은 LED 조명으로 곧 형광등은 LED등으로 교체될 것이라고 합니다.

LED는 에너지 절감 효과가 뛰어난 고효율, 친환경, 저전력 광원입니다. 또한 LED 기술발전, 가격 경쟁력이 향상돼 응용 범위가 지속적으로 확대되고 있습니다. 전등뿐만 아니라 TV, 스마트폰, 노트북, 모니터와 같은 LCD(Liquid Crystal Display)의 BLU(Back Light Unit)용 광원 그리고 산업용 조명 분야와 일반사무실 및 가정용 실내조명 분야, 전시 광고용 디스플레이 그리고 자동차의 내외장 분야에 이르기까지 응용 분야가 빠르게 확산되고 있습니다.

LGP 사업 부문의 '도광판[2]'은 액정 디스플레이(LCD)는 자체적으로 발광을 할 수 없기 때문에 외부의 광원이 필요하며, 이를 구현하기 위하여 LED 광원과 함께 LGP(Light Guide Plate, 도광판), 반사시트, 확산시트 등으로 구성된 BLU(Back Light Unit)를 말합니다.

마지막으로 전장사업 부문은 LED 시장에서 뜨고 있는 영역입니다. 자동차 헤드라이트 등 차량 내부의 조명과 각종 모듈입니다. 기존의 내연기관 자동차 램프의 경우 차량 운행에 따른 발전기로 램프 전력을 사용했습니다. 향후 전기차 등 자동차 대시보드와 인테리어 변화에 따라 좀 더 많은 LED 부품이 사용될 것으로 기대하고 있습니다.

자동차 전장산업에서의 LED는 크게 LED 광원과 LED 모듈 및 램프 완제품으로 나눌 수 있으며, 광원으로서의 LED는 자동차의 헤드

---

2 도광판: 램프로부터 유입된 빛을 화면 전체에 균일하게 확산시키는 부품으로, LGP는 LCD 백라이트 유닛에서 빛을 고루 확산시키는 부품이다.

램프와 리어램프 및 실내등에 광원으로 적용되고 있습니다.

LED 모듈 사업은 각 자동차 제조사의 램프 공급 업체를 통해 OEM/ODM 방식으로 LED가 적용된 자동차용 내외장 램프 모듈을 제작 후 각 램프 제조사에 자동차 제조사로 공급됩니다. 그런데 국내외를 통틀어 전장용 LED를 공급할 수 있는 LED 제조사는 소수에 불과합니다.

전장용 LED는 가전 및 조명용 LED에 비해 높은 내구 신뢰성을 요구하기 때문에 많은 LED 제조사가 있음에도 불구하고 공급할 수 있는 제조사가 매우 적으며, 이러한 이유로 시장 접근성이 매우 어려운 현실입니다.

어려운 시장 상황에 맞춰 루멘스 역시 변화를 시도했습니다. 자동차 전장사업부를 전체 매출액의 50% 비중까지 끌어 올린 상황입니다. 그러나 이러한 기술력 개발 그리고 사업구조 변경에도 불구하고 지금의 루멘스 재무 상황은 그리 좋지 않습니다. 2021년 1분기 기준 8억 원의 영업흑자 전환과 24억 원의 당기순이익을 기록하지만 이는 매출 축소와 외화환산이익을 반영한 수치입니다.

직전 4년간의 영업적자가 총 824억 원에 달합니다. 90~96%까지 오른 매출원가율은 대규모 영업적자를 지속하게 만들었습니다. 가격 경쟁력이 없는 제품을 주요 납품처에 손해 보면서 제공하고 있습니다. 2개 회사가 루멘스 매출의 98%이니 이 구조를 벗어날 수 없습니다. 루멘스의 종속회사 중에는 베트남과 중국이 자산규모나 매출액이 큰 편입니다.

회상절차 개시 신청한 엘이디라이텍은 3번째로 큰 종속회사입니다. 2021년 1분기 재고자산 741억 원의 증가 역시 걱정스러운 수치입니다. 그사이 단기차입금과 유동성장기차입금 합계가 586억 원입니다. 그동안 금융자산을 조금 헐어 자금조달이 이뤄졌습니다만 이제는 슬슬 자금 압박도 고려해야 합니다.

1분기 영업활동현금흐름이 -148억 원으로 돌아설 때 루멘스 경영진은 몇 가지 결단을 내립니다. 이미 몇 번 언급했듯이 자동차 전장사업부의 주력인 종속회사 엘이디라이텍의 회생절차 개시 신청입니다. 이와 더불어 경영진 대표 변경, 재무구조 개선을 위한 자산양수도 등 눈에 띄는 대책을 내놓고 있기는 합니다.

이것으로 충분한가?

루멘스는 양날의 검처럼 장단점을 갖고 있습니다. LED 시장 관련 총체적인 문제점이 됐던 장기간의 불황을 타개하기 위한 기술력, 확고한 매출처(삼성과 현대) 그리고 곧 도래할 LED 시장의 변화입니다. 마이크로, 미니 LED는 2020년부터 다양한 분야에 적용되고 있습니다.

문제는 판로입니다. 그동안 판로가 확고했기 때문에 가격 경쟁력이 없는 상황(원가에 밀지는 매출)을 버텨 왔습니다. 그런데 그 관계가 얼마나 확고한지 이번에 루멘스를 도와줄지는 아직 미지수입니다. 1분기 실적은 줄어든 상태입니다. 게다가 매출의 절반에 가까웠던 전장사업부는 회생절차를 들어갔습니다. 국내 LED 업체가 루멘스만 있는 것은 아닙니다. 국내 안에도 경쟁자가 쟁쟁합니다.

루멘스에 대한 시장의 평가는 매우 냉정한 상태입니다. 몇 년간의 실적은 80% 이상 지분을 소유하고 있는 소액주주들이 보기에 루멘스는 탐탁잖은 상태입니다. 분위기상으로는 그러나 최근 루멘스 거래량이 급등한 적이 있습니다. 루멘스가 2021년 초 흑자 전환으로 관리종목 지정 리스크를 벗어났으며, 회사를 살리기 위한 일련의 경영방침들이 시장에서 긍정적으로 받아들이는 징표일 수도 있습니다. 우선은 6개월이 지난 반기 실적이 나오면 또 한 번 루멘스의 가능성을 확인할 수 있을 것입니다.

투자 팁

우선 회사는 적자로 인한 관리종목 지정, 상장폐지심사 등에 대해서 유형자산 매각(기타이익 417억 원)을 통해 배수진을 친 것으로 추정됩니다. 또 한 번의 재기의 기회를 갖기 위해서 시간을 벌었다고 생각됩니다. 올해 국내 LED 시장이 확실히 체질 변화가 있기를 기대합니다. 그리고 투자자 중에 혹시 '야수의 심장'을 가지신 분이라면 루멘스를 지켜 볼만 합니다. 벼랑 끝에서 살아온다면 그 상승폭이… LED 산업의 중요성과 향후 마이크로 LED 기술에 대한 산업 트렌드 변화가 이뤄진다면, 루멘스도 각광받을 수 있는 회사가 될 수 있을 것이라고 조심스럽게 추측해 봅니다.

회사 소개

(FY2021 3Q 기준)

- **회 사 명:** (주)루멘스
- **회사개요:** (주)루멘스는 곤산류명광전유한공사 등 9개 종속기업을 갖고 있다. 1996년 6월에 설립됐으며, LED(발광다이오드), LED조명 등의 제조 및 판매를 주요 사업목적으로 하고 있다. 본사는 경기도 용인시 기흥구 원고매로 12에 소재하고 있으며, 2006년 8월 8일 한국거래소 코스닥시장에 상장됐다.
- **주주구성:** 루멘스홀딩스 9.89%, 이경재 대표 3.67% 소액주주 77.08%

※ 2008년 1월 16일 (주)루멘스를 흡수합병했고, 경제적 실질에 따라 루멘스를 매수회사로 회계처리했으며, 상호를 주식회사 엘 · 씨텍에서 주식회사 루멘스로 변경했습니다.

화웨이 실적이 떨어지면 주가가 오른다?

대덕전자

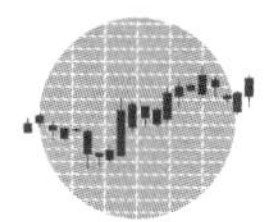

2021년 2분기까지 누적 4,643억 원의 매출액과 약 200억 원의 영업이익을 통해 기대감을 고조시키고 있다. 재무재표에서 드러난 안정성도 매우 높은 상황이다. 대덕전자는 반도체용 PCB 전문 제조업체로 주요 매출처는 삼성전자, SK하이닉스, SKYWORKS, 엠씨넥스 등이다. 2020년 5월 1일 (주)대덕(구 대덕전자)의 PCB 사업 부문이 인적분할돼 설립됐다. 인적분할이 이뤄진 첫해는 실적이 반토막 났지만, 6,205억 원의 매출액에 27억 원의 영업이익을 기록했다.

대덕전자는 PCB(Printed Circuit Board)의 제조 및 판매를 주사업 목적으로 1972년에 설립됐습니다. 2018년 12월 1일 종속회사인 대덕GDS를 흡수합병 했습니다. 또한 2020년에는 인적분할을 통해 기업구조를 지주사 체제로 변화시켰습니다. 대주주는 김영재 대표이사입니다. 대덕전자가 조명을 받게 된 이유는 화웨이 문제로 미중 분쟁이 표면화 되면서 주가가 많이 올랐습니다. 속칭 화웨이 반사이익이 거론됐습니다. 일시적인 주가 상승이었으며, 2021년 대덕전자를 뜯어보면 그동안 구조변화를 착착 진행해 왔습니다.

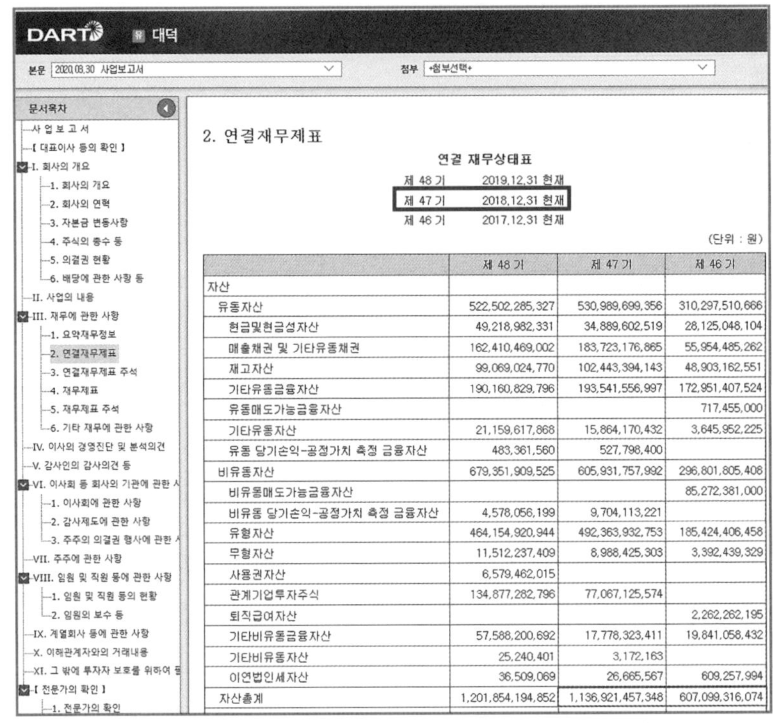

2. 연결재무제표

연결 재무상태표

제 48 기 2019.12.31 현재
제 47 기 2018.12.31 현재
제 46 기 2017.12.31 현재

(단위 : 원)

	제 48 기	제 47 기	제 46 기
자산			
유동자산	522,502,285,327	530,989,699,356	310,297,510,666
현금및현금성자산	49,218,982,331	34,889,602,519	28,125,048,104
매출채권 및 기타유동채권	162,410,469,002	183,723,176,865	55,954,485,262
재고자산	99,069,024,770	102,443,394,143	48,903,162,551
기타유동금융자산	190,160,829,796	193,541,556,997	172,951,407,524
유동매도가능금융자산			717,455,000
기타유동자산	21,159,617,868	15,864,170,432	3,645,952,225
유동 당기손익-공정가치 측정 금융자산	483,361,560	527,798,400	
비유동자산	679,351,909,525	605,931,757,992	296,801,805,408
비유동매도가능금융자산			85,272,381,000
비유동 당기손익-공정가치 측정 금융자산	4,578,056,199	9,704,113,221	
유형자산	464,154,920,944	492,363,932,753	185,424,406,458
무형자산	11,512,237,409	8,988,425,303	3,392,439,329
사용권자산	6,579,462,015		
관계기업투자주식	134,877,282,796	77,067,125,574	
퇴직급여자산			2,262,262,195
기타비유동금융자산	57,588,200,692	17,778,323,411	19,841,058,432
기타비유동자산	25,240,401	3,172,163	
이연법인세자산	36,509,069	26,665,567	609,257,994
자산총계	1,201,854,194,852	1,136,921,457,348	607,099,316,074

출처 - DART 대덕(舊대덕전자) 2019년 재무상태표

2018년 대덕GDS와 합병 덕분에 대덕전자의 자산총계가 늘었습니다. 2018년 기준 대덕전자의 자산총계는 1조 1,369억 원으로 2배 상승했습니다. 재무상태표 상의 재고자산, 유형자산 등도 늘었고, 자본 역시 5,200억 원에서 9,839억 원으로 규모가 증가했습니다. 합병 대상이 된 PCB 제조사 대덕GDS도 자산이 5,430억 원에 달하던 회사였습니다. 매출도 4천억 원이 넘던 회였습니다 2개사가 합쳐지니 1조 원 매출규모의 국내 1위 PCB회사가 생긴 셈입니다. 2019년 1분기 매출액 2,528억 원으로 기대감을 주고 있습니다.

대덕전자는 메모리 반도체용 PCB가, 대덕GDS는 스마트폰용 PCB가 주력

여기에 예전 대덕GDS가 2017년 (주)와이솔이라는 회사 지분을 인수했습니다. 이제 와이솔은 대덕전자 관계회사입니다. 재무제표의 '관계기업투자주식' 770억 원이 새롭게 재무상태표에 기록된 이유입니다. 와이솔은 지난 2008년 설립된 고주파 통신모듈 전문업체입니다. 휴대전화에 채용되는 SAW 필터, 송수 전환기(Duplexer)와 반도체 소자와 집적한 RF 모듈 등의 제품을 생산·판매하는 게 주력 사업입니다.

대덕전자는 휴대폰 관련 주기판 기술을 HDI에서 SLP로 전환하려고 합니다. 5G 스마트폰 출시에 대응하려는 것인데 와이솔이 SLP 기술력이 있습니다. 2개 회사가 합쳐졌는데 부채비율은 16%, 그나마 이번에 단기차입금(118억 원)을 조금 빌렸습니다. 2018년 영업이익은 348억 원, 매년 조금씩 증가하는 안정적인 추세입니다. 2018년의 높은 당기순이익 숫자(2,647억 원)은 인수합병에 의한 염가매수차익입니다. 회사가 합쳐지면서 회계적으로 장부가치보다 저렴하게 산 걸 나타낸 것입니다. 자본 쪽에 자본잉여금(3,129억 원) 등도 동일한 이유입니다.

여하튼 2019년 1분기 분기이익은 91억 원으로 기대치에는 못 미치는 수준입니다. 아직 합병의 시너지가 나기에는 시간이 짧은 편이라고 생각됩니다. 사실 2개 회사는 동일한 경영진이라서 달라진 것

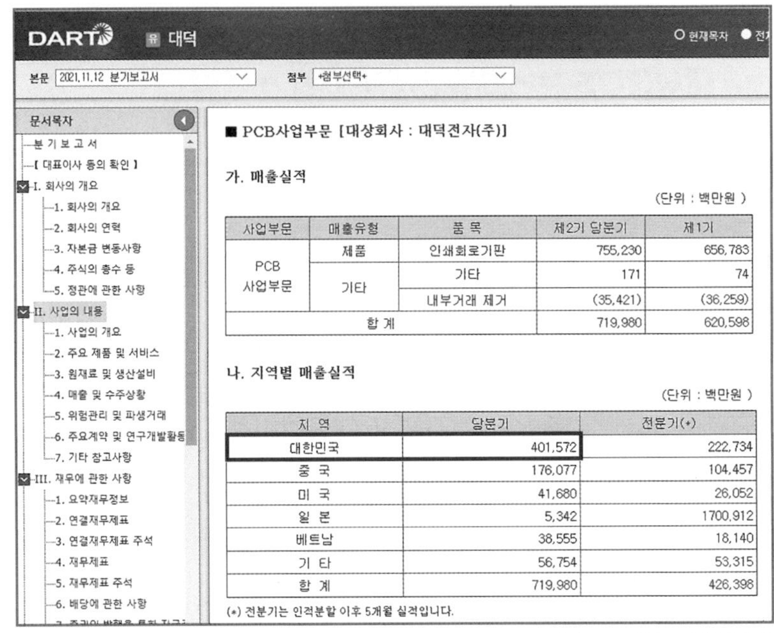

■ PCB사업부문 [대상회사 : 대덕전자(주)]

가. 매출실적

(단위 : 백만원)

사업부문	매출유형	품 목	제2기 당분기	제1기
PCB 사업부문	제품	인쇄회로기판	755,230	656,783
	기타	기타	171	74
		내부거래 제거	(35,421)	(36,259)
합 계			719,980	620,598

나. 지역별 매출실적

(단위 : 백만원)

지 역	당분기	전분기(*)
대한민국	401,572	222,734
중 국	176,077	104,457
미 국	41,680	26,052
일 본	5,342	1700,912
베트남	38,555	18,140
기 타	56,754	53,315
합 계	719,980	426,398

(*) 전분기는 인적분할 이후 5개월 실적입니다.

출처-DART 대덕 2021 3분기보고서

도 없을 거 같고, 시너지가 바로 바로 날 순 없겠죠. 1분기에는 아직 원가나 이익률이 전에 비해 나빠진 편입니다. 그럼에도 불구하고 주가가 상승한 이유는 2분기 이후에 대한 기대감일 것입니다.

대덕전자의 영업부문 정보를 보면 59%가 국내입니다. 삼성전자에 핸드폰 PCB(Printed Circuit Board)를 납품한다고 합니다. 화웨이의 실적이 망하게 되면, 삼성전자 중저가제품 매출이 올라갑니다. 따라서 관련 부품주 회사 매출 상승(대덕전자)이 된다는 게 반사이익의 논리입니다. 그렇다면 삼성전자에 납품하는 PCB가 늘어서 국내 매출 규모가 팍팍 증가해야 합니다. 그런데 그렇게 보이지는 않습니다.

이런 상황 속에서 대덕전자가 한 번 더 인적분할을 진행했습니다.

인적분할로 신설된 그리고 대덕전자의 이름을 가져간 회사는 PCB 전문제조 업체를 지향합니다. 비메모리 반도체 '플립칩 볼 그리드 어레이(FCBGA) 관련 신규투자를 진행 중입니다. 2020년 인적분할이 이뤄진 첫해는 반 토막 실적이지만 6,205억 원의 매출액에 27억 원의 영업이익을 기록했습니다. 2021년 2분기까지 누적 4,643억 원의 매출액과 약 200억 원의 영업이익을 통해 기대감을 고조시키고 있습니다.

투자 팁

모회사 분할 이후 주가는 급등하고 실적은 꾸준히 성장하고 있는 회사입니다. 대덕전자는 이 분야의 강자입니다. 그러나 대기업인 삼성전기, LG 이노텍, 심텍 등 경쟁자에 비해 그동안은 4위 정도 기업이었습니다. 합병과 분할을 통해 사업구조를 집중, 단순화시킵니다. 반도체 관련 PCB 호황이 도래하는 시점에 선제적인 정리가 실적으로 돌아오길 기대합니다. 반도체 기판이라는 성장성 있는 사업영역에 기반하고 있으며 재무제표에서 드러난 안정성도 매우 높은 상황입니다. 기존 투자자라면 꾸준히 늘고 있는 수익성지표에 관심을 두고 지속 홀딩해야 할 것이라 판단됩니다.

회사 소개

(FY2021 3Q 기준)

- **회 사 명:** 대덕전자(주)
- **회사개요:** 대덕전자 주식회사(이하 "지배기업")는 2020년 5월 1일을 분할기일로 주식회사 대덕(구, 대덕전자 주식회사)에서 인적분할의 방법으로 PCB(Printed Circuit Board)의 제조 및 판매 등의 사업을 목적으로 신규 설립됐다. 지배기업은 경기도 안산시 단원구 강촌로 230에 본사를 두고 있으며 2020년 5월 21일 한국거래소 유가증권시장에 지배기업의 주식을 상장했다.
- **주주구성:** (주)대덕 31.46%← 김영재 33.54% 기타 소액주주 63.11%.

코로나 이후 반등할 수 있기에 저평가

주성엔지니어링

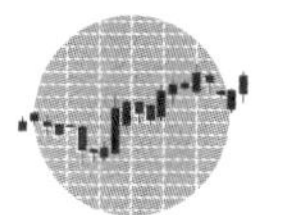

2021년 매출 급증의 영향으로 원가구조가 개선됐다. 영업이익 및 순이익이 예전의 수준으로 그 이상으로 좋아졌고, 이 분위기가 2022년에도 계속될 수도 있기에 저평가 종목이라고 할 수 있다. 주성엔지니어링은 반도체 제조장비, 디스플레이 제조장비, LED 및 OLED 제조장비 사업을 영위하고 있다. 또한 종속회사를 통하여 위 제조장비의 부품 및 원자재 가공 제조, 관련 장비의 해외 판매 및 서비스 업무 등을 하고 있다.

이 회사는 반도체 장비, 디스플레이 장비, 태양전지 장비를 주요 제품으로 제조 및 판매하고 있습니다. 다수 공정 중에서도 증착공정에 필요한 장비를 제조하여 고객사에 주로 납품하고 있습니다.

주성엔지니어링은 차세대 반도체 및 디스플레이 공정 대응을 위

제조장비	주요 제품
반도체 장비	SD CVD(CVD&ALD), HDP CVD, Dry Etch, MO CVD, UHV CVD, SDP System(CVD&ALD), TSD System(CVD&ALD)
디스플레이 장비	LCD : PE-CVD장비(5G~8.5G 양산 장비 출하) OLED :TSD-CVD(ALD)장비(2G~10.5G 양산 장비 출하) (Encapsulation, LTPS TFT, Oxide TFT, TSP)
태양전지 장비	박막형(Thin film Si) 태양전지(단접합/다중접합(Tandem), 5G Plus) 제조장비 결정형(c-Si) 태양전지/고효율 태양전지 장비(HJT)/페로브스카이트 태양전지 제조장비

출처-DART 주성엔지니어링 2021 3분기보고서

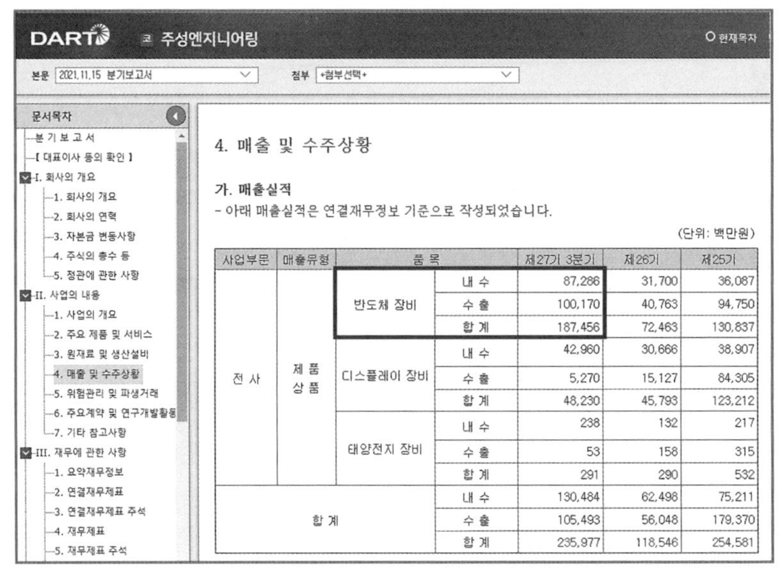
DART 주성엔지니어링 현재목차

본문 2021.11.15 분기보고서 첨부 +첨부선택+

문서목차
- 분 기 보 고 서
- 【 대표이사 등의 확인 】
- I. 회사의 개요
  - 1. 회사의 개요
  - 2. 회사의 연혁
  - 3. 자본금 변동사항
  - 4. 주식의 총수 등
  - 5. 정관에 관한 사항
- II. 사업의 내용
  - 1. 사업의 개요
  - 2. 주요 제품 및 서비스
  - 3. 원재료 및 생산설비
  - 4. 매출 및 수주상황
  - 5. 위험관리 및 파생거래
  - 6. 주요계약 및 연구개발활동
  - 7. 기타 참고사항
- III. 재무에 관한 사항
  - 1. 요약재무정보
  - 2. 연결재무제표
  - 3. 연결재무제표 주석
  - 4. 재무제표
  - 5. 재무제표 주석

4. 매출 및 수주상황

가. 매출실적

- 아래 매출실적은 연결재무정보 기준으로 작성되었습니다.

(단위: 백만원)

사업부문	매출유형	품 목		제27기 3분기	제26기	제25기
전 사	제 품 상 품	반도체 장비	내 수	87,286	31,700	36,087
			수 출	100,170	40,763	94,750
			합 계	187,456	72,463	130,837
		디스플레이 장비	내 수	42,960	30,666	38,907
			수 출	5,270	15,127	84,305
			합 계	48,230	45,793	123,212
		태양전지 장비	내 수	238	132	217
			수 출	53	158	315
			합 계	291	290	532
합 계			내 수	130,484	62,498	75,211
			수 출	105,493	56,048	179,370
			합 계	235,977	118,546	254,581

출처-DART 주성엔지니어링 2021 3분기보고서

해 세계 최초의 신개념 플라즈마 기술인 LSP(Local Space Plasma) 기술을 개발, 증착 장비에 적용하여 양산하고 있습니다. 당 반기 연결기준 전체 매출액의 약 83%를 차지하고 있는 반도체 부문의 경우, ALD 장비를 주력으로 고객사를 다변화하고 있습니다. 기존 CVD의 단점을 보완한 당사의 ALD 기술은 단차피복 비율 및 박막의 응력 조절을 통하여 고순도 막질을 정밀하게 구현할 수 있어 향후 메모리뿐 아니라 비메모리의 다양한 애플리케이션의 수요를 충족시킬 것으로 예상됩니다.

2021년 반기까지의 실적을 보면, 반도체 장비의 실적은 급성장을 이루었으나 과거 디스플레이 산업에서의 실적이 2020년에 이어 주춤한 상황임을 알 수 있겠습니다. 반도체 장비에 비해 디스플레이 장비가 설계 및 생산까지의 시간이 2배 가까이 걸리기 때문에 반등의 시간 또한 아직은 더 필요할 것으로 보입니다. 수주 상황은 아래의 2021 3분기보고서를 확인하면 됩니다.

우리나라는 대표이사가 대주주인 경우가 많습니다. 그중 경영과 소유가 분리되지 않은, 아주 아주 큰 회사는 '재벌'이라는 별칭으로 부르죠. 좋은 점은 의사결정이 빨라 위기에 대한 대처능력, 시장에 대한 판단능력(직관)이 세기에 때론 위기 속에서 성공을 낳습니다.

기업에게 위기는 때로는 위대한 기회, 위대한 기로, 위대한 기적입니다. 주성엔지니어링은 반도체 기업으로 유명한 회사입니다. 1995년 반도체 공정용 장비업체로 출발했으며, 이 회사의 CEO인 황철주 대표는 1세대 벤처기업인입니다. 2016년 말 황 대표는 언론사 인터뷰를 통해 "중국 반도체 산업의 성장 때문에, 주성엔지니어링의

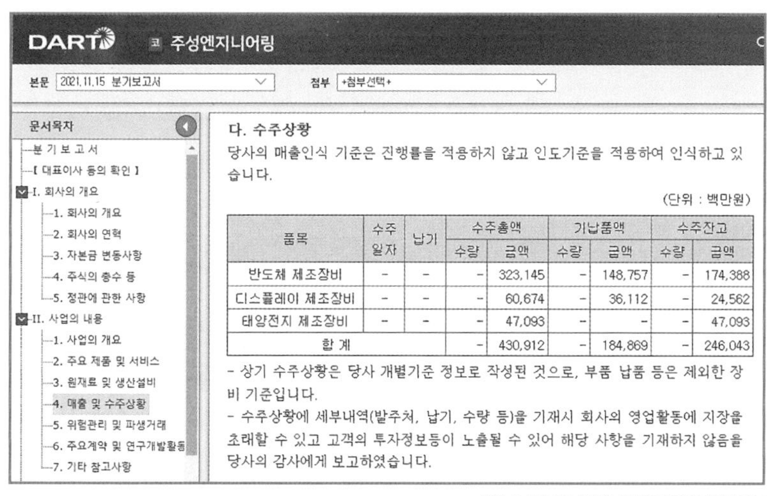

다. 수주상황

당사의 매출인식 기준은 진행률을 적용하지 않고 인도기준을 적용하여 인식하고 있습니다.

(단위 : 백만원)

품목	수주일자	납기	수주총액		기납품액		수주잔고	
			수량	금액	수량	금액	수량	금액
반도체 제조장비	-	-	-	323,145	-	148,757	-	174,388
디스플레이 제조장비	-	-	-	60,674	-	36,112	-	24,562
태양전지 제조장비	-	-	-	47,093	-	-	-	47,093
합 계			-	430,912	-	184,869	-	246,043

- 상기 수주상황은 당사 개별기준 정보로 작성된 것으로, 부품 납품 등은 제외한 장비 기준입니다.
- 수주상황에 세부내역(발주처, 납기, 수량 등)을 기재시 회사의 영업활동에 지장을 초래할 수 있고 고객의 투자정보등이 노출될 수 있어 해당 사항을 기재하지 않음을 당사의 감사에게 보고하였습니다.

출처-DART 주성엔지니어링 2021 3분기보고서

사업구조를 반도체에서 차세대 디스플레이(OLED) 쪽으로 무게중심을 옮긴다"고 말했습니다.

그사이 최고 경영자의 의지가 어떤 결과를 낳았는지 2021년 재무제표를 잠시 살펴 볼까요? 2021년 3분기 주성엔지니어링의 매출액은 2,359억 원의 영업이익 518억 원입니다. 2019년 2,500억 원 대의 매출액 수준을 달성하고 있습니다. 2020년은 디스플레이 쪽 부진으로 매출액이 반토박이 났다가 다시 회복했습니다. 2021년이 반등의 시기입니다. 2016년의 계획과 달리는 아직 디스플레이 보다는 반도체 제조 장비가 더 많이 매출비중을 유지하고 있습니다.

2021년 매출 급증의 영향으로 원가구조가 개선돼, 영업이익 및 순이익이 예전의 수준으로 그 이상으로 좋아졌습니다. 반도체 공정의 미세화에 따른 원자층증착장비(ALD)의 채택 확대와 충분한 수주잔고 확보, 태양전지 장비의 수요 회복 등의 이유로 매출 성장세는 2022년에도 계속될 것이라는 기대가 듭니다.

투자 팁 ...

반도체 산업의 확장은 상위 업체들의(특히 SK하이닉스) 신규 라인 증설에 따라 달려 있고, 디스플레이 전방 산업 턴어라운드에 따라 주성엔지니어링의 주가도 반등할 수 있습니다. 코로나19로 지연된 장비 수주가 정상적으로 진행된다면 주가도 빨리 회복될 수 있을 듯합니다.

회사 소개

(FY2021 3Q 기준)

- **회 사 명:** 주성엔지니어링(주)
- **회사개요:** 반도체 및 디스플레이, 태양전지, 신재생에너지, LED, OLED 제조장비의 제조 및 판매를 영위할 목적으로 1993년 4월에 설립됐으며, 1999년 12월 코스닥시장 상장했다.
- **주주구성:** 황철주 외 7인 29.16% 소액주주 67.69%

시장 전망 -전기차 · 2차전지

친환경, 탄소경제 등 내연기관 규제가 강화되고 있습니다. 하지만 전기차가 이렇게 빨리 시장에 정착하리라고는 3~4년 전에는 예상치 못했습니다. 2010년 상용화에 성공한 국내 전기차 회사는 배터리, 충전소, 정부 지원 등 인프라 구축이 동반되지 않아 비운의 운명을 맞았습니다. 전기차가 미래차로 대체될 것이라는 전망이 나온 지 10년이 훌쩍 넘었습니다. 전망이 현실이 되기 위해서는 혁신적인 기업이 등장해야 합니다. 그 어려운 것을 '테슬라'가 해냈습니다. 국내 도로에서도 테슬라 전기차를 간혹 볼 수 있을 정도입니다.

이제는 전가차가 내연기관을 대체할 것을 누구나 인정하고 있습니다. 그 전환을 위해 현재 필요한 충전소와 전기차의 연료를 대신할 2차전지가 개발되고 있습니다. 연료를 주입하는 짧은 시간에 비해 전기차의 주행거리와 충전시간은 아직 미흡한 점이 많습니다. 전기차의 생활화에 가장 큰 기술개발 척도가 배터리 즉 2차전지입니다.

점점 더 성능이 좋아지는 배터리와 단순해진 차량부속품 덕분에 자동차의 개념도 바뀌고 있습니다. 자동차가 움직이는 '거주공간'의 역할로 그려지고 있습니다. 2022년는 완성차 회사뿐만 아니라 전기차 관련 밸류체인 기업들의 경쟁이 거세며 누가 표준화와 시장지배력을 얻게 될지 관심거리가 지속될 것입니다. 2차전지 기업이 그래서 전기차 관련 출발점으로 인식되고 있습니다.

전기차 ·2차전지

ELECTRIC VEHICLE
& SECONDARY CELL

최근 몇 년간 우상향하는 매출
에코프로비엠

2차전지 대부분의 회사들이 신규사업으로 불안정적인 재무구조를 가지고 있는 것에 비해 안정적으로 이익을 창출하고 있다. 주가가 저평가인 이유다. 에코프로비엠은 2차전지 양극재의 제조 및 판매를 주된 영업으로 하고 있다. 2016년에 지배기업인 에코프로로부터 물적분할됐다. 이후 2019년에 코스닥에 상장했으며, 2차전지 양극재 분야의 대표기업으로 자리 잡았다.

에코프로비엠은 친환경정밀화학 소재 및 2차전지 양극제의 제조와 판매를 목적으로 1998년에 설립된 에코프로에서 2016년에 2차전지 양극재 사업 부문을 물적분할(에코프로 100% 지분 소유)하여 설립된 회사로 양극재의 제조 및 판매를 주된 사업으로 하고 있습니다.

에코프로비엠을 이해하기 위해서는 에코프로에 대한 이해가 선행돼야 합니다. 에코프로의 연결감사보고서 상의 연결종속기업 현황 및 사업보고서 '회사의 개요'를 참고하면, 이해가 빠릅니다. 에코프로는 양극재를 제조 판매하는 에코프로비엠과 양극재의 전단계 제품인 전구체를 생산하는 에코프로지이엠, 전구체와 양극재에 사용되는 수산화리튬 임가공회사인 SK이노베이션과의 합작회사 에코프로이노베이션, 폐배터리 및 폐양극재를 리사이클링해서 원료를 공급하는 회사인 에코프로씨엔지 등으로 구성돼 있습니다. 에코프로비엠은 에코프로의 종속회사들이 생산한 제품을 최종적인 수요처로써 공급받은 원료와 제품을 기반으로 최종제품인 2차전지 양극재를 생산하여 고객사에 납품하고 있습니다.

이러한 폐배터리를 활용한 자체 원료 생산, 수산화리튬의 자체 임가공, 전구체 자체 생산 등을 통해 외부에서 직접 구매하는 경우에 비해 생산단가를 낮출 수 있습니다. 이는 에코프로비엠의 최종 제품인 양극재의 수익성 향상에 직결이 되며, 이를 기반으로 에코프로비엠은 2020년 기말 기준 매출액 8,547억 원(19년 6,161억 원), 영업이익 548억 원(19년 371억 원), 영업이익률 6.4%(19년 6.0%)로 2차전지 대부분의 회사들이 신규 사업으로 불안정적인 재무구조를 가지고 있는 것에 비해 안정적으로 이익을 창출하고 있습니다.

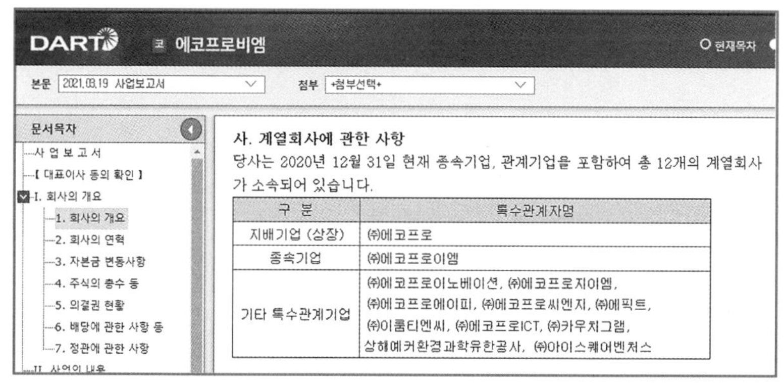

사. 계열회사에 관한 사항

당사는 2020년 12월 31일 현재 종속기업, 관계기업을 포함하여 총 12개의 계열회사가 소속되어 있습니다.

구 분	특수관계자명
지배기업 (상장)	㈜에코프로
종속기업	㈜에코프로이엠
기타 특수관계기업	㈜에코프로이노베이션, ㈜에코프로지이엠, ㈜에코프로에이피, ㈜에코프로씨엔지, ㈜에픽트, ㈜이룸티엔씨, ㈜에코프로ICT, ㈜카우치그램, 상해예커환경과학유한공사, ㈜아이스퀘어벤처스

출처 - DART 에코프로비엠 2020 사업보고서

주요 주주는 에코프로가 있습니다. 51.64%를 보유하고 있으며, 연결대상 종속회사로는 2020년에 삼성SDI와 자본금 1,200억 원 규모로 신규 설립한 합작회사 에코프로이엠이 있습니다. 에코프로비엠의 매출액은 2019년 6,161억 원→2020년 8,547억 원(39% 성장)→2021년 1분기 2,632억 원. 연 환산 10,528억 원(123% 성장)으로 증가하고 있습니다. 영업이익(영업이익률)은 2019년 371억 원(6.0%)→2020년 548억 원(6.4%)→2021년 1분기 178억 원(6.8%)입니다. 연 환산 713억 원(6.8%)로 매년 지속적으로 매출액과 영업이익이 성장하고 있습니다.

2021년 확인할 수 있는 3분기 보고서 상으로는 영업이익 누적 875억 원을 기록했습니다. 매출액의 성장은 지속적인 투자의 결과

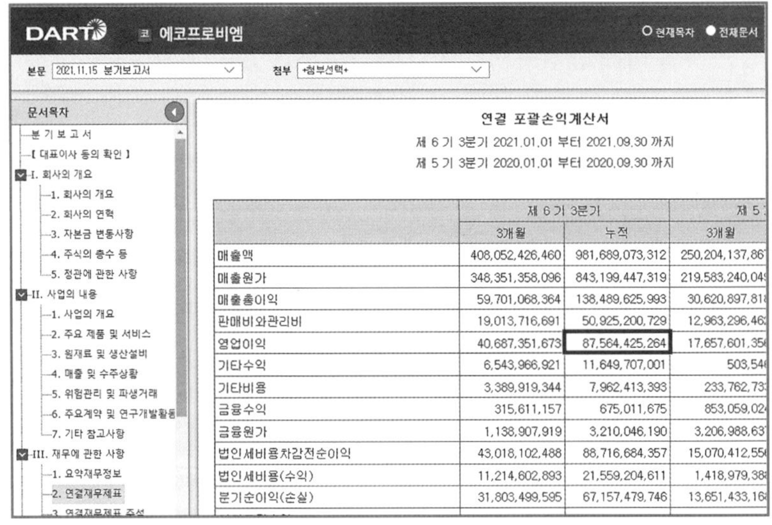

연결 포괄손익계산서

제 6 기 3분기 2021.01.01 부터 2021.09.30 까지

제 5 기 3분기 2020.01.01 부터 2020.09.30 까지

	제 6 기 3분기		제 5
	3개월	누적	3개월
매출액	408,052,426,460	981,689,073,312	250,204,137,86
매출원가	348,351,358,096	843,199,447,319	219,583,240,04
매출총이익	59,701,068,364	138,489,625,993	30,620,897,81
판매비와관리비	19,013,716,691	50,925,200,729	12,963,296,46
영업이익	40,687,351,673	87,564,425,264	17,657,601,35
기타수익	6,543,966,921	11,649,707,001	503,54
기타비용	3,389,919,344	7,962,413,393	233,762,73
금융수익	315,611,157	675,011,675	853,059,02
금융원가	1,138,907,919	3,210,046,190	3,206,988,63
법인세비용차감전순이익	43,018,102,488	88,716,684,357	15,070,412,55
법인세비용(수익)	11,214,602,893	21,559,204,611	1,418,979,38
분기순이익(손실)	31,803,499,595	67,157,479,746	13,651,433,16

출처 - DART 에코프로비엠 2021 3분기 보고서

로 에코프로이엠을 통해 제6공장 착공, 포항 제5공장 2020년 양산 돌입에 따라 총 9만 톤의 양극재 생산능력을 확보하고 있습니다.(2020년 영업보고서 기준)

이는 연결현금흐름표를 통해서도 확인이 가능합니다. 투자활동 현금유출액 중 유·무형자산의 취득금액은 2019년 연간 1,830억 원→2020년 연간 989억 원→2021년 1분기 278억 원으로 연평균 1천억 원 이상의 설비투자를 지속하고 있습니다. 2021년 3분기 말 기준 자산총계 1조 2,411억 원이며, 부채총계 6,943억원, 자본총계 5,468억 원으로 기업의 안정성을 판단할 수 있는 부채비율은 약 79%로 양호합니다.

1분기의 전자공시 내용을 확인해보면 니켈·코발트·망간(NCM) 양극재를 연 28,800톤 생산할 수 있는 CAM5N 신증설에 필요한 1,340억 원의 재원을 확보하기 위해 820억 원 규모의 사채를 발행했습니다. 상기 사항을 제외한 전체 차입금 및 사채를 2021년 1분기 말 현재 2,051억 원을 보유하고 있으며, 단기간의 회사의 파산 위험을 판단할 수 있는 유동비율은 2021년 1분기 말 135%(=유동자산 3,248억 원/유동부채 8,397억 원), 2020년 말 161%로 유동비율이 높지는 않으며, 신용평가사의 신용등급은 2021년 상반기 BBB+(양호) 수준입니다.(유동비율 200% 이상이면 양호)

2차전지에 대한 성장세가 꾸준히 이어진다면 끝까지 들고 가도 괜찮은 종목이라고 생각합니다. 글로벌 NCA 양극소재 분야에서 스미모토메탈마이닝에 이어 세계 2위의 시장점유율을 확보하고 있으며, 기술력 강화 및 고객 다변화로 시장지배력을 확대하고 있습니다. 2021년 1분기 영업이익 178억 원으로 지난해 동기 88억 원에서 훨씬 증가한 실적입니다. 이는 매출 확대에 기인한 것으로 최근 몇 년간 우상향하는 매출, 이익 신장 추세를 생각한다면 기대가 많이 되는 회사입니다.

투자 팁 …

에코프로비엠은 일괄생산체제를 통한 원가절감과 2020년초 SK이노베이션과의 장기공급계약 체결, 삼성SDI와 양극재합작법인 설립하는 등 다변화된 공급처가 강점입니다. 국가별 매출비중 역시 국내 41%, 일본 14%, 중국 24%, 헝가리 13% 등으로 넓게 분포돼 변화하는 환경에 탄력적으로 대응할 수 있는 기반이 돼 있는 회사입니다.

회사 소개

(FY2021 3Q 기준)

- **회 사 명:** 에코프로비엠
- **회사개요:** (주)에코프로비엠은 2016년 5월 1일을 분할기일로 하여 주식회사 에코프로의 2차전지소재 사업 부문이 물적 분할돼 신설된 법인이다. 2차전지소재의 제조 및 판매를 주된 영업으로 하고 있다.
- **주주구성:** 에코프로 48.22%, 소액주주 46.07%.

유동비율 680%, 2차전지 탑픽

포스코케미칼

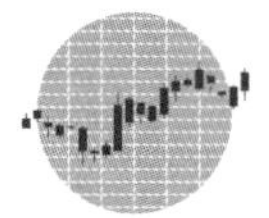

2020년 이후 지속적인 설비투자를 통해 생산능력을 확충하여 매출이 증가하고 있다. 성장하는 2차전지 산업에서 탑픽으로 볼 수 있는 종목이다. 포스코케미칼은 국내 최초로 2차전지의 주요 소재인 양극재와 음극재를 동시에 생산·판매하는 회사다. 단기 악재로 인한 주가 하락 시 과감하게 매수 전략 추천한다.

포스코케미칼은 1971년 용광로(고로)에 들어가는 내화물의 제조, 판매, 시공 및 보수 등을 위해 설립했으며, 이후 철강 불순물 제거에 사용되는 생석회 생산, 철강 부산물의 정제 및 판매 등의 사업을 추가하여 안정적인 수익을 획득했습니다. 2010년부터 음극재 사업 인수, 2019년 양극재의 생산과 판매 등의 사업을 주목적으로 설립된 (주)포스코ESM을 흡수합병하면서 2차전지 소재 회사로 탈바꿈했으며, 2001년 코스닥에 상장했고 2019년 유가증권시장으로 전환했습니다.

주요 주주는 포스코로 59.7%를 보유하고 있으며, 종속회사로는

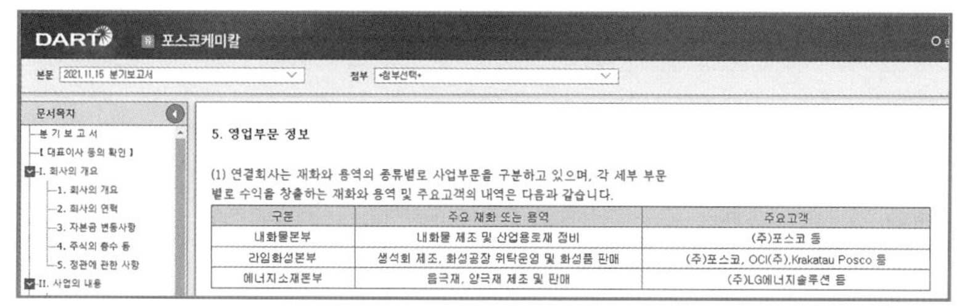

5. 영업부문 정보

(1) 연결회사는 재화와 용역의 종류별로 사업부문을 구분하고 있으며, 각 세부 부문별로 수익을 창출하는 재화와 용역 및 주요고객의 내역은 다음과 같습니다.

구분	주요 재화 또는 용역	주요고객
내화물본부	내화물 제조 및 산업용로재 정비	(주)포스코 등
라임화성본부	생석회 제조, 화성공장 위탁운영 및 화성품 판매	(주)포스코, OCI(주),Krakatau Posco 등
에너지소재본부	음극재, 양극재 제조 및 판매	(주)LG에너지솔루션 등

출처 - DART 포스코케미칼 2021 3분기 보고서

인도네시아 KPCC(생석회 및 경소백운석 생산/판매), 중국 ZPR(산업용로재 정비 및 내화물 품질 검수), 나이지리아 FZE(내화물 공사), 한국 광양의 피앤오케미칼(반도체 수세에 사용되는 과산화수소 생산/판매)이 있으며, 주요 관계회사로는 광양에 피엠씨텍(전기로에 사용되는 침상코크스 등 생산/판매)이 있습니다.

2019년 양극재 생산/판매 회사인 포스코ESM을 합병한 이후 양/음극재 매출액이 전체 사업구조에서 차지하는 비중이 2019년 15%, 2020년 말 34%, 2021년 1분기 말 44%로 꾸준히 증가하고 있습니다. 이에 따라 양·음극재 영업이익 또한 전체 영업이익에서 차지하는 비중 또한 2019년 말 17%, 2020년 말 6%, 2021년 1분기 말 30%로 증가하고 있습니다. (연결재무제표 주석 영업부문 정보)

또한 양/음극재의 매출액은 2019년 2,189억 원→2020년 5,333억 원(244% 성장)→2021년 1분기 2,066억 원으로 연 환산 8,265억 원(155%성장)으로 증가하고 있습니다. 영업이익(영업이익률)은 2019년 149억 원(6.8%)→2020년 37억 원(0.7%)→2021년 1분기 104억 원(5.0%) 연 환산 415억 원(5.0%)로 2020년 코로나19 영향으로 인

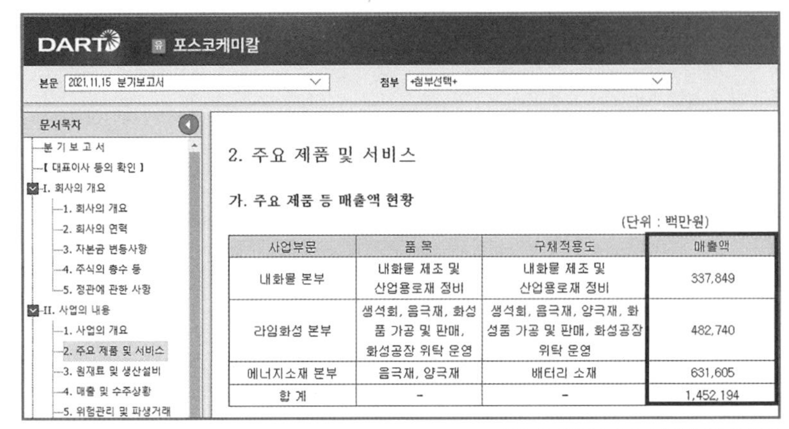

DART 포스코케미칼

본문 2021.11.15 분기보고서 첨부 +첨부선택+

문서목차
- 분 기 보 고 서
- 【 대표이사 등의 확인 】
- I. 회사의 개요
  - 1. 회사의 개요
  - 2. 회사의 연혁
  - 3. 자본금 변동사항
  - 4. 주식의 총수 등
  - 5. 정관에 관한 사항
- II. 사업의 내용
  - 1. 사업의 개요
  - 2. 주요 제품 및 서비스
  - 3. 원재료 및 생산설비
  - 4. 매출 및 수주상황
  - 5. 위험관리 및 파생거래

2. 주요 제품 및 서비스

가. 주요 제품 등 매출액 현황

(단위 : 백만원)

사업부문	품 목	구체적용도	매출액
내화물 본부	내화물 제조 및 산업용로재 정비	내화물 제조 및 산업용로재 정비	337,849
라임화성 본부	생석회, 음극재, 화성품 가공 및 판매, 화성공장 위탁 운영	생석회, 음극재, 양극재, 화성품 가공 및 판매, 화성공장 위탁 운영	482,740
에너지소재 본부	음극재, 양극재	배터리 소재	631,605
합 계	-	-	1,452,194

출처 - DART 2021 포스코케미칼 3분기 보고서

한 감소를 제외하면 영업이익의 규모는 증가하고 있습니다. 2021년 3분기 기준 포스코케미칼의 매출액 중 배터리 소재인 양극재, 음극재 매출액은 6,316억 원으로 전체 매출액의 43.5% 비중을 보이고 있습니다.

포스코케미칼은 양/음극재의 시장지배력을 높이기 위해 지속적인 투자를 하고 있는데, 양극재는 기존 4만 톤 생산체제에서 6만 톤 추가 CAPA(연간 생산량, 생산수량) 증설 중이며, 음극재는 기존 천연흑연 4만 4천 톤 체제에서 천연흑연 1만 7천 톤, 인조흑연 2만 8천 톤 CAPA 증설 추진 중입니다. (2020년 말 영업보고서)

제조업에서 생산 CAPA를 높이는 이유는 시장의 지배력을 확충하기 위한 이유도 있지만, 제조업의 특성상 규모의 경제로 인한 고정비 감소효과를 통해 생산단가를 낮추는 것이 필수적이므로, 이를 위해 생산능력을 확충하고, 원료의 대량구매를 통한 생산단가를 하락시키고, 설비당 생산율을 높여 단위당 감가상각비 배분액을 감소시켜 판매단가 대비 생산단가의 경쟁력을 확보하기 위해서입니다.

연결현금흐름표상의 투자 활동 현금흐름으로 확인 가능한데 투자 활동 현금유출액 중 유/무형자산의 취득금액은 2019년 연간 3,115억 원→2020년 연간 2,455억 원→2021년 1분기 623억 원으로 연평균 2천억 원 이상의 설비투자를 지속하고 있습니다.

2021년 3분기 말 기준으로 자산총계 3조 7,671억 원이며, 부채총

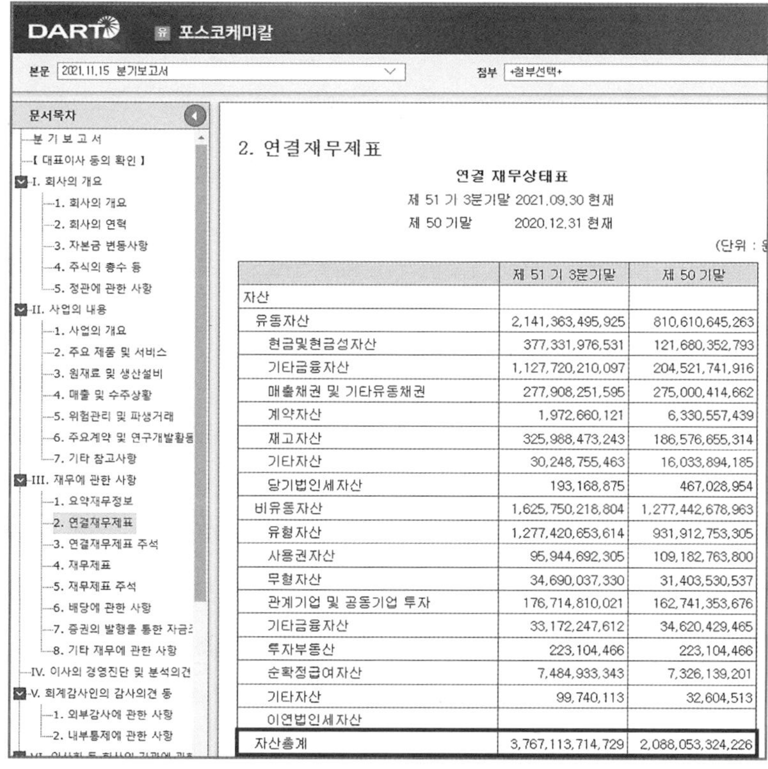
DART 유 포스코케미칼

본문 2021.11.15 분기보고서 첨부 +첨부선택+

문서목차
- 분 기 보 고 서
- 【 대표이사 등의 확인 】
- I. 회사의 개요
  - 1. 회사의 개요
  - 2. 회사의 연혁
  - 3. 자본금 변동사항
  - 4. 주식의 총수 등
  - 5. 정관에 관한 사항
- II. 사업의 내용
  - 1. 사업의 개요
  - 2. 주요 제품 및 서비스
  - 3. 원재료 및 생산설비
  - 4. 매출 및 수주상황
  - 5. 위험관리 및 파생거래
  - 6. 주요계약 및 연구개발활동
  - 7. 기타 참고사항
- III. 재무에 관한 사항
  - 1. 요약재무정보
  - 2. 연결재무제표
  - 3. 연결재무제표 주석
  - 4. 재무제표
  - 5. 재무제표 주석
  - 6. 배당에 관한 사항
  - 7. 증권의 발행을 통한 자금조
  - 8. 기타 재무에 관한 사항
- IV. 이사의 경영진단 및 분석의견
- V. 회계감사인의 감사의견 등
  - 1. 외부감사에 관한 사항
  - 2. 내부통제에 관한 사항

2. 연결재무제표

연결 재무상태표

제 51 기 3분기말 2021.09.30 현재

제 50 기말 2020.12.31 현재

(단위 : 원)

	제 51 기 3분기말	제 50 기말
자산		
유동자산	2,141,363,495,925	810,610,645,263
현금및현금성자산	377,331,976,531	121,680,352,793
기타금융자산	1,127,720,210,097	204,521,741,916
매출채권 및 기타유동채권	277,908,251,595	275,000,414,662
계약자산	1,972,660,121	6,330,557,439
재고자산	325,988,473,243	186,576,655,314
기타자산	30,248,755,463	16,033,894,185
당기법인세자산	193,168,875	467,028,954
비유동자산	1,625,750,218,804	1,277,442,678,963
유형자산	1,277,420,653,614	931,912,753,305
사용권자산	95,944,692,305	109,182,763,800
무형자산	34,690,037,330	31,403,530,537
관계기업 및 공동기업 투자	176,714,810,021	162,741,353,676
기타금융자산	33,172,247,612	34,620,429,465
투자부동산	223,104,466	223,104,466
순확정급여자산	7,484,933,343	7,326,139,201
기타자산	99,740,113	32,604,513
이연법인세자산		
자산총계	3,767,113,714,729	2,088,053,324,226

출처 - DART 포스코케미칼 2021 3분기 보고서

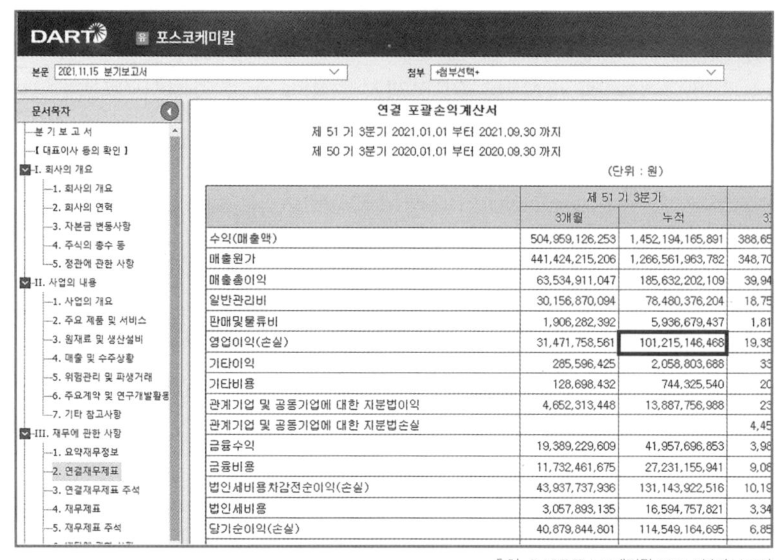

연결 포괄손익계산서

제 51 기 3분기 2021.01.01 부터 2021.09.30 까지

제 50 기 3분기 2020.01.01 부터 2020.09.30 까지

(단위 : 원)

	제 51 기 3분기		
	3개월	누적	3
수익(매출액)	504,959,126,253	1,452,194,165,891	388,65
매출원가	441,424,215,206	1,266,561,963,782	348,70
매출총이익	63,534,911,047	185,632,202,109	39,94
일반관리비	30,156,870,094	78,480,376,204	18,75
판매및물류비	1,906,282,392	5,936,679,437	1,81
영업이익(손실)	31,471,758,561	101,215,146,468	19,38
기타이익	285,596,425	2,058,803,688	33
기타비용	128,698,432	744,325,540	20
관계기업 및 공동기업에 대한 지분법이익	4,652,313,448	13,887,756,988	23
관계기업 및 공동기업에 대한 지분법손실			4,45
금융수익	19,389,229,609	41,957,696,853	3,98
금융비용	11,732,461,675	27,231,155,941	9,08
법인세비용차감전순이익(손실)	43,937,737,936	131,143,922,516	10,19
법인세비용	3,057,893,135	16,594,757,821	3,34
당기순이익(손실)	40,879,844,801	114,549,164,695	6,85

출처 - DART 포스코케미칼 2021 3분기 보고서

계 1조 3,557억 원, 자본총계 2조 4,113억 원으로 기업의 안정성을 판단할 수 있는 부채비율은 56%로 양호합니다. 2020년 말에 104%에서 대폭 감소한 이유는 2021년 1월에 유상증자를 통해 1조 2,667억 원이 증가했기 때문입니다. (부채비율 200% 초과시 부실)

상기의 유상증자 이외에 회사는 투자를 위한 재원으로 차입금 및 사채를 2021년 1분기 말 74,027억 원을 보유하고 있으며, 단기간 회사의 파산 위험을 판단할 수 있는 유동비율은 2021년 3분기 말 680%(=유동자산 2조 1,413억 원/유동부채 3,145억 원)로 2021년 1월 유상증자로 인해 유입된 현금의 영향으로 2020년 말 367%에서 크게 증가했습니다.(유동비율 200% 이상이면 양호)

게다가 포스코케미칼의 2021년 3분기 손익계산서에 따르면 매

출액 1조 4,521억 원과 영업이익 1,012억 원을 기록하고 있습니다. 이는 2020년 동기 비교해도 꾸준히 성장하고 있는 추세입니다. 여전히 전기차 관련 2차전지 소재가 매출액 상승 추세임을 알 수 있습니다.

성장하는 2차전지 산업에서 탑픽으로 볼 수 있는 종목입니다. 단기 악재로 인한 주가 하락시 과감하게 매수 전략 추천합니다.

투자 팁

포스코는 현재 2차전지 양극재 주요 소재인 리튬, 니켈에 대한 투자를 확대하고 있으며, 이는 포스코케미칼의 원료 수급에 긍정적인 영향을 미칠 것으로 판단됩니다. 폭스바겐, GM 등 자동차 제조사들의 배터리 내재화로 인해 공급처도 다변화되며, 해외 생산기지의 확대도 기대됩니다. 2차전지 관련 기업 중에 음극재, 양극재 양쪽 분야에 있어 규모의 경제를 이룰 수 있는 기업입니다. 이미 주가가 급등해 있는 기존 2차전지 관련 회사에 비해 상대적으로 앞으로 2차전지 수요 증가와 광양 공장의 라인 증설에 의한 생산능력 확대 등으로 인해 매출액과 수익성이 급증할 수 있어 기대됩니다.

회사 소개

(FY2021 3Q 기준)

- **회 사 명:** (주)포스코케미칼
- **회사개요:** (주)포스코케미칼은 1971년 설립됐으며, 1994년에 삼화화성(주)를 흡수합병했다. 2010년 음극재 사업 인수, 2019년 양극재의 생산과 판매 등의 사업을 주목적으로 설립된 (주)포스코ESM을 흡수합병했다. 회사는 2001년 중 코스닥시장에 상장했고, 2019년 유가증권시장으로 전환했다. 2010년 중 상호를 주식회사 포스렉에서 주식회사 포스코켐텍으로 변경했으며, 2019년 3월 18일 정기주주총회결의를 통해 상호를 주식회사 포스코켐텍에서 주식회사 포스코케미칼로 변경했다.
- **주주구성:** (주)포스코 59.7%, 소액주주 32.01%(2020년 말 기준)

매출액 급등, 손익의 개선

엘앤에프

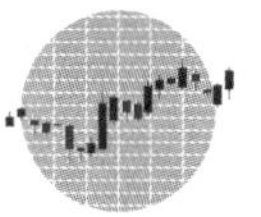

높은 부채비율, 낮은 영업이익률의 영향으로 경쟁사에 비해 상대적으로 저평가되고 있는 기업이다. 2차전지 양극활물질을 생산, 판매를 주된 목적으로 하는 회사다. 2000년 7월 27일 법인 형태로 설립됐으며, 2003년 1월 2일 코스닥에 상장했다. 주요 주주는 전자제품 임가공, TV용 디바이스 생산 등을 주력으로 하는 (주)새로닉스이며, 주요 종속회사는 2차전지용 양극활물질을 생산하는 광미래신재료유한공사(중국)와 2차전지 양극활물질 관련 소재의 제조, 판매를 하는 제이에이치화학공업(주)이 있다.

엘앤에프는 2차전지 양극활물질을 제조, 판매가 전체 사업의 100%를 차지하며, 매출액이 2019년 3,133억 원→2020년 3,561억 원→2021년 반기 3,499억 원(연 환산 6,998억 원)으로 2021년 197%의 매출 증가를 기록할 것으로 추정되며, 이러한 매출 증가에 대응하고자 공장신축 및 증설투자를 하고 있습니다. 유·무형자산 취득액은 2019년 880억 원→2020년 560억 원→2021년 반기 819억 원(연 환산 1,637억 원)으로 2021년 반기 기준으로 이미 2020년 투자액의 146%를 투자완료했으며, 2022년까지 투자가 예정된 잔액은 2,398억 원이며, 주요 거래처에 대한 수주 잔고도 2.4조 원이 남

(1) 진행 중인 투자

(단위 : 원)

사업부문	구분	투자 기간	투자 대상 자산	투자 효과	총 투자액	기 투자액	차이 금액
양극활물질	증설	2020.11.13 ~ 2022.10.31	공장신축 및 증설	전기차(EV)용 2차전지 양극활물질 수요 대응을 위한 CAPA 증설	210,000,000,000	58,237,177,420	151,762,822,580
양극활물질	증설	2021.05.14 ~ 2022.12.31	신규시설투자	전기차(EV)용 2차전지 양극활물질 수요 대응을 위한 긴급 CAPA 증설	88,000,000,000	-	-

주)상기금액은 본 공시서류 작성일 현재 기준으로 작성하였습니다.

(2021년 08월 13일 기준) (단위 : 원)

품목	수주 일자	납기	수주총액	기납품액	수주잔고
			금액	금액	금액
이차전지용 양극재	2020.12.16	2021.01.01 ~ 2022.12.31	1,454,710,308,000	211,328,564,840	1,243,381,743,160
EV용 NCM양극재	2021.04.22	2021.05.01 ~ 2023.12.31	1,217,572,675,200	17,459,417,270	1,200,113,257,930
합 계			2,672,282,983,200	228,787,982,110	2,443,495,001,090

주1)상기 계약금액은 판매량 증감에 따라 변동 가능하며, 원재료 가격에 연동되는 판가 변동에 따라 수주 총액은 변동 가능성이 있습니다.
주2)당사의 판매단가는 중요한 경쟁요소로 정보누출을 우려하여 수주량은 기재하지 않았습니다.

출처 - DART 엘앤에프 2021 반기 보고서

아 있습니다.

또한 투자를 위한 자금마련을 위해 2020년 819억 원 유상증자, 2021년 신주인수권부사채 300억 원, 상환우선주 460억 원을 발행했으며, 이에 따라 부채비율이 2019년 216%→2020년 136%→2021년 반기 273%로 증가했습니다. 영업이익(율)은 2019년 77억 원(2.4%)→2020년 15억 원(0.4%)→2021년 반기 25억 원(0.7%)로 낮은 수준입니다. 이러한 높은 부채비율, 낮은 영업이익률의 영향으로 경쟁사인 에코프로비엠(2021년 반기 부채비율 106%, 영업이익(율) 469억(8.2%)), 포스코케미칼(2021년 반기 부채비율 48%, 영업이익(율) 697억(7.3%))에 비해 상대적으로 저평가되고 있습니다.

앨엔에프의 2021년 3분기 매출액은 5,906억 원이며 영업이익 159억 원을 기록하고 있습니다. 다만 높은 금융비용 395억 원 탓에 분기순손실 189억 원을 냈습니다.

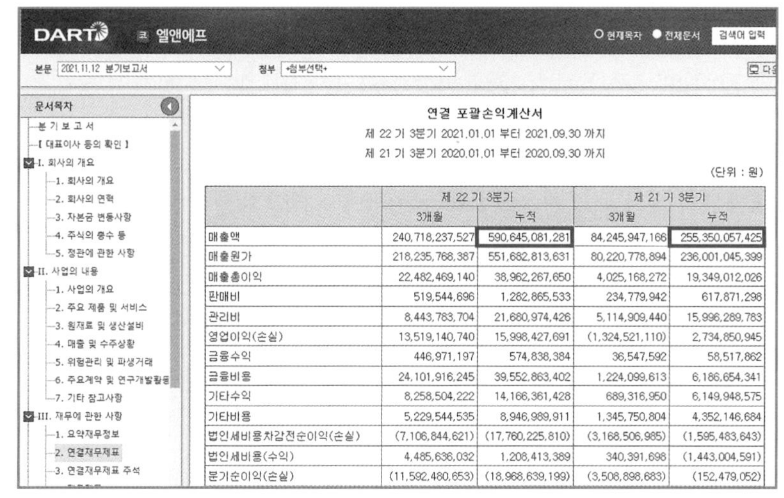

연결 포괄손익계산서

제 22 기 3분기 2021.01.01 부터 2021.09.30 까지

제 21 기 3분기 2020.01.01 부터 2020.09.30 까지

(단위 : 원)

	제 22 기 3분기		제 21 기 3분기	
	3개월	누적	3개월	누적
매출액	240,718,237,527	590,645,081,281	84,245,947,166	255,350,057,425
매출원가	218,235,768,387	551,682,813,631	80,220,778,894	236,001,045,399
매출총이익	22,482,469,140	38,962,267,650	4,025,168,272	19,349,012,026
판매비	519,544,696	1,282,865,533	234,779,942	617,871,298
관리비	8,443,783,704	21,680,974,426	5,114,909,440	15,996,289,783
영업이익(손실)	13,519,140,740	15,998,427,691	(1,324,521,110)	2,734,850,945
금융수익	446,971,197	574,838,384	36,547,592	58,517,862
금융비용	24,101,916,245	39,552,863,402	1,224,099,613	6,186,654,341
기타수익	8,258,504,222	14,166,361,428	689,316,950	6,149,948,575
기타비용	5,229,544,535	8,946,989,911	1,345,750,804	4,352,146,684
법인세비용차감전순이익(손실)	(7,106,844,621)	(17,760,225,810)	(3,168,506,985)	(1,595,483,643)
법인세비용(수익)	4,485,636,032	1,208,413,389	340,391,698	(1,443,004,591)
분기순이익(손실)	(11,592,480,653)	(18,968,639,199)	(3,508,898,683)	(152,479,052)

출처 - DART 엘앤에프 2021 3분기보고서

엘앤에프 매출액을 2020년 3분기와 2021년 3분기를 비교해보면 2,553억 원→5,906억 원으로 급증하는 것을 확인할 수 있습니다. 산업의 패러다임이 녹색, 그린, 청정에너지, 에너지 절감과 효율, 이산화탄소 절감 등으로 포커스가 맞춰지면서 이와 관련된 산업들 또한 급속한 변화를 보이고 있습니다.

대표적으로 자동차가 내연기관에서 전기차로 바뀌어 가고 있고, 이에 탑재될 2차전지 수요가 급증하고 있습니다. 또한 2차전지는 스마트폰, 태블릿PC, 노트북PC 등 가전제품 전 영역에서 유선 대신 무선으로 대체되면서 형태와 유형도 다양하고, 그 수요가 폭발적으로 늘어날 전망입니다.

에너지 패러다임 대변화가 도래하고 그 화두의 대상이 바로 2차전지입니다. 2차전지 회사들이 가장 성장성이 높은 회사 후보로 꼽히는 이유는 엘앤에프처럼 매년 폭발적인 매출액 증가 추세가 지속될 것이라는 추측이 누구나 가능하기 때문입니다. 소형 2차전지 시장의 경우 스마트폰, 태블릿PC, 노트북PC용 등에서 사용되며, 중·대형 2차전지 시장은 HEV 및 EV, 로봇, 전력저장장치(ESS) 시장의 신규 창출·성장을 예상할 수 있습니다.

2차전지 관련 부품·소재 및 전지설계, 생산자동화 기술 개발, 이에 수반되는 인프라의 확충을 누가 먼저 시도하고, 완비하느냐가 향후 시장점유율 경쟁의 관건이 될 수 있습니다.

그 외에도 전기차 완성차 업체의 배터리 표준화 경쟁도 2차전지 회사는 주의해야 할 쟁점입니다. 엘앤에프는 테슬라 관련 이슈로 주가 변동이 많았습니다.

DART 코 엘앤에프

본문 2021.10.21 풍문또는보도에대한해명 첨부 +첨부선택+

풍문 또는 보도에 대한 해명

1. 풍문 또는 보도의 내용	"배터리 전량 교체 예정"...테슬라의 과감한 선택
2. 풍문 또는 보도의 매체	한국경제TV 등
3. 풍문 또는 보도의 발생일자	2021-10-21
4. 풍문 또는 보도에 대한 해명내용	
-.본 공시는 2021년 10월 21일 한국경제TV 등에서 보도한 '"배터리 전량 교체 예정"...테슬라의 과감한 선택'에 대한 해명 공시입니다. -.자사는 기사 내용에 포함된 NCA 배터리는 양산 및 납품하고 있지 않으므로, 현재 사업에 영향을 미칠만한 중대한 변동 사항은 없습니다. -.또한, LFP 배터리의 경우 개발 완료한 이력이 있기에 향후 시장 상황에 따라 사업을 확장할 기회가 될 수 있습니다.	
※ 관련공시	-

출처 - DART 엘앤에프 2021.10.21 공시

"NCMA의 대표 양극재 기업인 엘앤에프가 테슬라와 손을 잡고 폐 배터리 재활용 산업 분야에 진출한다."는 소식 등 불확실한 정보가 언론에 기사화되곤 했습니다. 재무제표 상으로 명확히 보이는 점은 매출액의 급등 그리고 손익의 개선입니다. 2021년 3분기 엘앤에프의 매출액은 5,906억 원으로 전년 동기 대비 130% 이상 증가한 수치입니다. 영업이익 역시 159억 원으로 흑자전환했으며, 당기순이익은 -189억 원인데 이는 금융비용 395억 원 탓입니다.

그런데 이 금융비용은 파생상품평가손실로 주가 급등에 인한 결과입니다. 아직 실현되지 않는 손실이라고 보는 게 더 좋습니다. 테슬라와 연관해 낸 2021년 10월 21일 풍문에 대한 공시가 엘앤에프의 상황을 잘 나타냅니다.

많이 오른 주가가 부담스럽긴 하지만, 2차전지 산업의 성장세가 앞으로도 지속된다면(숫자로 확인이 된다면), 보유해도 좋을 주식으로 생각합니다.

투자 팁

전기차 시대를 앞당긴 테슬라 효과가 주요했습니다. 테슬라와 함께 엮이는 회사는 반사이익을 보았습니다. 테슬라가 싼 LFP 배터리를 쓴다고 하니 우리나라 2차전지 기업들의 주가가 흔들립니다. 그중에 엘앤에프도 있습니다. 2022년 테슬라행 NCMA 물량 증가와 레드우드 머티리얼스와의 협약 체결 등 2021년과 마찬가지로 매출 성장세가 지속될 것으로 기대됩니다.

회사 소개

(FY2021 3Q 기준)

- **회 사 명:** (주)엘앤에프
- **회사개요:** (주)엘앤에프는 광미래신재료유한공사, 제이에이치화학공업(주) 2개 연결대상 종속기업을 갖고 있다. 2000년 7월에 설립됐으며, 2차전지 양극재활물질의 제조, 판매를 주요 사업목적으로 한다. 본사는 대구광역시 달서구 성서4차첨단로 136에 소재하고 있으며, 2003년 1월 2일 한국거래소 코스닥시장에 상장됐다.
- **주주구성:** (주)새로닉스 14.90%, Kwang Sung Electronics, Inc. 3.48% 광성전자 1.68%. 소액주주 55.85%

※ 2016년 2월 1일 2차 전지 양극활물질 등 정보, 전자, 전기관련 소재의 제조/판매하는 주식회사 엘앤에프신소재를 흡수합병했습니다.

투자 적기는 아니라도 좋아지는 숫자

코스모신소재

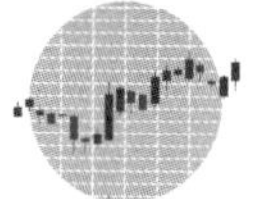

2차전지 소재주로 현재도 주가는 많이 오른 상황이다. 투자하기엔 적기는 아니지만 2차전지 사업 분야의 매출액이 얼마나 증가할지 수치상으로 계산이 되면, 기대할 종목이다. 미국 테슬라, 현대, 애플카 등 전기차가 만들어낸 신규사업 분야가 '2차전지'다. 전기를 대량 저장할 수 있는 2차전지 소재를 만드는 기업들의 최근 주가는 큰 폭으로 상승했다. 코스모신소재는 전기차 및 ESS 등에 사용되는 중·대형 배터리 소재인 NCM(니켈, 코발트, 망간) 양극활물질을 생산하는 기업이다.

기능성필름(이형필름, 점착필름, 인슐레이션필름)과 2차전지용 양극활물질, 토너, 토너용 자성체 등을 제조 판매하는 코스모신소재. 이 회사의 설립은 1967년으로 굉장히 오랜 역사를 가진 회사입니다.

우여곡절 끝에 2010년 GS그룹에 인수됐고, 이후 분리돼 코스모신소재라는 사명을 얻었습니다. 그러나 이후에도 사업은 순탄하지 않았고, 2015년에는 회계처리 위반 징계, 정정공시, 유형자산 재평가, 4년 내리 적자 등 사모펀드에 팔리기까지 합니다. 당시 이유는 회사 자체 문제도 있었지만, 모기업(코스모 그룹)의 경영악화 영향이 컸습니다.

코스모신소재 주식회사의 모태는 1967년 5월 16일 설립한 자기 테이프 제조, 판매한 새한전자(주)이며, 새한전자는 1987년 상장했고, 1980년에는 상호를 새한미디어(주)로 바꿉니다. 새한그룹의 주력 계열사인데, 안타깝게도 새한그룹은 이제 존재하지 않습니다. 새한그룹은 삼성가로 분리된 기업이었습니다. 이병철 삼성그룹 창업주의 차남 이창희 씨의 회사로 새한그룹은 1977년 새한전자를 인수했습니다.

1991년 이창희 회장의 백혈병 사망, 1997년 34세의 아들 이재관 부회장의 취임은 새한그룹 몰락의 서막이었습니다. 필름사업에 대한 1조 원이 넘는 투자는 그룹 전체의 재무상태를 악화시켰고, 워크아웃 절차를 밟았으나 그룹은 해체되고 말았고 계열사 대부분이 매각됩니다.

새한미디어가 GS그룹에 넘어간 때가 이때입니다. IMF 시기에 무리한 사업확장이 가장 큰 원인인데 GS그룹에 속한 코스모화학이 새한미디어의 대주주가 됩니다. 코스모그룹은 독자경영 선언을 통해 독립했으나 주력 회사인 코스모화학이 경영악화로 2015년 워크아웃을 신청하게 됩니다.

코스모신소재로 이름은 바꾼 새한미디어는 또 한 번 지배구조 변화를 겪습니다. 그런데 코스모그룹의 최대주주였던 허경수 회장은 경영권을 상실하는 과정 속에 한 가지 발판을 남겨 둡니다. 지분 매각 대금을 다시 경영권을 사들인 사모펀드에 투자를 해둡니다. 다시금 경영권을 되사오기 위한 방편이었습니다.

코스모화학 등 최대주주인 허경수 회장의 지분을 사들인 사모 펀드는 코스모턴어라운드 SPC(특수목적법인)입니다. 코스모턴어라운드 유한회사는 자본금 800억 원으로 조성됐으며, 재기지원펀드인 '에스지-케이스톤재기지원기업재무안정PEF'가 170억 원을 출자했고, 나머지 630억 원은 코스모턴어라운드 프로젝트펀드가 책임졌다고 합니다. 프로젝트펀드엔 기관투자자(LP)들이 선순위 400억 원을 맡고, 허영수 회장이 후순위 출자자로 230억 원을 출자합니다. 코스모화학이 혹독한 구조조정을 겪으며 경영이 정상화되자 2019년 허경수 회장은 매각 약 4년만에 경영권을 되찾습니다. 이로써 코스모신소재←코스모화학(주) 28.44%←(주)정산앤컴퍼니 29.56%←허경수 100% 지배구조가 다시 새워집니다.

코스모신소재에게 '턴어라운드' 계기

새옹지마(塞翁之馬). 직역하면 변방 늙은이의 '말'로 인생의 길흉화복은 변화 무상하여 예측하기 어렵다는 뜻입니다. 코스모신소재를 보면 떠오르는 고사성어입니다. 삼성그룹과 관계가 깊은 회사가 단 몇 년만에 그룹이 와해되면서 다른 곳으로 팔려 갑니다. 한때는 국내 테이프 관련 제품으로 유명했습니다. 인수한 회사도 사정이 안 좋아져, 2015년에는 또 한 번 경영권 매각을 겪습니다. 이런 힘든 과정이 코스모신소재에게 변신의 기회를 제공합니다. 우선 대주주 회사인 코스모화학이 재무구조가 튼튼한 기업으로 탈바꿈합니다. 대주주가 코스모턴어라운드로 바뀐 이후 코스모화학은 사업 포트폴리오를 바꾸는 구조조정 작업이 실시됩니다. 사모펀드가 잘 하는 일입니다. 재무구조 개선 작업과 함께 인천과 온산 공장을 단일화합니다. 생산 제품도 수익성이 높은 이산화티타늄 중심으로 포트폴리오를 재편해 비용을 줄이고 효율성을 높이는데 주력했다고 합니다.

그 결과 2017년 코스모화학의 매출액은 4,316억 원으로 전년 대비 50.6% 증가했으며 영업이익은 207억 원으로 흑자 전환했습니다. 이후 내리 흑자, 2019년 -52억 원으로 살짝 주춤했지만 2020년 50억 원, 2021년 2분기에 이미 148억 원의 영업이익을 내고 있습니다. 모기업이 튼튼해 지자 코스모신소재 역시 좋은 재무제표 흐름을 보입니다. 2021년 반기 기준 자산총계 3,603억 원인데 절반 이상이 유형자산 2,183억 원입니다. 최근 2~3년 사이 유형자산이 증가 추세입니다. 매출상승과 더불어 2차전지 관련 CAPA 증설이 적극적으로 이뤄지고 있습니다.

코스모신소재는 전지용 양극재 및 MLCC용 이형필름 등 기능성 필름을 제조하는 사업부의 매출을 높이고 있습니다. 이게 요즘 뜨는 분야입니다. 2020년 기준으로 제품별 매출규모를 살펴보면 2차전지 양극활물질, 토너 64%, 이형필름 36%입니다. 또한 회사는 매출의 95%를 수출로 인식하고 있습니다. 아직 이중에 2차전지 양극활물질만의 비율이 확인이 안 되고 있습니다만, 점점 이 쪽 투자가 강화되고 있기에 매출비중이 높아질 것으로 추측됩니다.

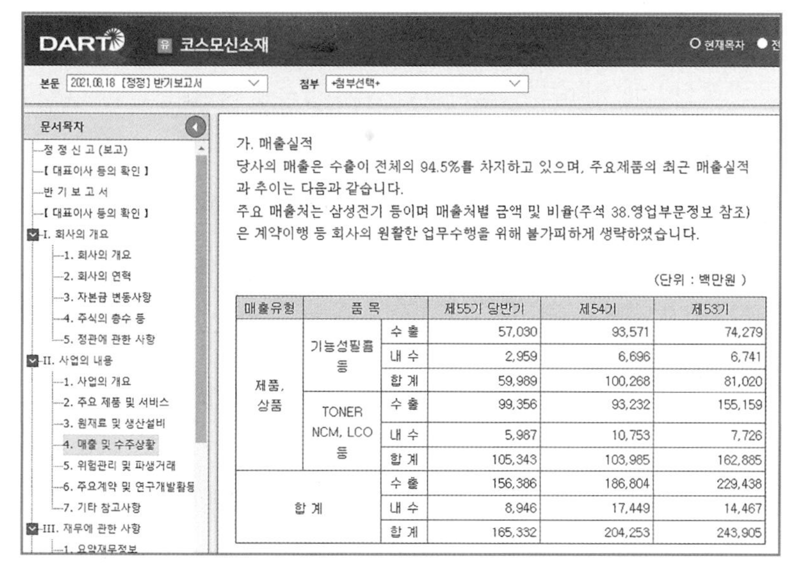
DART 유 코스모신소재

본문 2021.08.18 [정정] 반기보고서 첨부 +첨부선택+

가. 매출실적

당사의 매출은 수출이 전체의 94.5%를 차지하고 있으며, 주요제품의 최근 매출실적과 추이는 다음과 같습니다.

주요 매출처는 삼성전기 등이며 매출처별 금액 및 비율(주석 38.영업부문정보 참조)은 계약이행 등 회사의 원활한 업무수행을 위해 불가피하게 생략하였습니다.

(단위 : 백만원)

매출유형	품 목		제55기 당반기	제54기	제53기
제품, 상품	기능성필름 등	수 출	57,030	93,571	74,279
		내 수	2,959	6,696	6,741
		합 계	59,989	100,268	81,020
	TONER NCM, LCO 등	수 출	99,356	93,232	155,159
		내 수	5,987	10,753	7,726
		합 계	105,343	103,985	162,885
합 계		수 출	156,386	186,804	229,438
		내 수	8,946	17,449	14,467
		합 계	165,332	204,253	243,905

출처 - DART 코스모신소재 2021 반기보고서

매출액이 2020년 2,042억 원으로 영업이익 125억 원 흑자전환을 이룹니다. 2021년 반기에 116억 원을 기록하고 있으니 무난히 2020년의 실적을 초과할 것으로 보입니다. 실질적으로 캐쉬도 돌고 있습니다. 현금흐름표의 영업활동현금흐름이 146억 원으로 강하게 실질 이익이 증가하고 있다는 걸 증명합니다. 기말의 현금 291억 원 등 운전자본도 빵빵합니다.

2차전지 회사로 체질 개선

이형필름 등 2차전지 관련 소재를 만드는 기술은 연관성이 높으나,

양극활물질로 품목을 교체한 이상 공장 설비가 다 바뀌어야 합니다. 코스모신소재는 노트북, 스마트폰 등 IT기기용 배터리 소재인 LCO 양극활물질이 주력이었으나 2018년부터 EV, ESS용 배터리의 주요 소재인 NCM 양극활물질로 사업을 확대하면서 지속적으로 비중을 높이고 있으며, 현재는 그 비중이 95%로 확대됐습니다. 향후에도 NCM 양극활물질 사업은 시장확대와 고객사의 요구에 맞춰 지속적으로 확대할 것이라고 합니다.

2021년 7월 19일 공시를 통해 양극활물질 관련 설비 증설을 2023년까지 1.500억 원을 투자하겠다는 계획을 공개합니다. 이 외에도 자금조달 또한 전환사채 발행 등 투자를 위한 의지를 보여주고 있습니다.

코스모신소재의 메이저 거래처로는 삼성전기, 삼성SDI 등이 있습니다. 재무제표 지표 상으로 원가구조 저하에도 매출 성장에 따른 판관비 부담 완화로 전년동기대비 영업이익률 상승, 이자비용 감소 등으로 순이익률도 상승하고 있다는 걸 확인할 수 있습니다. 2차전지 시장의 성장세로 양극활물질 수요가 증가했습니다. MLCC[1](Multilayer Ceramic Capacitors)용 이형필름 라인증설에 따른 생산능력 확대 및 수요 증가 등으로 매출 성장 기대하고 있습니다.

---

1 MLCC: 전기를 보관했다가 일정량씩 내보내는 '댐'의 역할을 한다. 회로에 전류가 일정하게 흐르도록 조절하고 부품 간 전자파 간섭현상을 막아준다. 쌀 한 톨 크기의 250분의 1, 0.3mm의 얇은 두께의 내부에 최대한 얇게 많은 층을 쌓아야 많은 전기를 축적할 수 있다

투자 팁

투자하기엔 적기는 아닙니다. 게다가 실질적으로 2차전지 사업 분야의 매출액이 얼마나 증가할지 수치상으로 계산이 돼야 합니다. 다시 최대주주가 된 허경수 회장의 경영방침도 지켜볼 사항입니다. 모기업의 무리한 투자로 위기를 겪은 바가 있는 코스모신소재입니다. 단기간에 1,500억 원의 투자가 이뤄진다는 점은 선제적인 투자가 될 수도 있지만 시장의 변화와 경쟁자 분석도 함께 고려해야 할 것입니다. 특히 전환사채, 유상증자 등 자금조달 과정은 향후 현재 주주들의 주식가치를 희석시킬 수 있는 요소입니다. 투자 기업이 높은 성장성을 기록할 때도 돌다리 두드려 보는 심정이 필요합니다. 우여곡절이 많았던 코스모신소재의 2021년을 기대해 봅니다.

회사 소개

(FY2021 3Q 기준)

- **회 사 명:** 코스모신소재(주)
- **회사개요:** 코스모신소재(주)는 1967년 5월 16일에 자기테이프 제조, 판매 사업을 주목적으로 설립됐으며, 1987년 9월 28일 회사의 주식을 한국거래소에 상장했다. 회사는 1980년 1월 14일자에 상호를 새한전자 주식회사에서 새한미디어 주식회사로, 다시 2011년 3월 18일자에 코스모신소재 주식회사로 상호를 변경했다.
- **주주구성:** 코스모화학 27.64%. 소액주주 64.90%

원가율 체크하는 사람에겐 저평가
켐트로스

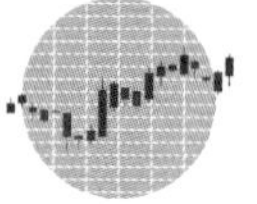

부채비율 2019년 53%→2020년 55%→2021년 반기 49%이며, 유동비율 2019년 127%→2020년 163%→2021년 반기 283%로 매우 안정인 기업이다. 켐트로스는 IT소재(2차전지 전해액 첨가제), 의약소재 및 폴리머 소재를 생산, 판매를 주된 목적으로 하는 회사다. 2006년 3월 7일 설립됐으며, 2017년 9월 21일 케이프이에스기업인수목적 주식회사와 합병을 완료하여, 2017년 10월 11일 코스닥에 상장했다.

높은 에너지 밀도, 긴 수명 주기 등의 장점을 바탕으로 세계 2차전지 시장에서 가장 주목받고 있는 리튬이온전지는 리튬염 전해질을 사용하는 고성능 2차전지로, 양극활물질, 음극활물질, 전해액, 분리막 등으로 구성됩니다. 그중 켐트로스는 전해액 첨가제를 생산하고 있으며, GM의 2차전지 배터리의 대규모 리콜 사태 이후 안정성 이슈가 중요하게 부각되면서 관심이 집중되고 있는 회사입니다. 하지만, 전해액 첨가제 사업은 2021년 반기 기준으로 전체 매출에서 차지하는 비중은 16.6%이며, 전자제품에 사용되는 폴리머 소재 관련 사업의 매출 비중이 43.7%로 대부분을 차지하고 있습니다.

이와 같이 회사의 주요 사업영역은 첨단소재(전해액 첨가제사업 포함)와 융합소재(전자제품의 폴리머 사업 포함) 사업으로 나눌 수 있으며, 주목할 만한 점은 전반기와 비교했을 때 첨단소재사업 부문이 적자에서 흑자로 전환된 부분입니다. 매출액은 2020년 반기 129억 원→2021년 반기 124억 원으로 대동소이하나 영업이익(률)이 2020년 반기 11억 원(-8%) 적자에서 2021년 반기 6억 원(5%) 흑자로 돌아섰습니다.

이에 따라 전체 영업이익(률)도 -6억 원(-3%)에서 22억 원(10%)로 전환돼 본격적으로 이익이 발생하고 있습니다. 기존의 융합소재산업의 매출 증가(2020년 반기 64억→2021년 반기 100억 원, 56% 증가)와 더

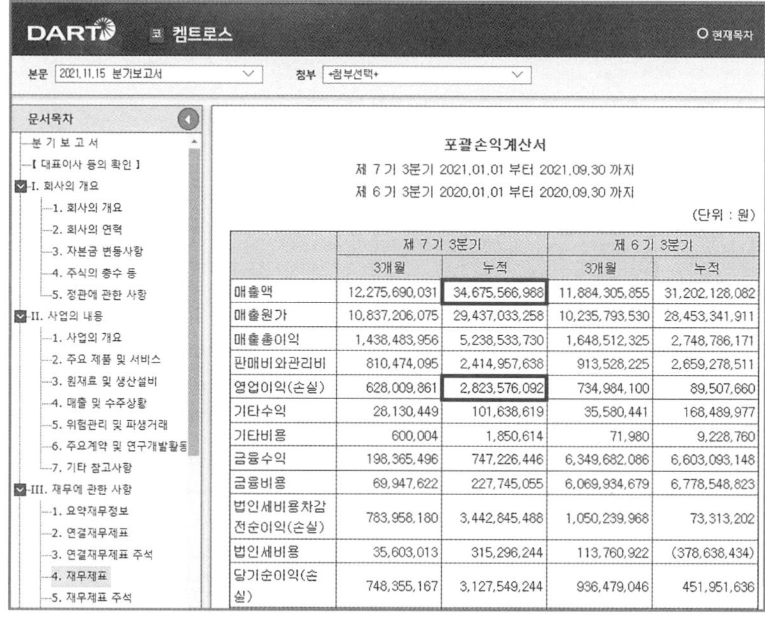

포괄손익계산서

제 7 기 3분기 2021.01.01 부터 2021.09.30 까지
제 6 기 3분기 2020.01.01 부터 2020.09.30 까지

(단위 : 원)

	제 7 기 3분기		제 6 기 3분기	
	3개월	누적	3개월	누적
매출액	12,275,690,031	34,675,566,988	11,884,305,855	31,202,128,082
매출원가	10,837,206,075	29,437,033,258	10,235,793,530	28,453,341,911
매출총이익	1,438,483,956	5,238,533,730	1,648,512,325	2,748,786,171
판매비와관리비	810,474,095	2,414,957,638	913,528,225	2,659,278,511
영업이익(손실)	628,009,861	2,823,576,092	734,984,100	89,507,660
기타수익	28,130,449	101,638,619	35,580,441	168,489,977
기타비용	600,004	1,850,614	71,980	9,228,760
금융수익	198,365,496	747,226,446	6,349,682,086	6,603,093,148
금융비용	69,947,622	227,745,055	6,069,934,679	6,778,548,823
법인세비용차감전순이익(손실)	783,958,180	3,442,845,488	1,050,239,968	73,313,202
법인세비용	35,603,013	315,296,244	113,760,922	(378,638,434)
당기순이익(손실)	748,355,167	3,127,549,244	936,479,046	451,951,636

출처 - DART 켐트로스 2021 3분기 보고서

불어 첨단소재사업의 흑자 전환으로 회사 전체적인 이익 개선효과가 나타난 것입니다.

이런 매출 추이는 3분기에 더욱 확연히 드러납니다. 3분기 누적 전체 매출액은 346억 원을 기록했으며, 영업이익은 첨단소재 4억 원, 융합소재 23억 원을 통해 28억 원으로 마무리됐습니다.

회사는 전기차용 2차전지 양극활물질 수요 대응을 위해 CAPA 증설 중인데, 아래와 같이 2,980억 원을 투입하여 공장신축 및 투자를 진행 중이며, 2023년까지 관련 수주잔고 또한 2조 4천억 원이 남아 있습니다.

또한 부채비율은 2019년 53%→2020년 55%→2021년 반기

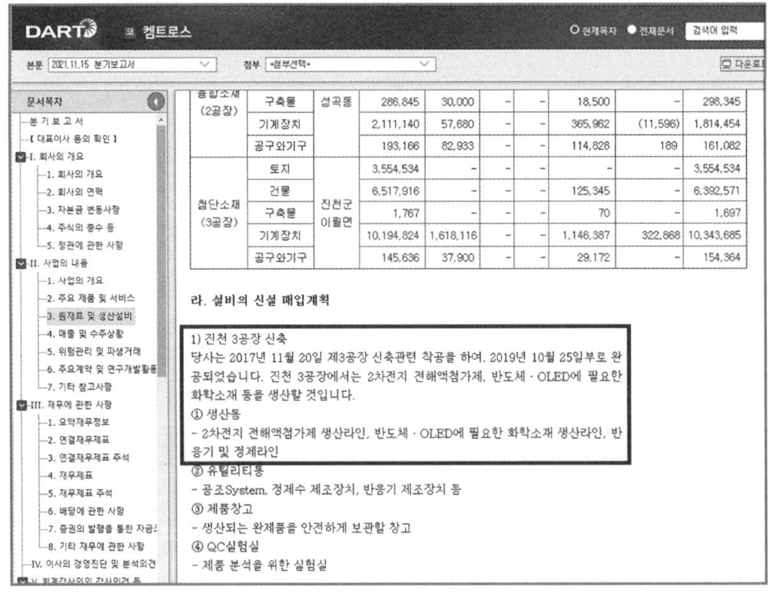

융합소재 (2공장)	구축물	성곡동	286,845	30,000	-	-	18,500	-	298,345
	기계장치		2,111,140	57,680	-	-	365,962	(11,596)	1,814,454
	공구와기구		193,166	82,933	-	-	114,828	189	161,082
첨단소재 (3공장)	토지	진천군 이월면	3,554,534	-	-	-	-	-	3,554,534
	건물		6,517,916	-	-	-	125,345	-	6,392,571
	구축물		1,767	-	-	-	70	-	1,697
	기계장치		10,194,824	1,618,116	-	-	1,146,387	322,868	10,343,685
	공구와기구		145,636	37,900	-	-	29,172	-	154,364

라. 설비의 신설 매입계획

1) 진천 3공장 신축
당사는 2017년 11월 20일 제3공장 신축관련 착공을 하여, 2019년 10월 25일부로 완공되었습니다. 진천 3공장에서는 2차전지 전해액첨가제, 반도체 · OLED에 필요한 화학소재 등을 생산할 것입니다.
① 생산동
- 2차전지 전해액첨가제 생산라인, 반도체 · OLED에 필요한 화학소재 생산라인, 반응기 및 정제라인
② 유틸리티동
- 공조System, 정제수 제조장치, 반응기 제조장치 등
③ 제품창고
- 생산되는 완제품을 안전하게 보관할 창고
④ QC실험실
- 제품 분석을 위한 실험실

출처-DART 켐트로스 2021 3분기보고서

49%이며, 유동비율은 2019년 127%→2020년 163%→2021년 반기 283%로 매우 안정적입니다.

아직 이익률이 그리 높게 오르지 못한 켐트로스가 전환사채를 통해 150억 원의 자금을 조달합니다. 2차전지 전해액 첨가액, 반도체 공정 소재, OLED 소재 생산용 시설투자자금 및 운영자금으로 사용한다고 사용처를 공시를 통해 밝혔습니다.

켐트로스는 기존 사업인 의약소재 판매 부진에도 전해액 첨가제 등의 IT소재와 폴리머 소재의 국내외 판매 호조로 매출이 증가합니다. 매출이 커질수록 원가 경쟁력이 높기 때문에 영업이익 흑자 전환이 가능했습니다.

특히 2차전지 전해액 첨가제 등의 수요에 발맞춰 시설 증설 및 특허권 획득 등으로 향후 매출증가를 노리고 있습니다. 켐트로스는 2021년 10월 5일에 'ESS, EV 용 리튬이온 2차전지 전해액에 첨가하여 전지의 안정성 및 수명 향상'에 도움을 주는 특허기술을 취득했다는 공시를 내기도 했습니다.

켐트로스는 화학제품 제조업으로 IT소재, 의약소재 및 폴리머 소재를 생산하는 회사로 2차전지 관련 전해액은 아직 매출 비중이 높지는 않습니다. 2021년 3분기 누적 매출액이 346억 원에 불과하지지만, 향후 성장성이 기대되긴 합니다.

투자 팁

GM의 1조 원대 2차전지 배터리 리콜 사태에서 보듯이 2차전지의 안정성 이슈가 커지고 있고, 높은 에너지 밀도, 긴 수명 주기 등을 만족하기 위해서는 니켈 함량이 높아질 수밖에 없고, 니켈 함량이 높아지면 안정성은 낮아지므로 안정성을 유지시켜주는 2차전지 전해액 첨가제의 중요성은 더욱 커질 것입니다. 기술의 중요성은 나날이 커지고 있습니다. 켐트로스의 2차전지 관련 전해액 성장성이 급격하게 이뤄질지 꾸준히 지켜봐야 합니다. 따라서 매력 있는 주식입니다만, 코로나 사태 이후로 변동폭이 커진 기초 물질에 대한 원가율도 꾸준히 체크해야 할 것 같습니다.

회사 소개

(FY2021 3Q 기준)

- **회 사 명:** (주)켐트로스
- **회사개요:** (주)켐트로스는 2006년 3월에 설립됐으며, IT소재(2차전지 전해액 첨가제), 의약소재 및 폴리머 소재를 생산, 판매를 주요 사업목적으로 하고 있다. 경기도 안산시 스마트허브 (반월공업단지)에 소재하고 있으며, 2017년 10월 11일 한국거래소 코스닥에 상장됐다.
- **주주구성:** 이동훈(대표이사) 23.85%, 신윤주4.97% 소액주주 66.98%

※ 2017년 9월 21일 케이프이에스기업인수목적 주식회사와 합병했습니다.

관심을 가질 수밖에 없는 종목
브이원텍

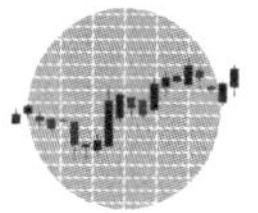

자산총계는 800~900억 원대를 유지하고 있다. 부채비율이 7~11% 정도니 부채 쪽 항목은 볼 필요 없다. 유동성 관련해서는 아주 우량한 회사다. 저평가된 디스플레이 업종에서, 신사업으로 미세먼지 분야까지. 관심을 가질 수밖에 없는 종목이 아닌가. 브이원텍은 소프트웨어의 개발, 제조, 유통, 자문 및 유지보수업 등의 사업을 운영하고 있다. 또한 평판 디스플레이 및 2차전지 배터리 장비에 사용되는 검사 시스템 및 검사장비의 개발 및 제조를 주력으로 하고 있다.

브이원텍은 머신비전 시스템을 통해 디스플레이 및 2차전지 검사장비를 생산합니다. 머신비전(Machine Vision)이란 '사람이 눈으로 보고 뇌에서 판단하는 것을 카메라와 영상인식 알고리즘이 대체한 시스템'을 말하며, 스마트팩토리 불량 검수와 CCTV 모니터링, 유동인구 분석, 안면인식 등 다양한 분야에서 활용되고 있습니다.

브이원텍은 디스플레이 제작공정 중 패널에 부착되는 IC, FPC의 부착 상태를 검사하는 압흔검사기[1]를 비롯하여 평판 디스플레이 및

---

1 압흔검사기: LCD·OLED가 쓰이는 액정패널과 칩 등의 압착 상태를 검사하는 장비.

2차전지 장비에 사용되는 검사 시스템 및 검사장비의 개발 및 제조를 주력 사업으로 영위하고 있습니다.

브이원텍이 생산하는 주요 제품 중 매출액 10% 이상을 차지하는 사업 부문은 LCD/OLED 압흔검사기, 2차전지 검사 시스템으로 2021년 3분기 연결기준 매출액 약 335억 원 중 압흔검사기 131억 원(39.1%), 2차전지 검사장비 153억 원(45.7%)을 기록했습니다.

LCD/OLED 압흔검사기의 국내 주요 고객사는 LGD이며, 해외 주요 고객사는 Tianma, Visionox, CSOT, BOE, EDO, Semipeak 등이 있습니다. 2차전지 검사 시스템 사업 부문 주요 고객사는 LG전자로 지속적인 2차전지 검사장비(소형→중대형→롱셀) 의뢰 및 수주가 진행되고 있습니다.

중국 정부의 전기차 보조금 정책이 2022년까지 연장되면서 중국을 비롯한 글로벌 배터리 시장이 본격적으로 확대될 것으로 전망되고 있어, 국내 배터리 업계는 향후 시장 주도권 확보를 위해 생산설비를 공격적으로 확충하고 있습니다. 이처럼 배터리의 중요성이 그 어느 때보다도 중요해지고 있으며, 안정성과 품질 경쟁력에 대한 중요성이 드러나고 있는 상황에서 당사의 배터리 검사 시스템 및 장비 또한 지속적인 수요가 이어질 것으로 예상하고 있습니다.(출처: 브이원텍 사업보고서)

브이원텍의 3개년도 주요 제품에 대한 매출액을 보면 2차전지 검사 시스템 비중이 높아지고 있다는 것을 수 있습니다. 특히 매출 증감 추이를 보면, 기본적으로 동사는 LCD/OLED 압흔검사기가 메

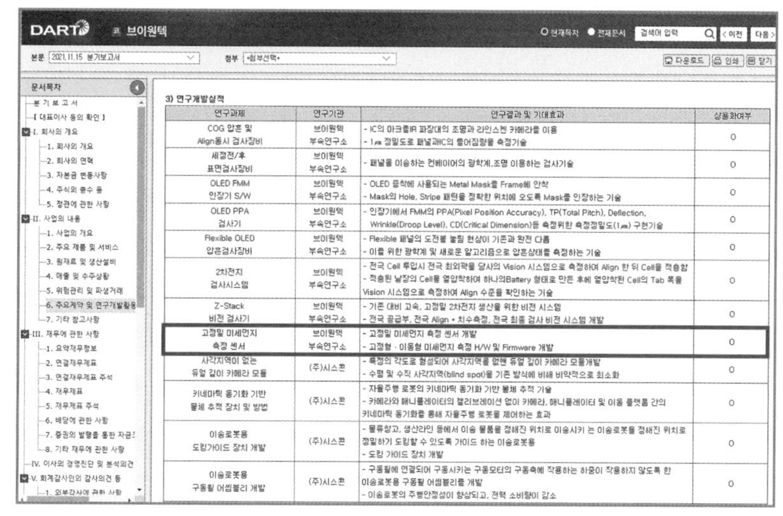

3) 연구개발실적

연구과제	연구기관	연구결과 및 기대효과	상용화여부
COG 압흔 및 Align동시 검사장비	브이원텍 부속연구소	- IC의 마크를IR 파장대의 조명과 라인스켄 카메라를 이용 - 1㎛ 정밀도로 패널과IC의 틀어짐량을 측정기술	O
세정전/후 표면검사장비	브이원텍 부속연구소	- 패널을 이송하는 컨베이어의 광학계,조명 이용하는 검사기술	O
OLED FMM 인장기 S/W	브이원텍 부속연구소	- OLED 증착에 사용되는 Metal Mask를 Frame에 안착 - Mask의 Hole, Stripe 패턴을 정확한 위치에 오도록 Mask를 인장하는 기술	O
OLED PPA 검사기	브이원텍 부속연구소	- 인장기에서 FMM의 PPA(Pixel Position Accuracy), TP(Total Pitch), Deflection, Wrinkle(Droop Level), CD(Critical Dimension)등 측정위한 측정정밀도(1㎛) 구현기술	O
Flexible OLED 압흔검사장비	브이원텍 부속연구소	- Flexible 패널의 도전볼 눌림 현상이 기존과 완전 다름 - 이를 위한 광학계 및 새로운 알고리즘으로 압흔상태를 측정하는 기술	O
2차전지 검사시스템	브이원텍 부속연구소	- 전극 Cell 투입시 전극 최외곽을 당사의 Vision 시스템으로 측정하여 Align 한 뒤 Cell을 적층함 - 적층된 낱장의 Cell을 열압착하여 하나의Battery 형태로 만든 후에 열압착된 Cell의 Tab 폭을 Vision 시스템으로 측정하여 Align 수준을 확인하는 기술	O
Z-Stack 비전 검사기	브이원텍 부속연구소	- 기존 대비 고속, 고정밀 2차전지 생산을 위한 비전 시스템 - 전극 공급부, 전극 Align • 치수측정, 전극 최종 검사 비전 시스템 개발	O
고정밀 미세먼지 측정 센서	브이원텍 부속연구소	- 고정밀 미세먼지 측정 센서 개발 - 고정형 · 이동형 미세먼지 측정 H/W 및 Firmware 개발	O
사각지역이 없는 듀얼 깊이 카메라 모듈	(주)시스콘	- 특정의 각도로 형성되어 사각지역을 없앤 듀얼 깊이 카메라 모듈개발 - 수평 및 수직 사각지역(blind spot)을 기존 방식에 비해 비약적으로 최소화	O
키네마틱 동기화 기반 물체 추적 장치 및 방법	(주)시스콘	- 자율주행 로봇의 키네마틱 동기화 기반 물체 추적 기술 - 카메라와 매니퓰레이터의 캘리브레이션 없이 카메라, 매니퓰레이터 및 이동 플랫폼 간의 키네마틱 동기화를 통해 자율주행 로봇을 제어하는 효과	O
이송로봇용 도킹가이드 장치 개발	(주)시스콘	- 물류창고, 생산라인 등에서 이송 물품을 정해진 위치로 이송시키 는 이송로봇을 정해진 위치로 정밀하기 도킹할 수 있도록 가이드 하는 이송로봇용 - 도킹 가이드 장치 개발	O
이송로봇용 구동휠 어셈블리 개발	(주)시스콘	- 구동휠에 연결되어 구동시키는 구동모터의 구동축에 작용하는 하중이 작용하지 않도록 한 이송로봇용 구동휠 어셈블리를 개발 - 이송로봇의 주행안정성이 향상되고, 전력 소비량이 감소	O

출처 - DART 브이원텍 2021 3분기 보고서

인 분야임을 알 수 있으며, 추가로 2차전지 검사 시스템이 빠르게 성장하고 있다는 점도 알 수 있습니다. 전방산업인 디스플레이 업황이 안정적인 매출에 영향을 준다고 볼 수 있습니다.

이 외에도 브이원텍은 미세먼지 측정기 등 신사업 진출에도 적극적입니다. 2020년에는 미세먼지 측정 사업 분야에 신규 기술개발에 성공했습니다. 국립환경과학원 평가에서 미세먼지 측정기 개발에 대한 우수한 평가를 받고, 현재는 해외사업의 일환으로 인도네시아 대기질 측정, 모니터링 사업을 추진하고 있습니다.

또한 국내는 강남 및 인덕원, 광주에 미세먼지 측정기를 설치 및 운영 중입니다. 이 외에도 자율주행 물류로봇 회사인 (주)시스콘을 약 200억 원(53.61%)에 인수했습니다. 시스콘은 국내 자체 로봇알고리즘 기반 제조환경 AMR 완제품 상용화에 성공했으며, 국내 대기업 등 다수 업체로부터 다양한 용도의 제품 납품 의뢰를 받고 있는 회사입니다.

브이원텍은 디스플레이 또는 2차 전지 관련된 검사장비를 만드는 회사입니다. 그런데 이 회사가 2018년 이후에는 수익성이 굉장히 떨어지고 있습니다. 자산총계는 800~900억 원대를 유지하고 있습니다. 부채비율이 7~11% 정도니 부채 쪽 항목은 볼 필요 없습니다. 유동성 관련해서는 아주 우량한 회사입니다.

그런데 문제는 손익계산서의 매출액입니다. 2018년이 정점입니다. 매출액 546억 원에 영업이익 156억 원을 기록해 영업이익률 28.6%를 달성했습니다. 하지만 2019년부터는 이익률이 굉장히 떨어지면서 매출액 규모가 축소됩니다. 267억 원, 310억 원 수준으로 줄어들고 2021년 3분기의 매출액은 334억 원, 영업이익 35억 원을 기록하고 있습니다.

현금흐름표를 보면 영업활동현금흐름도 3분기에는 굉장히 낮은 -26억 원을 나타내고 있습니다. 기말의 현금 및 현금성 자산이 177억 원으로 여유는 있어 보입니다. 한 가지 특징적인 사항은 회사가 새로운 도전을 하고 있다는 걸 부채 항목에서 느껴집니다.

이렇게 탄탄한 회사에서 잘 나타나지 않을 부채가 갑자기 등장합니다. 브이원텍은 2021년 150억 원의 전환사채를 발행합니다. 보통 부채가 늘었다는 것은 결국 갚아야 할 빚이 늘었으니까 안 좋게 봅니다. 하지만 회사가 어떤 사업에 대한 확신이 있고, 성공 후의 과실을 혼자만 따먹기 위해서 과감한 '레버리지'를 일으키는 경우가 있

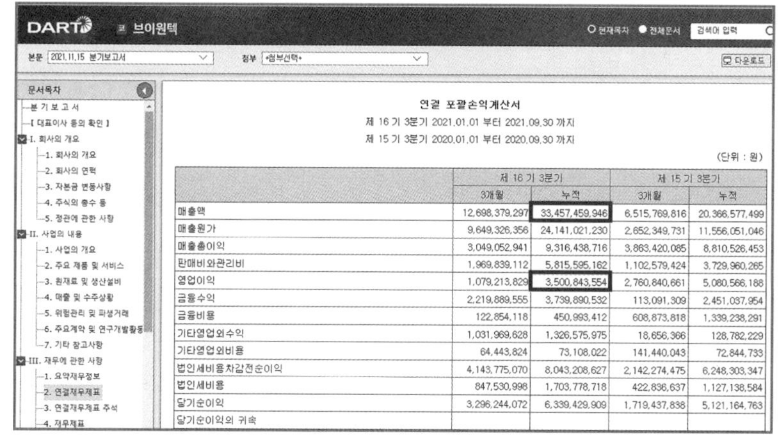

연결 포괄손익계산서

제 16 기 3분기 2021.01.01 부터 2021.09.30 까지

제 15 기 3분기 2020.01.01 부터 2020.09.30 까지

(단위 : 원)

	제 16 기 3분기		제 15 기 3분기	
	3개월	누적	3개월	누적
매출액	12,698,379,297	33,457,459,946	6,515,769,816	20,366,577,499
매출원가	9,649,326,356	24,141,021,230	2,652,349,731	11,556,051,046
매출총이익	3,049,052,941	9,316,438,716	3,863,420,085	8,810,526,453
판매비와관리비	1,969,839,112	5,815,595,162	1,102,579,424	3,729,960,265
영업이익	1,079,213,829	3,500,843,554	2,760,840,661	5,080,566,188
금융수익	2,219,889,555	3,739,890,532	113,091,309	2,451,037,954
금융비용	122,854,118	450,993,412	608,873,818	1,339,238,291
기타영업외수익	1,031,969,628	1,326,575,975	18,656,366	128,782,229
기타영업외비용	64,443,824	73,108,022	141,440,043	72,844,733
법인세비용차감전순이익	4,143,775,070	8,043,208,627	2,142,274,475	6,248,303,347
법인세비용	847,530,998	1,703,778,718	422,836,637	1,127,138,584
당기순이익	3,296,244,072	6,339,429,909	1,719,437,838	5,121,164,763
당기순이익의 귀속				

출처 - DART 브이원텍 2021 3분기 보고서

습니다. 성공이 보장된 빚입니다.

이자만 내고 나머지 이익은 온전히 다 가져갈 수 있는 부채라면 더 없이 좋을 수 없습니다. 이자는 고정적이지만 이익은 기하급수라면 말이 있습니다.

저평가된 디스플레이 업종에서, 신사업으로 미세먼지 분야까지 진출한 브이원텍은 관심을 안 가지려야 안 가질 수 없는 종목이 아닌가 생각됩니다.

투자 팁

LCD/OLED 압흔검사기는 공급물량 감소 중이나 2차전지 검사 시스템이 그 자리를 대신하면서 다시 매출액을 회복하고 있습니다. 그러나 2017년 주가가 최고, 2018년 매출액 수준을 회복하는 데는 시간이 필요합니다. 전환사채 150억 원 발행은 신규사업에 대한 자신감으로 해석해야 할까요?

회사 소개

(FY2021 3Q 기준)

- **회 사 명:** (주)브이원텍
- **회사개요:** (주)브이원텍은 2006년 5월 30일에 설립돼 소프트웨어의 개발, 제조, 유통, 자문 및 유지보수업 등의 사업을 영위하고 있다. 2017년 7월 13일자로 한국거래소 코스닥에 상장됐다.
- **주주구성:** 김선중(대표이사) 25.14%, 기타 46.28%.

재무구조 개선 단기간에는 쉽지 않겠지만

알루코

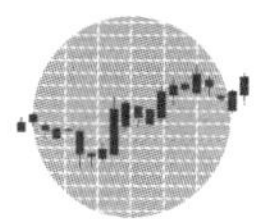

알루미늄 압출 전문업체, 주요 제품으로 알루미늄 샤시, 거푸집, 철도차량 내·외장재, LCD 프레임, 자동차 부품이 있으며, 국내 1위 알루미늄 생산업체다. 전기차 배터리 쪽으로 진출한다고 한다. 충분한 기술력을 갖고 있을 것이다. 하지만 현재 부담이 되는 부채 규모가 2,318억 원(2021년 1Q)이나 되기 때문에 독점사업자가 되지 않고서는 재무구조 개선이 단기간에는 쉽지 않을 것으로 보인다. 조금 더 지켜봐야 할 종목이다.

알루코가 전기차 관련주로 꼽힌 것은 2020년 8월 언론에 낸 보도자료 때문입니다. 알루미늄 압출 전문 기업인 알루코가 LG화학, SK이노베이션과 배터리팩 하우징 공급계약을 맺었다고 발표했고, 특히 그 규모가 4,700억 원에 달한다는 소식이었습니다. 이후에 실제 계약 내용이 다르다는 것과 공식적인 확인이 되지 않아 '허위 발표'라는 구설에 오르기도 했습니다.

그러나 알루코는 알루미늄 관련해서는 건축창호, 가전, 모바일, 자동차 등으로 사업구조를 확대한경력이 있는 알루미늄 전문 회사입니다. 특히 알루텍(소재)↔케이피티유(금형)↔알루코(압출, 제조)↔현

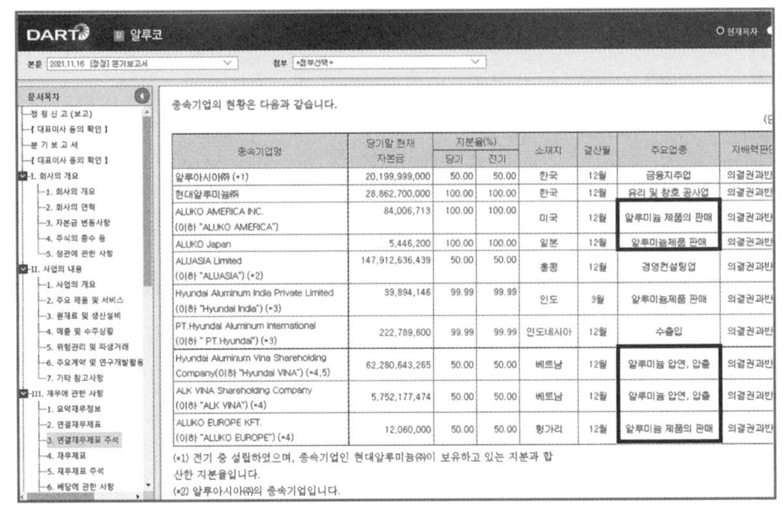

종속기업의 현황은 다음과 같습니다.

종속기업명	당기말 현재 자본금	지분율(%)		소재지	결산월	주요업종	지배력판
		당기	전기				
알루아시아㈜ (*1)	20,199,999,000	50.00	50.00	한국	12월	금융지주업	의결권과반
현대알루미늄㈜	28,862,700,000	100.00	100.00	한국	12월	유리 및 창호 공사업	의결권과반
ALUKO AMERICA INC. (이하 "ALUKO AMERICA")	84,006,713	100.00	100.00	미국	12월	알루미늄 제품의 판매	의결권과반
ALUKO Japan	5,446,200	100.00	100.00	일본	12월	알루미늄제품 판매	의결권과반
ALUASIA Limited (이하 "ALUASIA") (*2)	147,912,636,439	50.00	50.00	홍콩	12월	경영컨설팅업	의결권과반
Hyundai Aluminum India Private Limited (이하 "Hyundai India") (*3)	39,894,146	99.99	99.99	인도	3월	알루미늄제품 판매	의결권과반
PT.Hyundai Aluminum International (이하 " PT.Hyundai") (*3)	222,789,600	99.99	99.99	인도네시아	12월	수출입	의결권과반
Hyundai Aluminum Vina Shareholding Company(이하 "Hyundai VINA") (*4,5)	62,280,643,265	50.00	50.00	베트남	12월	알루미늄 압연, 압출	의결권과반
ALK VINA Shareholding Company (이하 "ALK VINA") (*4)	5,752,177,474	50.00	50.00	베트남	12월	알루미늄 압연, 압출	의결권과반
ALUKO EUROPE KFT. (이하 "ALUKO EUROPE") (*4)	12,060,000	50.00	50.00	헝가리	12월	알루미늄 제품의 판매	의결권과반

(*1) 전기 중 설립하였으며, 종속기업인 현대알루미늄㈜이 보유하고 있는 지분과 합산한 지분율입니다.
(*2) 알루아시아㈜의 종속기업입니다.

출처 - DART 알루코 2021 3분기 보고서

대알루미늄(건축, 시공) 등으로 알루미늄 관련해 수직 계열화를 이루고 특히 베트남 등 해외법인도 가진 회사입니다.

주요 종속회사인 현대알루미늄(주)은 건설업 및 AL-form 임대업을 주사업으로 영위하고 있으며, (주)고강알루미늄은 알루미늄 주조, 압출, 가공 공정을 가지고 있는 회사입니다. Hyundai Aluminum Vina Company는 알루코와 현대알루미늄, 고강 알루미늄이 합작으로 2006년 베트남에 설립한 해외법인으로 알루미늄 주조, 압출, 피막, 도장, 가공 등 일괄 생산체제를 갖추고 있는 법인입니다.

차량 경량화로 알루미늄 소재의 부상

전기차가 아니더라도 이미 내연기관 연비개선, 친환경 차량의 출시 확대 등 차량 경량화에 대한 요구로 자동차 부품에 알루미늄 소재가 쓰이고 있었습니다. 테슬라 전기차는 거의 대부분 알루미늄으로 제작되고, 현대기아차의 아이오닉과 니로에도 후드, 테일게이트 등에 알루미늄 소재가 채택됐습니다.

자연스럽게 경량화 알루미늄 업체가 인기를 얻었습니다. 그런 와중에 알루코의 전기차 배터리 부품 수주 뉴스는 주가가 2~3배 급등하는 결과를 낳았습니다. 그런데 현재 알루코의 재무제표를 보면 아직은 전기차 배터리 부품이 실적에 영향을 주고 있지는 않은 것으로 보입니다.

2020년 알루코의 자산총계 7,014억 원 중에 부채비율 168%인 차입금 2,901억 원을 제일 먼저 눈여겨봐야 합니다. 단기차입금으로 알루코가 과거 회생 경력이 있긴 한데 과한 부채가 현재는 부담스러워 보입니다. 실제로 매년 200억 원가량의 금융비용이 나가고 있습니다. 2020년 영업이익 248억 원임에도 불구하고 금융비용 285억 원과 무형자산 손상차손 436억 원이 당기순손실 319억 원을 기록했습니다.

알루코가 지난해 뉴스에 나온 것이 사실이라면 1분기부터 매출액이 반영될 수도 있고, 이를 좀더 대대적으로 홍보했을 것으로 생각합니다. 하지만 오히려 2020년 1분기에 비해서는 줄어든 실적을 보여주고 있습니다. 게다가 2020년 투자활동현금흐름 항목이 기타금융자산 증가로 1,082억 원이 되는 등 새롭게 전기차 부분으로 투자가 이뤄졌는지 확인이 불확실합니다.

전기차 이슈에 편승할 수 있으나

전기차 시장의 급성장은 배터리 만드는 회사인 LG화학, 삼성SDI, SK이노베이션 뿐만 아니라 배터리 소재 기업들도 들썩이게 만들었습니다. 양극제(에코프로엠비, 포스코케미칼), 동박(두산솔루스, 일진머티리얼즈)이 유명합니다. 그런데 여기에 패터리 팩 하우징 즉 전기차용 배터리 셀을 보호하는 케이스로 열전도율이 높은 알루미늄 제조가사 주목을 받은 거죠. 알루코는 신규사업 진출 기회로 봤고, 대기업들은 우선 라인업을 만들어 놔야 하니 당시에는 긍정적인 약속을 했을 거라 추측합니다. 그러나 아직까지 실체는 보이지 않습니다.

2021년 알루미늄 압출제품 판매 증가와 LCD사업, 배터리사업 및 태양광 신규사업 매출 증가로 전년 대비 외형 성장이 기대됩니다. 매출 증가에 따른 원가 및 판관비 부담 완화로 영업이익률 전년 대비 상승했으나, 영업권 손상차손, 외화환산손실, 법인세비용의 증가로 순손실 규모가 2020년에는 특히 확대됐습니다.

2021년 전망으로는 글로벌 경기 개선, 국내 건설투자의 확대, 가전산업의 회복세와 신규 사업인 전기차 배터리 부품 부문의 매출 기여로 매출 성장을 기대할 수 있습니다. 2021년 3분기 누적 매출액은 3,511억 원으로 알루미늄 부문이 조금씩 살아나고 있습니다.

그러나 영업손익은 116억 원으로 2020년 3분기 201억 원 대비 절반 수준입니다. 2021년 결산은 기대할 수준으로 이익률이 높아질지는 미지수입니다. 2021년 12월 10일 알루코는 대주주 관계사 알루텍에 금전 600억 원을 대여한다는 공시를 합니다. 투자자는 알루코 자체 부채도 부담되는 시점이라는 것을 기억해야 합니다.

2020년 주가가 수직상승했으나, 현재는 많이 내려온 상황이니다. 2020년 4분기 실적 쇼크로 인해 조금은 더 지켜봐야 할 종목이 아닌가 생각됩니다.

투자 팁

알루코는 세계 최초로 알루미늄 LCD/LED TV 프레임을 개발해 삼성전자에 납품하고, 자동차 부품, 태양광 모듈 프레임 등을 개발한 회사입니다. 배터리 팩 하우징에 충분한 기술력을 갖고 있습니다. 하지만 결국은 알루코는 납품처이고, 현재 부담이 되는 부채 규모가 2,318억 원(2021년 1분기)이나 되기 때문에 독점사업자가 되지 않고서는 재구구조 개선이 단기간에는 쉽지 않을 것으로 보입니다.

회사 소개

(FY2021 3Q 기준)

- **회 사 명:** (주)알루코
- **회사개요:** (주)알루코는 알루미늄 제품의 제조 및 판매를 영위할 목적으로 1956년 6월 4일에 설립됐으며, 대전광역시 대덕구에 본사 및 공장이 소재하고 있다. 당사는 1999년 7월 23일에 회사 정리절차 인가결정 이후 경영정상화를 위하여 2002년 10월 17일에 케이피티컨소시엄과 M&A본계약을 체결했으며, 이후 회사정리계획에 의한 채무변제를 완료하여 2003년 1월 24일에 회사정리절차 종결결정을 받았다. 2007년 6월 7일에 한국거래소 유가증권시장에 보통주식을 재상장했다.
- **대 주 주:** 케이피티유 18.86% 알루텍 15.37% 소액주주 51.35%

몸값 가장 높은 타이밍?
한온시스템

최근 4년 평균 영업이익이 4,200억 원이다. 당기순이익으로 계산해도 매년 평균 2,500억 원의 이익을 내는 회사. EV/EBITDA를 복잡하게 따지지 않아도 4년 만에 1조 원을 벌어들이고 있다. 그러나 이러한 사실이 덜 알려져 있다는 게 저평가 요인이 회사다. 한온시스템은 라디에이터, 자동차용 냉·난방기 및 공기조절장치 등 자동차용 부품의 제조, 조립 및 판매를 목적으로 1986년 설립됐으며, 2015년 우여곡절 끝에 사모펀드 한앤컴퍼니에 인수됐다.

2015년 한앤컴퍼니 자회사 한앤코오토홀딩스를 통해 그리고 한국타이어와 손잡고 한라비스테온공조(한온시스템 전신) 지분 69.99%를 약 3조 9,000억 원에 인수했습니다. 한앤컴퍼니 지분이 50.5%, 한국타이어 몫이 19.49%이며, 한앤컴퍼니가 2조 7,512억 원, 한국타이어는 1조 617억 원을 부담했습니다. 현재도 동일한 지분 구조입니다.

현재(2021년 4월 15일 기준) 한온시스템 시가총액은 약 9.5조 원을 넘나들고 있습니다. 한온시스템 역사는 깊고 복잡합니다. 한라그룹의 만도기계가 포드자동차와 만든 합작회사가 전신입니다. 그런데

IMF 때 한라그룹이 망가지면서, 1999년 미국 비스테온(VISTEON)이 최대주주로 인수 한라그룹 계열사에서 분리됐습니다.

한라공조→한라비스테온공조. 아시다시피 한라그룹은 범현대가의 일원입니다. 한라비스테온공조가 한라그룹 계열사였던 만큼 이후에도 현대차와 한라비스테온공조는 긴밀한 협력관계를 유지해 왔습니다.

현대차는 공조부품 물량의 60~70%를 한라비스테온공조로부터 공급받았습니다. 이후 한라비스테온공조가 다시 M&A 시장에 매물로 나왔을 때 사모펀드 한앤컴퍼니 인수를 현대차가 반대했다고 합니다. 현대차 입장에서는 사모펀드가 관계 깊은 부품 공급사 주인이 되는 게 불편했던 것입니다.

어쨌거나 한앤컴퍼니는 투자 목적이고, 한국타이어는 사업확장 차원에서 한라비스테온공조 인수에 참여했습니다. 사모펀드인 한앤컴퍼니는 2010년 설립됐으며, 국내 최대 규모의 사모투자 회사입니다. 인수한 회사의 기업가치를 높이기 위해 '유사 업종 추가 인수'라는 볼트온 전략을 국내에 소개했고, 잘 성공시키기로 유명합니다.

2012년 대한시멘트, 한남시멘트 이후 2016년 쌍용양회를 인수해 시멘트 벨트라인을 만드는 등 M&A 이후 사업부 분할 매각 등과는 다른 행보를 보였습니다. 자동차 공조회사인 한온시스템 역시 인수 후 한온시스템의 가치를 높이기 위해 2018년 세계 3위 자동차 부품회사인 캐나다 마그나인터내셔널의 유압제어 사업 부문을 편입하는 등 경쟁력 강화에 투자를 아끼지 않았습니다.

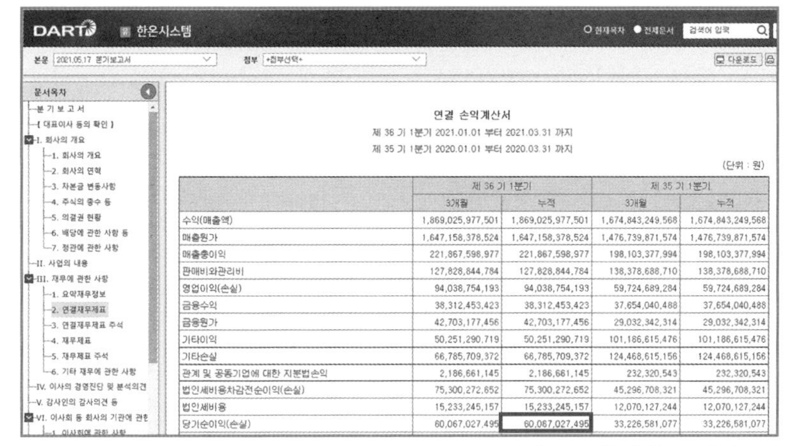

연결 손익계산서

제 36 기 1분기 2021.01.01 부터 2021.03.31 까지

제 35 기 1분기 2020.01.01 부터 2020.03.31 까지

(단위 : 원)

	제 36 기 1분기		제 35 기 1분기	
	3개월	누적	3개월	누적
수익(매출액)	1,869,025,977,501	1,869,025,977,501	1,674,843,249,568	1,674,843,249,568
매출원가	1,647,158,378,524	1,647,158,378,524	1,476,739,871,574	1,476,739,871,574
매출총이익	221,867,598,977	221,867,598,977	198,103,377,994	198,103,377,994
판매비와관리비	127,828,844,784	127,828,844,784	138,378,688,710	138,378,688,710
영업이익(손실)	94,038,754,193	94,038,754,193	59,724,689,284	59,724,689,284
금융수익	38,312,453,423	38,312,453,423	37,654,040,488	37,654,040,488
금융원가	42,703,177,456	42,703,177,456	29,032,342,314	29,032,342,314
기타이익	50,251,290,719	50,251,290,719	101,186,615,476	101,186,615,476
기타손실	66,785,709,372	66,785,709,372	124,468,615,156	124,468,615,156
관계 및 공동기업에 대한 지분법손익	2,186,661,145	2,186,661,145	232,320,543	232,320,543
법인세비용차감전순이익(손실)	75,300,272,652	75,300,272,652	45,296,708,321	45,296,708,321
법인세비용	15,233,245,157	15,233,245,157	12,070,127,244	12,070,127,244
당기순이익(손실)	60,067,027,495	60,067,027,495	33,226,581,077	33,226,581,077

출처 - DART 한온시스템 2021 1분기 보고서

사모펀드 만든 가치 "그래서 지금 얼마인데?"

평균적으로 국내 사모펀드의 경영권 보유 기간은 5~6년입니다. 사모펀드는 경영권 인수 후 회사가치를 상승시킨 후 투자금 회수와 이익금을 챙기기 위해서 적절한 타이밍을 찾습니다. 보통은 인수한 회사의 기업가치가 최대로 높아질 때를 기다리지만, 투자자들의 요청과 적절한 인수자 찾기도 무시하지 못합니다.

2020년 기준 한온시스템의 자산총계는 7조 8천억 원이며, 부채비율은 249%로 높습니다. 장단기차입금 외에도 회사채가 꽤 많습니다. 자기자본 기준으로 2.2조 원인데 이것보다는 손익을 통해서 기업가치를 따져 봐야 합니다. 2020년 매출액 약 6.8조 원이고, 영업이익은 3,158억 원입니다. 최근 4년 평균 영업이익이 4,200억 원입니다. 당기순이익으로 계산해도 매년 평균 2,500억 원의 이익을 내는 회사입니다. EV/EBITDA를 복잡하게 따지지 않아도 4년 만에 1조 원을 벌어들이는 회사입니다. 현재 시가총액도 9~10조 원이 됩니다. 2021년 1분기 매출액만 1.8조 원으로 전년 동기보다 상승하고 있습니다. 영업이익은 940억 원입니다.

그 외에 시장경쟁력도 매우 높습니다. 한온시스템은 라디에이터, 냉난방기, 공기조절장치 등 자동차용 공조부품을 OEM 생산하여 현대/기아차, GM, 폭스바겐 등 국내외 완성차 업체에 납품합니다. 매출처가 확보돼 있기에 국내 자동차 공조 제품의 45% 정도, 점유율로 1위 기업입니다. 게다가 글로벌 시장에서는 2위를 차지하고 있기에 이 회사에 관심을 가질 완성차 또는 자동차 회사가 많습니다. 물론 2020년은 코로나19 영향을 받기는 했습니다. 매출액과 영업

연결 손익계산서

제 36 기 3분기 2021.01.01 부터 2021.09.30 까지

제 35 기 3분기 2020.01.01 부터 2020.09.30 까지

(단위 : 원)

	제 36 기 3분기		제 35 기 3분기	
	3개월	누적	3개월	누적
매출액	1,704,201,113,811	5,425,294,137,802	1,901,408,831,374	4,771,646,876,971
매출원가	1,505,715,458,757	4,780,138,758,111	1,649,754,040,955	4,247,096,025,532
매출총이익	198,485,655,054	645,155,379,691	251,654,790,419	524,550,851,439
판매비와관리비	127,909,349,713	380,118,552,425	132,087,104,249	403,067,098,260
영업손익	70,576,305,341	265,036,827,266	119,567,686,170	121,483,753,179
금융수익	27,191,255,588	72,306,064,587	6,937,702,782	23,865,429,243
금융원가	34,437,047,744	87,400,695,811	39,403,075,209	81,035,781,389
기타이익	42,956,616,475	157,426,657,748	99,075,304,168	271,881,935,264
기타손실	51,753,975,715	151,129,172,643	125,596,457,013	308,844,153,223
관계 및 공동기업에 대한 지분법손익	(1,238,256,565)	2,960,260,895	3,542,555,341	1,095,689,738
법인세비용차감전순손익	53,294,897,380	259,199,942,042	64,123,716,239	28,446,872,812
법인세비용(수익)	678,848,003	46,863,349,521	13,216,208,911	4,696,578,701
당기순손익	52,616,049,377	212,336,592,521	50,907,507,328	23,750,294,111

출처 - DART 한온시스템 2021 3분기 보고서

이익 등이 2019년에 비해서 줄어 들었습니다. 전 세계 시장점유율이 높은 것이 코로나 상황에서는 악조건이 됐습니다. 세계 자동차 시장이 부진한 바도 있지만 미주, 유럽이 특히나 축소돼, 외형 축소에 따른 원가율 상승과 판관비 부담 확대로 영업이익률이 전년동기 대비 하락했습니다.

2021년 후반을 넘어선 3분기에는 누적 매출액이 5조 4,000억 원으로 전년 동기 4조 7,000억 원보다 매우 높게 상승했습니다. 영업이익은 2,650억 원이며, 기타이익 1,574억 원까지 포함돼 3분기 당기순손익 2,123억 원입니다. 매각 이슈가 있는 기업은 그 해 높은 손익을 내기 위해 회사가 최선을 다하는 경향이 있습니다. 한온시스템 역시 비슷하지 않을까 짐작합니다. 기타이익은 외환 차액 등 약 1,000억 원에 달합니다. 해외 거래가 많은 영향을 받는 기업입니다.

주가 측면에서도 2020년 중반까지는 1만 원 이하로 거래됐습니다. 그런데 코로나19가 가져온 자동차 산업의 변화로 한온시스템의 가치가 재조명을 받게 됐습니다.

친환경차, 전기차 생산이 대세가 됨에 따라 '배터리 과열'을 막는 '공조 부문'의 중요성이 더 부각되고, 실제로도 한온시스템 매출 확대가 기대됐기 때문입니다. 2020년 중반 이후의 애널리스트 보고서를 봐도 "전기차 열관리 시장 개화에 따른 프리미엄" 등 2022년 전후로 매출 기대치가 높습니다.

한온시스템 인수 후보자가 외국계 기업

한앤컴퍼니는 2021년 3월 모건스탠리를 주관사로 선임하고 한온시스템 매각 절차에 들어갔습니다. 시장에서는 한온시스템 매각가를 8조 원에서 최대 12조 원까지 평가하고 있습니다. 7년을 기다려온 한앤컴퍼니는 어떤 주판을 굴리고 있을까요? 살 때 3조 원 그리고 추가로 인수한 사업부 등 10조 원 이상을 원할 것입니다. 같이 지분투자를 했던 한국타이어의 입장이 매각의 걸림돌이 될 수 있었으나 최근에 그 부분은 정리가 된 듯합니다.

한국타이어가 한온시스템을 살 수 없는 상황이기 때문이고 그만큼 현재의 한온시스템 가치가 높게 상승했기 때문입니다. 그렇다면 문제는 파는 쪽이 아니라 "사는 쪽이 있느냐?"가 관건입니다. 이 가격을 내고 회사를 인수할 수 있는 곳을 찾는 게 더 문제일 수 있습니다. 그동안 한온시스템을 한앤컴퍼니가 끌어올 수 있었던 것은 이익이 지속적으로 발생했고, 이를 통한 매년 1,700~2,000억 원 사이의 배당을 챙겨 간 것도 한몫했습니다.

재무적 부담을 줄여서 살 만한 회사에 경영권 매각을 하는 것도 방법입니다. 거론되는 회사는 전기차 사업 부문에 투자 중인 외국 자동차 회사들입니다.

2021년 매출액 증가만 확실하다면, 올해가 가장 한온시스템의 가치가 높아지는 시기입니다. 매출 증가 규모나 판로 등이 사는 이에게는 대단히 매력적입니다.

곧 누가 나설까요? 사모펀드 한앤컴퍼니가 꽃놀이 패를 쥐고 있는 듯 보입니다만, 워낙 덩치가 큰 회사라 인수자의 부담을 줄이기 위한 전개도 체크해야 합니다. 한온시스템, 이 기업은 아직은 덜 알려져 있다는 점이 제일 저평가된 사안입니다.

코로나19 펜데믹은 유럽, 미국, 아시아 등에 판로가 있는 한온시스템에 약점이 됐으나, 완성차 업체들이 전기차 시장에 뛰어들면서 거래선이 다각화된 상황이 한온시스템에게는 더 없는 기회가 됐습니다.

자동차 품질 및 성능을 결정짓는 공조부품 분야에서는 독보적인 기술력을 갖고 있는 회사입니다. 코로나 이후 어려웠던 경영환경에서 다시금 반등하고 있는 실적과, 친환경 소재 및 차세대 연료 대응 기술 개발 등에 따라 ESG 경영 평가에서도 두각을 보일 수 있는 점이 동사의 강점이라고 생각합니다. 주가 조정이 충분히 이뤄진다면 2022년에는 다시 반등할 수 있는 회사입니다.

(FY2021 3Q 기준)

- **회 사 명:** 한온시스템(주)
- **회사개요:** 한온시스템(주)은 1985년 12월 12일자로 체결된 만도기계주식회사와 미국 Ford Motor Company ("FORD") 사이의 합작투자계약에 따라 라디에이터, 자동차용 냉 · 난방기 및 공기조절장치 등 자동차용 부품의 제조, 조립 및 판매를 목적으로 1986년 3월 11일에 설립됐으며, 1996년 7월 31일 한국증권거래소에 주식을 상장하여 공개기업이 됐다.
- **주주구성:** 한앤코오토홀딩스(유) 50.5% 한국타이어테크놀로지 19.49% 소액주주 29.99%

거래량이 적다는 게 최대 저평가 이유

시그넷이브이

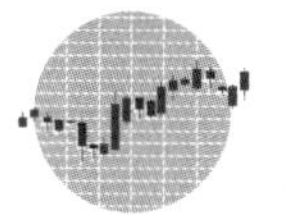

신설회사인 전기차 충전기 전문 시그넷이브이는 쉽지 않은 시장 속에서 경쟁력을 갖춰가고 있다. 무엇보다 해외 진출 집중은 '신의 한 수'가 아닐까. 전기차 충전기 제조 판매가 주요 사업으로 전방시장은 전기차 생산 자동차 산업이다. 전기차 충전 관련 기술을 보유하고 있으며, 차량과 충전기 연결만으로 인증·결제·충전을 자동 진행이 가능하다. 특히 초급속 충전기술력, 유연한 커스터마이징 능력, 충전 통신시스템 엔지니어링 등을 동시에 확보하고 있는 강점을 보유한 회사다.

서기 2020년. 과거 SF 소설이나 영화에서 꽤 급변한 미래상을 제시할 때 연급되던 해입니다. 미래를 상징하던 2020년이 코로나 팬데믹 때문에 정신 없이 지나갔지만, 사실 꽤 변곡점이 온 시점입니다. 2020년이 되기 전, 10년간 우리 생활 속에 변화를 찾자면 스마트폰과 그리고 바로 전기차입니다.

전기차 상용모델이 처음 나왔을 때, 서울시에서 공원 순찰용으로 몇 대 샀다는 기사가 나오긴 했습니다. 그러나 지금처럼 실제로 도로를 다니는 전기차를 볼 수 있을지는 상상도 못했습니다. 몇 년이 채 지나지 않아서 이제는 전기차 버스가 다니고, 지하 주차장에 파란색 번호판(전기차 고유번호판)을 단 자동차가 심심찮게 보입니다. 특히 테슬라가 불을 지른 전기차 붐이 일면서 앞으로 내연기관 즉 휘발유 차는 종국에는 없어지지 않겠냐는 전망을 낳고 있습니다.

전기차를 고려하는 소비자 입장에서는 전기차 성능(주행거리, 속도, 안정성 등)이 중요하겠지만, 주유소와 같은 충전시설, 초급속 충전 인프라도 무시 못 할 사항입니다. 전기차가 내연기관 운송수단의 대안이 아니라 새로운 운송형태가 될 수 있습니다. 그러나 그 전에 기술과 함께 시장성이 확보돼야 합니다. 즉 전기차 만드는 생산자로서는 잘 팔려야 하고, 전기차를 고려하는 소비자 입장에서는 전기차 성능(주행거리, 속도, 안정성 등)과 더불어 주유소와 같은 충전시설, 초급속 충전 인프라 구축이 선결돼야 합니다.

현재 전기차 인프라는 어느 수준까지 우리 생활에 가깝게 다가와 있을까요? 전기차 충전 전문 제조사 시그넷이브이(대표 황호철)가 북미 초급속 충전기 사업(2027년까지 진행, 총 20억 달러 규모)에 참여한다고 합니다. 독점 계약은 아니지만 미국 폭스바겐 자회사와 함께 일하며, 미국 시장에 확고히 진출한다는 기회로 보이니 의미 있는 소식입니다.

사실 전기차 충전소는 대형마트나 백화점 등 곳곳에서 자주 목격이 됩니다. 심지어 아파트 지하 주차장에도 있긴 하더라고요. 시그넷이브이는 전기차를 위한 충전단자나 충전시설을 만드는 회사입니다. 2016년 12월 13일자를 분할기준일로 주식회사 시그넷시스템에서 인적 분할돼 전기자동차용 충전기의 제조 및 판매를 목적으로 신규 설립됐습니다.

시그넷이브이는 전라남도 영광군 대마면 전기차로 49에 소재하고 있습니다. '전기차로'가 있다니 찾아보니 실제로 있네요. 이 회사는 코스닥, 코스피가 아닌 한국거래소 코넥스[1] 시장에 상장됐습니다.

주주구성은 리오제일호사모투자 합자회사가 35.51%, 황호철 12.97% 등으로 돼 있습니다. 최근 공시를 보니 최대주주가 (주)SK 외 4인으로 변경됐습니다. 드디어 이 회사에 대해서 대기업이 투자를 적극적으로 진행하기 시작했습니다.

시그넷이브이 재무제표를 살펴보겠습니다. 코넥스 상장기업이라서 사업보고서가 공시돼 있습니다. 2020년 기준 자산규모 821억원 부채비율 169%입니다. 최근 2년 사이 부채비율이 증가했습니다. 코넥스 관련 기업은 분기보고서가 없어서 2021년 재무제표를 얻을 수 없었는데, 있으면 좀 전망을 해볼 수 있을 텐데 하는 아쉬움이 들었습니다.

전기차 충전사업에 대해서 이해를 돕기 위해서 시그넷이브이 사업보고서에 나온 사업의 개요를 가져와 읽어 봅니다.

시그넷브이는 주식회사 시그넷시스템으로부터 전기차용 충전기 제조 사업 부문이 인적분할돼 설립(2016년 12월 13일)한 기업입니다. 2006년부터 전기차용 충전기 연구개발을 해왔으며 2011년

1 코넥스: 상장 요건을 충족시키지 못하는 벤처기업과 중소기업이 상장할 수 있도록 2013년 7월 1일부터 개장한 중소기업 전용 주식시장

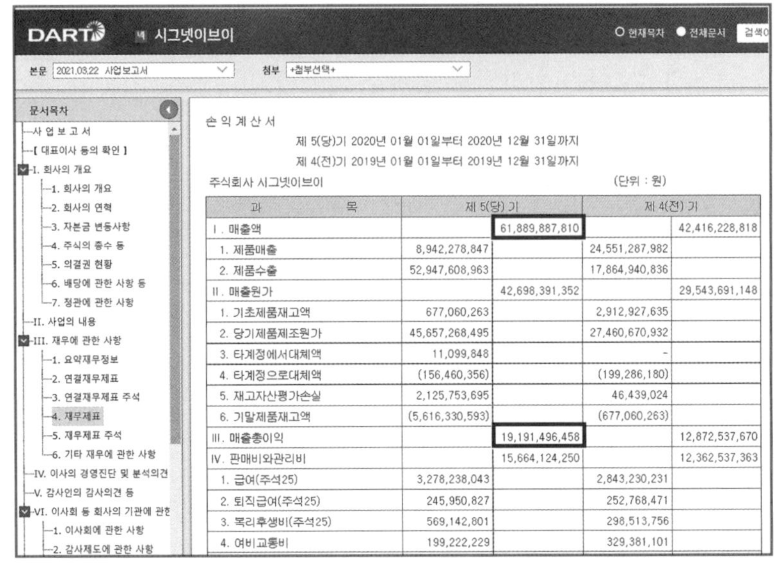

손 익 계 산 서

제 5(당)기 2020년 01월 01일부터 2020년 12월 31일까지

제 4(전)기 2019년 01월 01일부터 2019년 12월 31일까지

주식회사 시그넷이브이 (단위 : 원)

과 목	제 5(당) 기		제 4(전) 기	
I. 매출액		61,889,887,810		42,416,228,818
1. 제품매출	8,942,278,847		24,551,287,982	
2. 제품수출	52,947,608,963		17,864,940,836	
II. 매출원가		42,698,391,352		29,543,691,148
1. 기초제품재고액	677,060,263		2,912,927,635	
2. 당기제품제조원가	45,657,268,495		27,460,670,932	
3. 타계정에서대체액	11,099,848		-	
4. 타계정으로대체액	(156,460,356)		(199,286,180)	
5. 재고자산평가손실	2,125,753,695		46,439,024	
6. 기말제품재고액	(5,616,330,593)		(677,060,263)	
III. 매출총이익		19,191,496,458		12,872,537,670
IV. 판매비와관리비		15,664,124,250		12,362,537,363
1. 급여(주석25)	3,278,238,043		2,843,230,231	
2. 퇴직급여(주석25)	245,950,827		252,768,471	
3. 복리후생비(주석25)	569,142,801		298,513,756	
4. 여비교통비	199,222,229		329,381,101	

출처 - DART 시그넷이브이 2020 사업보고서

국내 최초로 일본 ChAdeMO 인증을 시작으로 닛산, 현대/기아차, BMW, Ford, 폭스바겐 등의 전기차에 각각 국내 최초로 매칭 테스트를 완료해 충전기 납품을 진행하고 있습니다. 특히 100Kw급 및 350Kw급 초급속충전기 개발 및 양산에 성공하여 미국 등에 수출하고 있습니다. 시그넷브이이는 세계 최초로 폐배터리 내장형 급속 전기차 충전기 개발에 성공하여 일본 후쿠시마 지역에 시범 설치, 가동 중이며 본격적인 수출을 준비하고 있습니다. 전방시장은 전기차 시장이며, 국내 전기차 충전 인프라는 크게 전력공급설비, 충전기, 인터페이스, 정보시스템으로 구성돼 있습니다. 상기 충전 인프라의 4가지 구성요소 중 당사는 충전기 제조/판매업을 영위하고 있습니다. 전기차 충전기는 충전하는 방식에 따라 직접충전방식, 비접촉충

전방식, 배터리 교환방식 등으로 구성됩니다.

직접 충전방식은 현재 대부분의 전기차 완성차 업체가 출시한 전기차에 적용되고 있는 방식입니다. 전기자동차의 충전구와 충전기를 커넥터를 통해 직접 연결하여 전력을 공급하며, 전기자동차 내부에 장착된 배터리를 일정 수준까지 재충전하는 방식으로 충전시간에 따라 완속충전과 급속충전으로 구분됩니다.

완속충전 방식은 자동차에 교류(AC) 220V를 공급하여 배터리를 충전하는 방식으로 차량에 장착된 3~7Kw의 충전기가 교류 220V를 직류로 변환하여 배터리를 충전하게 됩니다. 이동형 완속 충전기는 일명 모바일 충전기라 불리며 계량기가 테이블 형태의 충전기에 부착돼 개인이 휴대하면서 건물 등의 콘센트를 이용해 충전한 후 비용은 차주가 부담하는 형태입니다. 완속 충전 방식은 배터리 용량에 따라 5~10시간 정도가 소요되며 약3~7Kw 전력용량을 가진 충전기가 주로 설치됩니다.

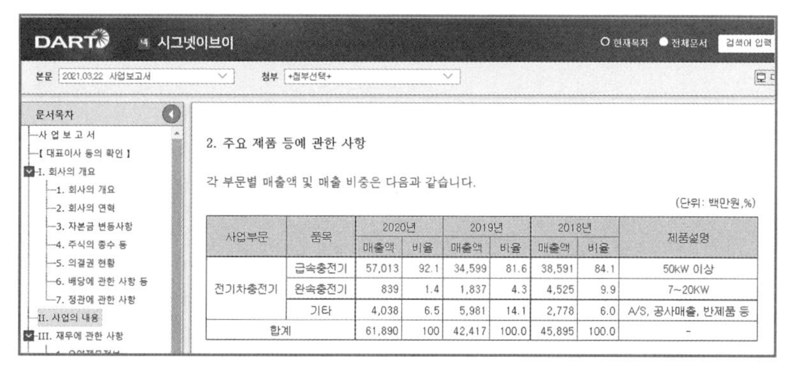
DART 시그넷이브이

본문 2021.03.22 사업보고서

2. 주요 제품 등에 관한 사항

각 부문별 매출액 및 매출 비중은 다음과 같습니다.

(단위: 백만원,%)

사업부문	품목	2020년		2019년		2018년		제품설명
		매출액	비율	매출액	비율	매출액	비율	
전기차충전기	급속충전기	57,013	92.1	34,599	81.6	38,591	84.1	50kW 이상
	완속충전기	839	1.4	1,837	4.3	4,525	9.9	7~20KW
	기타	4,038	6.5	5,981	14.1	2,778	6.0	A/S, 공사매출, 반제품 등
합계		61,890	100	42,417	100.0	45,895	100.0	-

출처 - DART 시그넷이브이 2020 사업보고서

현재 국내의 경우, 완속 충전기에 대해서는 정부 및 지자체에서 보조금을 지급하여 충전인프라구축을 하고 있는 상황입니다. 급속 충전 방식의 경우, 충전기가 자동차와 제어신호를 주고받으며 직류 100~450V 또는 교류 380V를 가변적으로 공급하여 배터리를 충전하는 방식으로 고압/고용량 충전으로 충전시간이 적게 소요되는 장점이 있습니다. 한편, 급속충전 방식은 세부적으로 i) CHAdeMO(일본차 중심), ii) DC콤보(미국, 유럽차 중심), iii) AC 3상(유럽 르노社 등) 등으로 구분되며 각 차량제조사가 이 중 한 규격에 호환되는 전기차를 개발하기 때문에 충전기도 이에 맞게 충전해야 합니다.

시그넷이브이를 포함한 글로벌 주요 급속충전기 업체는 이 세 가지 충전방식이 모두 가능한 급속충전기를 제조 생산하고 있습니다. 이밖에 비접촉 충전방식은 바닥매설관 고주파 전력공급장치로부터 전기차 집전장치에 전자기 유도를 통해 전력을 전달하는 방식이고, 배터리 교환방식은 충전인프라 운영업체에서 축전지를 구매하여 사용자에게 임대하는 방식으로 배터리 교환소에서 자동 교환하는 방식입니다.

상기 내용을 보니 완속충전은 5~10시간이 걸리고, 정부나 지자체에서 지원을 해준다고 합니다. 급속충전방식이 얼마나 시간이 걸릴지 궁금하네요. 여하튼 전기차 산업에 있어 이 배터리 충전은 중요한 요소입니다. 시그넷이브이는 2016년 이후 자산이 늘어난 것처럼 매출액도 51억 원→316억 원→458억 원으로 급증하고 있습니다. 2020년 매출액은 618억 원이며, 영업이익 35억 원에 당기순이익 15억 원으로 첫 흑자를 달성합니다. 부채항목을 보니 자금조달을 전환사채 발행한 적이 있고, 발행금액이 160억 원이나 됩니다. 사업 초기에 기술력이 있어서 무형자산 개발비로 35억 원 장부에 기재하고 시작했던데, 2018년에는 재고자산폐기손실이 50억 원 보이기도 합니다. 만들어 놓고, 팔지 못했던 것도 있네요. 지속적인 제품개발과 투자를 위해서 자금이 필요했던 것으로 추정됩니다.

해외 진출 집중은 신의 한 수

재무제표 외에는 그다지 최근 자료가 없어서 시그넷이브이의 IR자료(2019년 11월)를 내려받아 봤습니다. 임직원 수가 146명입니다. 시그넷이브이는 전기차 충전장치 및 모듈개발 특허를 보유하고 있다고 합니다. 이미 충전기 11,753유니트를 전 세계 시장에 공급했는데 대부분은 우리나라 정부 기관, 공기업 등 국내입니다.

그렇다면 더더욱 이번 해외수주가 수출 부문에 있어, 새로운 기회가 될 것으로 추정합니다. 전기차 충전소 사업은 아직 민간의 요구보다는 정부 정책적인 "정부 친환경차 보급 목표" 등이 주요한 시장 환경 변화임을 자료에서 알 수 있습니다.

유의미한 점은 2018년부터 시그넷이브이 전체 매출액 중 61%가 해외에서 발생했습니다. 2020년 역시 매출액 618억 원 중에 제품

수출이 529억 원입니다. 다시 정리해 보면 우리나라 전기차 시장은 물론 충전소 사업은 국내 수요에 한계가 있을 수 있습니다.

완성차 브랜드 중 현대자동차가 전기차를 시장에 내놓고 있습니다. 전기차 관련 배터리, 소재 신생업체가 오래도록 기술 개발을 이뤘고, 그 뒤 대기업이 진출하는 등 시장 재편이 이뤄지고 있습니다. 그 속에서 신설회사인 전기차 충전기 전문 시그넷이브이도 쉽지 않은 시장 속에서 경쟁력을 갖춰가고 있습니다. 무엇보다 해외 진출 집중은 '신의 한 수'가 아닐까 싶습니다.

투자 팁

현재 코넥스 상장된 상태라 거래량이 적다는 것이 최대 단점인 것 같습니다. 2차전지 테마로 인해 큰 폭 상승했으나, 충분한 조정 이후에 매수 적기를 기다려야 한다고 생각합니다. 전기차 인프라로 충전소를 안 꼽을 수 없습니다. 전기차의 현재 가장 약점인 점이 고속충전 문제입니다. 이를 개선한다면 이 회사의 미래를 가늠할 수 있을까요?

회사 소개

(FY2021 3Q 기준)

- **회 사 명:** (주)시그넷이브이
- **회사개요:** 주식회사 시그넷이브이는 2016년 12월 13일자를 분할기준일로 주식회사 시그넷시스템에서 인적분할돼 전기자동차용 충전기의 제조 및 판매를 목적으로 신규 설립됐으며, 본사는 전라남도 영광군 대마면 전기차로 49에 소재하고 있다. 2017년 8월 30일자로 한국거래소의 코넥스시장에 상장됐다.
- **주주구성:** 리오제일호사모투자 합자회사 37.7%, 황호철 12.7%.(2020년 말 기준)

※ 최대 주주 변경 공시(2021.8.12) SK(주) 외 4인 60.6%

시장 전망 - 메타버스

2021년 주식시장을 강타한 콘셉트는 '메타버스'입니다. 국내뿐만 아니라 글로벌 화두였습니다. Facebook은 사명을 Meta로 바꾸는 등 이 분야의 선두를 선점하기 위해서 적극적인 모습을 보이고 있습니다. 그러나 메타버스라는 세상은 누구도 경험한 적이 없습니다.

우선 가상현실을 더욱 현실처럼 보이게 만드는 시각, 촉각 등 인간의 인지를 돕는 기업이 1차로 '메타버스' 관련 기업으로 주목받고 있습니다. PC 속 게임세상 또는 어플 화면 안의 그려진 2D 화면이 진짜 본질적인 메타버스는 아닙니다.

메타버스란 우리 현실과도 공존하면서, 영화 <메트릭스>처럼 현실을 잊게 만들거나, <레디 플레이어 원>처럼 메타버스의 세상이 주된 삶이 되는 변화가 전제돼야 합니다. 가상화폐, NFT(대체 불가능 토큰) 등이 현실과 상호 호환될 수 있는 경제활동을 가능하고, 메타버스를 앞당길 것이라는 전망이 있습니다. 2022년에는 그 방향점을 제시할 기업과 허상인 기업이 구분될 것입니다.

메타버스

METAVERSE

'물타기' 말고 '불타기'
자이언트스텝

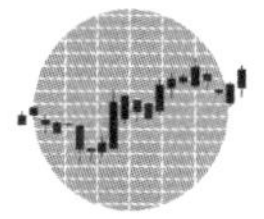

이제 막 달아오른 메타버스 테마로 인해 주가는 추가 상승도 가능하겠지만, 그만큼 상응되는 실적이 뒷받침되지 않는다면 지속적인 상승은 힘들 것으로 판단된다. 2008년 7월 설립돼 광고 VFX 및 영상 VFX, 리얼타임(Real-Time) 콘텐츠 제작 및 관련 솔루션을 보유한 크레이티브 테크 기업이다.

2021년 3월 IPO 성공한 자이언트스텝은 상장 당시에 '메타버스[1]' 관련 기업으로 언급됐습니다. 하지만 이때는 덱스터, 위즈윅스튜디오와 함께 VFX(영상시각효과) 기업으로 묶였고, 특히 영화 쪽 시각효과 기업으로 값어치가 매겨지는 분위기였습니다.

공모는 성공적이었습니다. 공모가액은 11,000원으로 조달한 자금 154억 원으로 자이언트스텝은 "2021년에 버추얼 스튜디오를

---

1 메타버스(metaverse): 확장 가상 세계. 가상, 초월을 의미하는 '메타'(meta)와 세계, 우주를 의미하는 '유니버스'(universe)를 합성한 신조어다. 메타버스는 3차원에서 실제 생활과 법적으로 인정되는 활동인 직업, 금융, 학습 등이 연결된 가상 세계를 뜻한다. 구체적으로 정치와 경제, 사회, 문화의 전반적 측면에서 현실과 비현실이 공존하는 생활형, 게임형 가상 세계라는 의미로 폭넓게 사용한다.

추가 확보할 예정이며, 추가 확보한 버추얼 스튜디오에 LED Back Wall을 구축할 예정이다. 기존 녹색배경에서 연기자의 상상으로 연기해야 하는 크로마 Wall과 대비하여 LED Back Wall을 통한 리얼타임으로 배경을 구현하여 연기자의 인터랙티브 연기가 가능하고 리얼타임 촬영으로 제작시간을 더욱 단축시킬 수 있는 영상 제작 환경을 구축할 예정이다."라고 향후 계획을 밝혔습니다.

26억 원의 시설자금과 미국법인에 대한 투자 10억 원, VFX 관련 기술 기업을 M&A 하기 위한 62억 원의 자금 운영 계획도 포함돼 있습니다. 지금 보니 오히려 소박한 규모입니다. IPO 당시 공모주 열풍이 일고 있던 때라 첫날 '따상[2]'을 기록, 손쉽게 시가총액 3,500억 원을 넘겼습니다.

분위기가 심상치 않게 변하기 시작한 때는 여름이 지나갈 때쯤입니다. 국내외로 '메타버스株'가 주목을 받자, 게임회사와 VR, AR 기술기업들이 거론되기 시작합니다. 하지만 국내 증권사 애널리스트들도 '로블록스'와 같은 미국 회사를 대표적인 메타버스 관련주로 말하는 수준이었습니다.

메타버스 관련 회사로 자이언트스텝이 이야기돼도, 자이언트스텝 스스로 '리얼타임 콘텐츠 솔루션 업체'로 소개하며, 게임사인 스마일게이트와 가상인물 버추얼 휴먼 한유아를 탄생시키는 등 다양한 분야에 기술력을 전파하는데 집중합니다.

2 따상: 신규 상장 종목이 첫 거래일 공모가 대비 두 배로 시초가가 형성된 뒤에 가격제한폭인 +30%까지 상승해 마감하는 것을 가르키는 주식 속어.

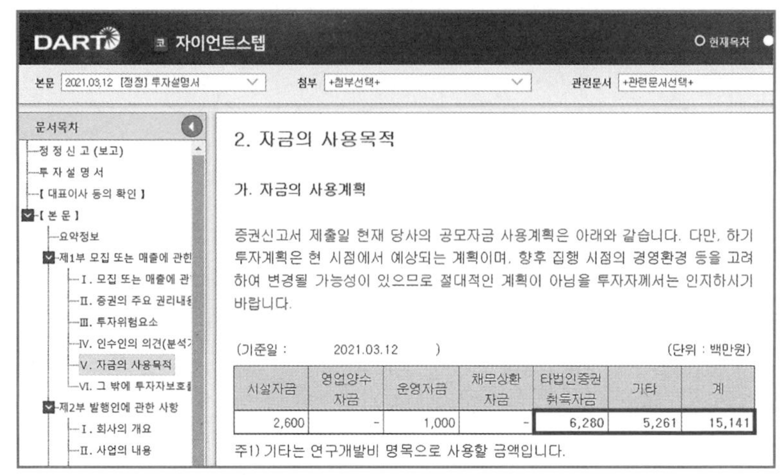
DART 자이언트스텝 현재목차

본문 2021.03.12 [정정] 투자설명서 첨부 +첨부선택+ 관련문서 +관련문서선택+

문서목차

- 정 정 신 고 (보고)
- 투 자 설 명 서
- 【 대표이사 등의 확인 】
- 【 본 문 】
  - 요약정보
  - 제1부 모집 또는 매출에 관한
    - Ⅰ. 모집 또는 매출에 관
    - Ⅱ. 증권의 주요 권리내
    - Ⅲ. 투자위험요소
    - Ⅳ. 인수인의 의견(분석
    - Ⅴ. 자금의 사용목적
    - Ⅵ. 그 밖에 투자자보호
  - 제2부 발행인에 관한 사항
    - Ⅰ. 회사의 개요
    - Ⅱ. 사업의 내용

2. 자금의 사용목적

가. 자금의 사용계획

증권신고서 제출일 현재 당사의 공모자금 사용계획은 아래와 같습니다. 다만, 하기 투자계획은 현 시점에서 예상되는 계획이며, 향후 집행 시점의 경영환경 등을 고려하여 변경될 가능성이 있으므로 절대적인 계획이 아님을 투자자께서는 인지하시기 바랍니다.

(기준일 : 2021.03.12) (단위 : 백만원)

시설자금	영업양수자금	운영자금	채무상환자금	타법인증권취득자금	기타	계
2,600	-	1,000	-	6,280	5,261	15,141

주1) 기타는 연구개발비 명목으로 사용할 금액입니다.

출처 - DART 자이언트스텝 투자설명서 2021.3.21

VR 게임 캐릭터 개발에 'VFX 기술'을 지닌 자이언트스텝과 게임회사는 최적의 사업 파트너 관계입니다. 예전부터 '영화 쪽 CG'를 넘어 매출증가를 기대할 수 있는 분야가 게임입니다. 실사와 같은 게임영상에 대한 니즈와 5G 등 통신 인프라 발전은 게임사들의 VFX 영상 발주를 증가시켰습니다.

그러나 아직은 수주 규모가 20~30억 원 정도로 크지는 않습니다. IPO에 성공은 했지만 자이언트스텝은 2018년 이후 3년간 연속적자를 기록하고 있는 중이며, 상장사가 됐다고 매출 규모가 크게 변하지도 않았습니다.

아직까지는 매출의 99%는 영상물 제작

자이언트스텝의 최근 4년간 재무제표를 살펴보면, 상장 직전인 2020년 말 자산총계가 226억 원입니다. 부채비율 53%로 좋습니다. 상장 직전에 대부분의 회사들은 재무적인 정비를 하게 돼 있습니다. 상장사가 되기 위해서는 갖춰야 할 요건이 많기 때문입니다. 그런데 요즘 스타트업 기업들은 이미 투자를 많이 받은 상태라 EXIT(투자후 출구전략, 투자자의 입장에서 자금을 회수하는 방안을 의미)의 방법으로 IPO가 진행됩니다. 자이언트스텝 주주구성을 보면 많은 투자자들이 보입니다. 눈에 띄는 투자자는 네이버(주), 스마일게이트인베스트먼트가 있습니다. 여러 증권사들과 신기술조합들이 지분투자를 했습니다. 실제로 얼마나 투자금을 댔을까요? 지금 기준으로 보면 '대박'이 난 셈입니다. 여하튼 이런 투자자들이 많다는 것은 자이언트스텝의 기술력에 여러 투자사가 관심을 가졌고, 어느 정도 인정과 기대를 하고 있다는 점을 추측할 수 있습니다.

다시 재무상황으로 돌아오면, 투자금이 많아 부채는 굉장히 적지만, 영업수익 즉 매출액은 크게 성장하는 모습을 보이지 못했습니다. 실제로 4년 평균(2017~2020) 약 200억 원이며, 2018년부터 영업적자를 기록해 오고 있습니다. 영업활동현금흐름은 2~3억 원으로 아주 적습니다. 즉 영업을 통한 현금창출이 활발하지 못합니다.

그렇다면 자이언트스텝이 2021년 3월 상장을 하고 나서 어떻게 변했는지 2021년 3분기까지 나온 재무제표를 읽어 보겠습니다. 역시 6개월 만에 자산총계가 늘긴 늘었습니다. 408억 원으로 그리고 부채도 101억 원, 자본총계는 306억 원입니다. 그사이 계속 영업적자가 누적돼 결손금 22억 원을 기록하고 있습니다.

재무상태표 중에 단기손익금융자산 96억 원이 좀 눈에 띄게 보이고, 유형자산은 역시나 IPO 당시 시설투자를 공시했던 것처럼 60억 원으로 증가했습니다. 6개월이라는 시간 한계가 있겠지만 영업수익은 여전히 221억 원으로 비슷하고, 영업비용이 높기 때문에 영업이익 24억 원의 영업적자를 내고 있습니다. 자금조달이 원활히 이뤄진 탓에 현금흐름표가 조금 숫자가 증가했는데 투자활동현금흐름 190억 원이 보이며, 유상증자 150억 원이 금융자산 217억 원을 취

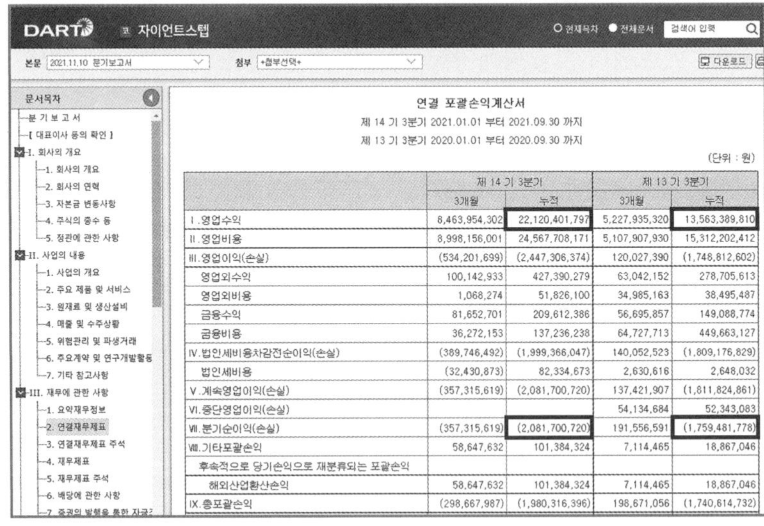

연결 포괄손익계산서

제 14 기 3분기 2021.01.01 부터 2021.09.30 까지

제 13 기 3분기 2020.01.01 부터 2020.09.30 까지

(단위 : 원)

	제 14 기 3분기		제 13 기 3분기	
	3개월	누적	3개월	누적
Ⅰ.영업수익	8,463,954,302	22,120,401,797	5,227,935,320	13,563,389,810
Ⅱ.영업비용	8,998,156,001	24,567,708,171	5,107,907,930	15,312,202,412
Ⅲ.영업이익(손실)	(534,201,699)	(2,447,306,374)	120,027,390	(1,748,812,602)
영업외수익	100,142,933	427,390,279	63,042,152	278,705,613
영업외비용	1,068,274	51,826,100	34,985,163	38,495,487
금융수익	81,652,701	209,612,386	56,695,857	149,088,774
금융비용	36,272,153	137,236,238	64,727,713	449,663,127
Ⅳ.법인세비용차감전순이익(손실)	(389,746,492)	(1,999,366,047)	140,052,523	(1,809,176,829)
법인세비용	(32,430,873)	82,334,673	2,630,616	2,648,032
Ⅴ.계속영업이익(손실)	(357,315,619)	(2,081,700,720)	137,421,907	(1,811,824,861)
Ⅵ.중단영업이익(손실)			54,134,684	52,343,083
Ⅶ.분기순이익(손실)	(357,315,619)	(2,081,700,720)	191,556,591	(1,759,481,778)
Ⅷ.기타포괄손익	58,647,632	101,384,324	7,114,465	18,867,046
후속적으로 당기손익으로 재분류되는 포괄손익				
해외사업환산손익	58,647,632	101,384,324	7,114,465	18,867,046
Ⅸ.총포괄손익	(298,667,987)	(1,980,316,396)	198,671,056	(1,740,614,732)

출처 - DART 자이언트스텝 2021 3분기보고서

득하는데 흘러 들어갔다는 걸 확인할 수 있습니다.

메타버스와 VFX는 어떤 연관성을 가질까요? 자이언트스텝의 주요 사업영역은 광고 VFX(*시각효과, Visual Effects) 및 영상 VFX, 리얼타임(Real-Time) 콘텐츠 제작입니다. 그러다 보니 삼성, 나이키, 현대차, 에스엠 등 기업과 브랜드 프로젝트를 진행했으며, 해외는 특히 미국 디즈니, NBC 유니버셜 등으로 사업영역을 확대하고 있습니다. 사업보고서 등에서 컴퓨터 그래픽스(CG) 기술 기반의 VFX 회사에서 리얼타임 기반의 실감형 영상 콘텐츠를 제작하는 크리에이티브 테크 기업을 지향한다고 합니다만 아직 구체적인 성과는 없습니다. 자체적인 콘텐츠를 제작하는 게 아니라 클라이언트 주로 영화, 미디어그룹의 발주에 맞춰 그래픽 결과물을 만들어 내는 게 주요 업무입니다.

SM엔터테인먼트의 아티스트의 버추얼 아바타 제작, 아이유의 가상 팬미팅 개최 등을 사례로 이해하면 좋습니다. 물론 종속기업 빅인스퀘어, 키마시스템즈의 성장시키고 자체 개발한 버추얼 휴먼 빈센트를 기반으로 플랫폼, 엔터테인먼트, 게임 등 다양한 분야로 사업영역을 확대하려고 합니다.

그러나 분명한 건 이런 비전보다 자이언트스텝의 주가를 급등시킨 원인인 '메타버스' 기업으로 자이언트스텝이 각인되기 시작했다는 점입니다. VFX기업이 아니라 메타버스 기업으로 인식되고 난 후 자이언트스텝의 모드가 변하긴 확실히 변했습니다. 경영 방향은 적극적인 사업 '확장'입니다. 순식간의 변화입니다.

자이언트스텝은 10월에 700억 원의 유상증자와 1월 무상증자를 공시합니다. IPO를 통해 자금 조달한지 1년도 지나지 않아 더 큰 규모의 유장증자는 시장의 궁금증과 의구심을 자아냅니다. 하지만 이는 곧 사그러 듭니다. 메타버스 기업으로 새로운 벨류를 얻었으며, 이를 투자 상대방들이 인증해 주는 분위기입니다. 11월에는 BTS의 하이브가 자이언트스텝에 1,000억 원의 제3자 유상증자를 통해 투자를 하겠다고 발표합니다.

자이언트스텝은 메타버스 기업이 되기 위해서 자금이 필요한 걸까요? 아니면 물들어 올 때 노 젓는다는 식으로 이번 기회를 놓치지 않겠다는 경영 판단을 한 것일까요? 주가도 엄청 올라서 지금 1조 원이 넘는 기업가치를 평가받고 있습니다. 외부 투자자가 줄을 서는 형국입니다.

이 모든 게 메타버스 키워드 하나로 가능한 일인데 메타버스를 다시 한번 생각해 보게 만듭니다. 최근 페이스북이 사명(社名)을 '메타'로 바꾸었습니다. 앞으로 인터넷을 대신해 메타버스가 사람들을 연결하는 도구가 될 것이라고 합니다. 향후 메타버스 시대에 주도권을 잡기 위한 IT 대기업들의 선언이 줄지어 나오고 있습니다. 그러나 메타버스가 아직 실체가 없는 기술이며, 메타버스란 개념에 불과하다는 부정적인 시각도 존재합니다.

경희대학교 물리학과 김상욱(51) 교수는 "사실 메타버스가 무엇인지 정확하게 정의하는 것조차 쉽지 않다"라며 "이런 세상이 오면 큰 이익을 보거나, 이런 세상이 오지 않아도 관심을 끌어 돈을 벌려는 사람들에게 필요한 이름이 아닐까"라고 말했습니다.

자이언트스텝은 2021년 3월 상장 후 현재까지 6배 정도 오른 종목입니다. 이제 막 달아오른 메타버스 테마로 인해 주가는 추가 상승도 가능하겠지만, 그만큼 상응되는 실적이 뒷받침되지 않는다면 지속적인 상승은 힘들 것으로 판단됩니다.

투자 팁

메타버스라는 개념 정의는 있으나 이를 완벽히 구현한 메타버스 시스템 또는 서비스란 아직 존재하지 않습니다. 게임사나 글로벌 SNS 기업이 사업모델을 구현할 가능성에 가장 근접해 있습니다. 이 와중에 자이언트스텝에게 몰린 자금과 높은 주가는 거품이 아닐까 하는 우려하게 합니다. 그런데 최근 투자 격언 중에 "불타기"라는 말이 돕니다. 주가가 내려가 물타기를 하기도 하지만 요즘처럼 특정 섹터, 특정 종목이 불타오를 때 과감하게 투자를 결정해야 한다는 유행어입니다. 그렇지만 반년도 안 돼 벌어지는 자이언트스텝의 시장가치 변화는 냉정하게 한 번은 짚어 볼 필요가 있습니다.

회사 소개

(FY2021 3Q 기준)

- **회 사 명:** (주)자이언트스텝
- **회사개요:** 주식회사 자이언트스텝은 2008년 7월 3일 설립돼, 시각효과(VFX : Visual Effects) 기술역량에 기반한 광고 및 영상 콘텐츠 제공을 주요 사업으로 영위하고 있다. 지배기업의 본점은 서울특별시 강남구 학동로에 소재하고 있으며, 2021년 3월 24일에 한국거래소 코스닥에 주식을 상장했다.
- **주주구성:** 하승봉 18.64%, 네이버 7.42%

※ 2대주주 강연주 15.24% 특수관계자

변동성이 높지만 계속 이슈를 만드는
덱스터

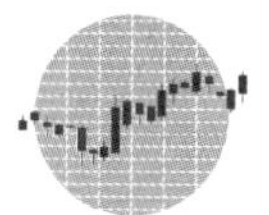

VFX 산업의 적용은 충분히 더 확대 가능하겠으나, 많이 오른 주가를 다시 한번 크게 끌어 올리는 데 충분할지가 의문. 가격적으로, 시간상으로 충분한 조정이 이뤄진 다음에 매수해야 한다. 그럼에도 불구하고 끊임없는 이슈를 만들 수 있는 잠재력을 가진 회사다. 덱스터는 VFX(Visual Effects 시각특수효과) 전문회사다. 메타버스 이슈로 크게 올랐다가 현재는 조정받고 있는 상황이다.

덱스터는 우리나라 영화감독이 만든 회사입니다. 2017년에 나온 영화 〈신과 함께〉 제작에 참여하면서 주식 투자자에게 주목받게 된 회사입니다. 당시 〈신과 함께〉가 1,000만 관객 돌파를 하면서 덱스터 스튜디오 주가도 함께 올랐습니다. 왜냐하면 영화 속에 나온 C.G를 맡았으며, 〈신과 함께〉를 감독한 김용화 감독이 바로 덱스터의 사장이기 때문입니다. 기억하시겠지만 〈신과 함께〉는 1편, 2편 둘 다 천만 관객을 모았습니다.

영화를 제작하고 있을 2016년부터 덱스터의 재무제표에는 영화 〈신과 함께〉가 언급돼 있습니다. 2016년 연결감사보고서의 강조사항에는 "회사는 〈신과 함께〉 프로젝트에 대하 자산 167억 원을 계상하고 있으며…. 동 프로젝트의 성패가 회사의 재무상태에 유의적 영향을 줄 수 있다." 영화가 개봉된 2017년 덱스터는 매출액 253억 원에 218억 원의 영업적자를 기록했습니다. 하지만 회사의 모든 자원을 쏟아부은 영화가 대박이 났고, 그간의 부진을 다 씻은 듯 덱스터 주가는 11,000원까지 오르기도 했습니다.

'그간의 부진'이라 표현한 이유는 덱스터가 2015년 상장할 때만 해도 2020년까지 한국판 월트디즈니가 되겠다는 야심찬 목표를 내세웠고, 영화감독 출신 1호 CEO 등 각종 이슈에 상장 때 공모가의 2배인 17,000원까지 올랐습니다. 그만큼 기대가 많았습니다.

하지만 그 후로 주가는 공모가 아래로 하락했고, 〈신과 함께〉가 개봉하기 전까지는 뚜렷한 변화가 없었습니다. 어쨌든 덱스터가 영화 〈신과 함께〉 투자한 금액은 주석24번 용역계약 170억 원입니다. 이 때를 기점으로 덱스터의 매출 상승이 이뤄졌습니다. 덱스터가 VFX 산업의 1위 기업인 이유는 〈신과 함께〉를 진행할 때 이미 100억 원 이상 되는 CG용역 프로젝트 2개 등 용역계약 총합계가 780억 원이 넘었습니다. 특히 중국 쪽 매출이 증가해 주석4번 영업부문 지역 매출 자료에는 국내(103억 원) 보다 중국(214억 원) 쪽의 매출액이 더 큰 편이었습니다.

그러나 개인 투자자들에게는 여전히 신뢰를 주지는 못했습니다. 〈신과 함께〉 흥행 때 반짝 주가가 상승하다 3~4년 지지부진한 모습을 보였기 때문입니다. 후에 자료를 분석해 보면 주가는 덱스터가 2017년 발행된 242억 원의 전환사채 절반이 시장에 풀리면서 영향을 받았습니다. 매출액은 그사이 조금 상승했으나, 영업이익은 2018년 20억 원, 2019년 -54억 원 등 생각만큼 높은 성과를 보여주지 못했습니다.

덱스터 재무제표로 보는 VFX 산업

영화, 드라마 등의 영상 제작물에 있어 시각효과라고 불리는 'VFX 기술'은 영화, 방송, 만화, 게임 등 여러 엔터테인먼트 분야에 쓰입니다. 세계적인 VFX 업체들이 주로 할리우드에 포진해 있습니다. 이들은 주로 R&D 비용을 많이 투자해 CG 표현이 힘든 부분의 노하우를 축적하고 있습니다.

털들을 가지고 있는 디지털 크리처(Creature), 상용화 툴로도 자연스럽게 표현이 힘든 바다, 디지털 '휴먼'을 개발하는 추세입니다. 이런 기술력을 갖추기 위해 VFX 기업들은 각종 동물들(매, 고양이, 펭귄, 늑대 등)에 대한 어셋 작업을 지속적으로 준비해 라이브러리 축적을 하고, 이를 통해 작업시간 대비 고 퀄리티의 표현을 할 수 있어야 매출과 이익을 창출할 수 있습니다.

특히 고예산 컷의 작업시간 단축을 통해 이익을 극대화할 수 있을 뿐만 아니라 선두 기업으로 VFX 산업의 진입장벽을 갖출 수 있습니다. 이런 기술경쟁력도 중요하지만, 시각효과를 많이 사용하는 영화나 드라마 영상물의 제작이 늘어야 합니다. 다행히 최근 영화는 점점 VFX 효과가 더 많이 적용되고 있습니다. 게다가 전체 영화 제작비에서 VFX가 차지하는 비중도 늘어나고 있습니다.

이런 계기된 것은 중국 영화에서의 판타지 및 중국 고전물 등 VFX가 많이 필요로 하는 영화의 제작 수요가 증가한 덕분입니다. 아쉽게도 현재는 코로나19 발현으로 중국 영화 시장이 중지된 상황입니다. 이는 중국뿐만 아니라 전 세계적으로 다중이용시설(영화관 등)의 이용이 제한돼 큰 타격을 받고 있습니다.

일시적인 것이 아니라 팬데믹으로 국내 및 해외 영화 시장은 위축됐습니다. 정부 정책에 따라 영화관의 영업이 중지되기도 하며, 1~2년을 넘기는 동안 영화산업 전반에 걸쳐 부정적인 영향을 미치고 있습니다.

특히 시각효과 쪽은 영화 제작 일정에 관련된 수주를 통해 매출이

다. 수주상황

(단위: 천원)

품목	수주 일자	납기	수주총액		기납품액		수주잔고	
			수량	금액	수량	금액	수량	금액
에버축산파크	18.04.10	-	-	6,872,420	-	1,816,952	-	5,055,468
외계인	20.03.27	-	-	14,081,000	-	3,571,655	-	10,509,345
원더랜드	20.04.29	-	-	2,410,300	-	960,846	-	1,449,454
해적2	20.07.21	-	-	4,800,000	-	4,574,581	-	225,419
비상선언	20.07.29	-	-	2,770,000	-	2,140,220	-	629,780
사일런스	20.10.14	-	-	4,400,000	-	2,514,462	-	1,885,538
프로젝트A	20.12.15	-	-	3,341,279	-	1,629,814	-	1,711,465
프로젝트D	21.02.23	-	-	4,600,239	-	644,597	-	3,955,642
프로젝트E	21.05.20	-	-	5,500,000	-	280,334	-	5,219,666
프로젝트F	21.07.26	-	-	987,500	-	41,852	-	945,648
프로젝트G	21.07.15	-	-	534,545	-	15,393	-	519,152

출처-DART 덱스터 2021 3분기보고서

발생합니다. VFX는 영화 제작이 진행되는 과정 속에 해당 영화 제작사로부터 수주를 통해 길게는 2~3년에 걸쳐 작업이 됩니다. 조선, 건설과 같은 수주산업의 성격을 갖고 있으며, 이에 따라 재무제표상의 현금흐름과 영업이익이 시차와 차이를 드러냅니다. 이 말은 현금흐름이 안 좋은 시기를 버텨야 한다는 이야기입니다. 만약 장기간 수주 계약 기간이 길어진다면 회사 재무에 부정적인 영향을 줄 수도 있습니다.

2021년 1분기 기준 덱스터의 자산총계는 705억 원입니다. 최근 3~4년간 자산 변화는 현금이나 금융자산이 변화입니다. 지금도 단기금융자산 285억 원과 기타비유동자산이 175억 원입니다. 부채비율 23%이며, -109억 원의 결손이 발생한 상태입니다만, 자본잉여금이 많아서 재무적으로는 어려움이 없어 보입니다. 매출액 2019년 →2020년 52%로 줄었습니다. 역시 영화산업이 코로나19에 타격을 받으니 이와 유관된 회사도 마찬가지입니다.

2021년 1분기 실적 매출액 68억 원을 보아도 올해도 마찬가지로 여겨집니다. 그러나 낮은 부채비율 등 재무적으로 어려움이 보이지는 않습니다. 덱스터의 주요 매출처는 영화사비단길, 케이퍼필름, 스튜디오드래곤 등입니다.

주석 6번 수주상황에는 아직 미개봉이고, 덱스터에서 작업 중인 영화들을 확인할 수 있습니다. 〈에버촉산파크〉, 〈외계인〉, 〈원더랜드〉, 〈해적2〉 등 VFX 효과가 가장 많이 들어 가는 작품은 수주금액 140억 원의 외계인인 것으로 추측됩니다.

이를 통해서 알 수 있는 건 VFX 효과에 대한 대가가 그리 많지 않다는 점입니다. 영화 1편당 전체 금액에서 특수효과가 차지하는 예산이 적습니다. 덱스터가 국내가 아닌 해외 영화사로부터 수주가 많아야 매출액이 커질 수 있습니다.

덱스터의 사업보고서에는 덱스터의 장점 중 자체 소프트웨어 개발 연구소 보유와 기존 업체들이 덱스터를 따라오기까지는 3년 이상이 걸릴 수 있는 노하우와 기술격차가 있다고 합니다. 전 세계적으로도 수백 샷 이상의 분량으로 디지털 크리처가 등장하는 영화의 VFX를 제작하는 것이 가능한 업체는 5군데 정도에 불과하고, 덱스터는 이들 업체 대비 40~60% 정도 수준의 비용으로 제작이 가능한 가격 경쟁력 우위를 갖추고 있다고 합니다. 이는 반대로 할리우드 등 세계 VFX 업체와 경쟁하는 데 있어 덱스터가 부딪치는 어려움이기도 합니다.

'메타버스 관련주'라는데 주가 상승, 더 지속될까?

덱스터의 VFX 수익 계약의 지역 구분을 보면 지난해 국내 421억 원, 중국 133억 원으로 매출액의 24%가 중국이었습니다. 2020년에는 25억 원 수준으로 거의 1편도 되지 않은 상황입니다. 2021년 6월 22일 심천비행영시문화발전유한공사 중국의 영화 〈귀취등: 용령미굴, 운남충곡〉 VFX 계약을 체결했다는 공시가 났습니다. 중국 쪽 매출이 슬슬 풀리는 분위기입니다. 202년 7월 5일 넷플릭스와 2년간 DI(Digital Intermediate, 색 보정을 비롯한 전반적인 교정 작업), DIT 등 후반공정에 대한 제작 관련 계약을 맺었다는 공시도 났습니다. 구체적으로 몇 편의 영화와 드라마인지는 비밀이라고 하는데 덱스터의 자회사인 (주)라이브톤은 사운드디자인&믹싱 후반공정 제작 계약도 체결했습니다. 시장은 이 공시에 반응했습니다. 우리나라 콘텐츠 기업 중에 넷플릭스와 손을 잡으면 주가가 급등한 사례는 많습니다. 스튜디오드래곤, 삼성출판사 등 그만큼 OTT 글로벌 사업자인 넷플릭스의 위력은 대단합니다.

넷플릭스의 전 세계 지배력이 강화되고, 코로나19로 당분간 영화와 드라마는 이곳을 통해 유통될 가능성이 높다는 말입니다. 영화의 VFX 시각효과를 담당했던 덱스터의 입장에서는 아주 큰 클라이언트를 맡게 된 셈입니다.

아울러 넷플릭스와 거래했던 경험과 노하우는 향후 글로벌 비즈니스에는 큰 도움이 되지 않을까 싶습니다. 여하튼 매출에 어느 정도 기여를 할지는 아직 모르는 일입니다. 그럼에도 불구하고 주가는 순식간에 과거 고점을 돌파하고 있습니다.

여기에 최근에 개봉한 영화 〈탈출 : 모가디슈〉 흥행도 한몫합니다. 이 영화는 VFX 작업으로 15억 원 수주하기도 했지만, 73억 원의 직접적인 투자도 진행했기 때문에 영화 수익 배분을 받을 수 있습니다.

그런데 이와 함께 덱스터 주가를 부양시킨 또 하나의 요소는 바로 메타버스입니다. 덱스터와 비슷한 CG/VFX 기술을 기반으로 위지윅스튜디오(월트 디즈니 공식 협력사로 선정), 자이언트스텝 등이 메타버스 관련주로 언급이 되고 있습니다. 논리는 간단합니다. 메타버스라는 가상의 세계에 VFX 시각효과 기술은 누가 봐도 필요하기 때문입니다. 영화와 드라마와 같은 영상뿐만 아니라 게임에도 VFX 기술은 이용되고 있습니다.

실제로 덱스터는 2021년 5월 7일 게임회사인 엔씨소프트와 신규 프로젝트 계약을 맺었습니다. 영상과 관련 다양한 영역에서 VFX는 사용되며, 특히 메타버스 가상현실에서는 더욱더 활용 범위가 넓은 것은 사실입니다. 덱스터는 이미 VR 콘텐츠 시장 진출한 상태입니다. 2012년 설립된 VFX(Visual Effects, 시각 효과) 전문기업으로 최근에 상장한 자이언트스텝과 위지윅스튜디오보다는 더 확실한 기술력을 가진 회사입니다. 중국 완다 테마파크에 체험형 대형 어트랙션 콘텐츠를 공급한 데 이어 KT와 GS리테일이 운영하는 VR테마파크에 스토리텔링형 VR 콘텐츠를 공급하는 등 VR 콘텐츠 시장에 진출한 풍부한 경험을 갖고 있습니다.

메타버스 이슈로 크게 올랐다가 현재는 조정받고 있는 상황입니다. VFX 산업의 적용은 충분히 더 확대 가능하겠으나, 많이 오른 동사의 주가를 다시 한번 크게 끌어 올리는 데 충분할지가 의문입니다. 가격적으로, 시간상으로 충분한 조정이 이뤄진 다음에 매수해야 합니다.

투자 팁 ···

객관적인 수치로는 '코로나19'로 '2020년 수주 발주사의 제작 일정 지연'으로 VFX 부문은 역성장하며 전년 대비 매출이 52% 크게 감소했습니다. 이번 넷플릭스와 계약 체결 등 글로벌 OTT들의 투자 확대로 VFX 부문의 회복이 기대됩니다. 또한 자체 기획 중인 영화 <더문>, <외계인> 등의 매출 반영으로 매출 회복 가능할 전망입니다. 그러나 이것만으로 주가 급등을 설명하기는 부족합니다. 2015년부터 현재까지 매출액과 시가총액 추세를 비교한 그래프를 그려보면 점진적으로 증가하는 회사의 실적과 달리 시장평가(시가총액)은 변동성이 높습니다. 섣불리 투자를 감행하기에는 리스크가 많아 보이는 순간입니다. 그럼에도 불구하고 끊임없는 이슈를 만들 수 있는 잠재력을 가진 회사입니다.

회사 소개

(FY2021 3Q 기준)

- **회 사 명:** (주)덱스터
- **회사개요:** (주)덱스터스튜디오는 종속기업인 (주)라이브톤, (주)덱스터픽쳐스를 연결대상으로 한다. 덱스터는 2011년 12월 29일 설립돼 영화, CF, MV 등 모든 영상 전반의 VFX(Visual Effects 시각효과)의 제공, 콘텐츠 기획 및 콘텐츠사업의 투자를 주요 사업으로 영위하고 있다. 지배기업은 2015년 12월 22일에 한국거래소 코스닥시장에 상장됐다.
- **주주구성:** 김용화 19.28%, (주)CJ ENM 6.75%, 소액주주 70.31%.

음악 스트리밍의 그 기업이 메타버스?
지니뮤직

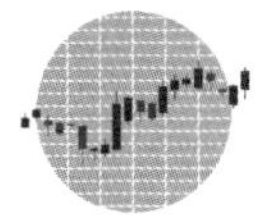

국내 유일한 오디오 플랫폼 상장사며 실적이 꾸준하다. 실질적인 경영성과 매출액 증가 등의 시장 상황이 호전되고 있다는 걸 재무제표로 확인할 수 있다. 온라인 음악 서비스 및 음악 유통을 주요 사업으로 하고 있으며, 지니뮤직은 작곡, 공연, 출판, 저작권, 매니지먼트, 음반, 방송, 광고, 영화 음악 등 다양한 분야에 걸쳐 음악을 통해 부가가치를 생산하고 경제적 가치를 발생시키는 데 관심이 높다. 지니뮤직이 K-POP을 수출만 하는 게 아니라 새로운 메타버스의 세상을 만들어 내면, 분명 주가는 지금보다 더 상승할 것이다.

지니뮤직? 램프의 그 '지니' 아닙니다. 메타버스 '관련주'로 찾다 보니 지니뮤직이 등장합니다. 지니뮤직은 멜론 다음으로 음원 시장의 2위 기업입니다. 메타버스 전에 지니뮤직이 두각을 드러내기 시작한 건 음원 해외수출입니다. "텐센트 뮤직 등 글로벌 플랫폼 공급계약"이 2020년 이뤄졌습니다. 거기에 메타버스라고 하니… 우선 메타버스 개념을 간단히 요약하자면, 게임 속 가상현실 세계로 연상할 수 있으나, 현실세계와 동일한 또는 시공간을 넘어서는 디지털 지구를 의미합니다. 모든 분야에 적용될 수 있으며, 가상의 세계를 작동시키는 콘텐츠의 하나로 '음원'이 거론된다고 볼 수 있습니다.

주식회사 지니뮤직은 1991년 2월에 설립됐으며, 2000년 7월 중 한국거래소 코스닥에 상장했습니다. 회사는 현재 소프트웨어 개발 및 공급, 데이터베이스 및 온라인 정보제공, 음반 및 영상물 기획제작 유통 및 그 관련 부대사업, 연예 매니지먼트업 등의 영업을 영위하고 있습니다. 2013년 6월 중 종속기업(지분 100% 보유)인 (주)KMP 홀딩스를 합병했습니다. 2017년 3월 30일 주주총회 결의로 상호를 주식회사 KT뮤직에서 주식회사 지니뮤직으로 변경했습니다.

또한 2018년 10월 10일자로 (주)씨제이이엔엠이 지분을 100% 보유하고 있던 씨제이디지털뮤직(주)를 합병했습니다. 주요 주주구성으로는 KT 35.97%, LG유플러스 12.70%, CJENM 15.35% 등입니다. 지니뮤직의 주요 사업은 CJENM에서 만든 음악 콘텐츠 제작 유통입니다. 지니 가입자 수는 320만 명입니다. 신기한 건 주주구성입니다. 최대주주는 KT 그리고 2대 주주가 된 LG유플러스인데 2017년에 제3자 유상증자 형식으로 지분을 보유했습니다.

통신사가 음원 관련 기업을 소유하고 있는 것에 대해 "왜?" 궁금할 수 있는데 몇 년 전에 KT 관련 광고에서 "기가지니"라고 AI 스피커 많이 홍보했던 게 기억 날지 모르겠습니다. 통신사뿐만 아니라 모바일 관련된 회사들이 '플랫폼'을 지향하면서 자사 플랫폼에 가입자들이 머물게 할 킬러 콘텐츠 고민이 많았습니다. 3~4분가량의 콘텐츠 중에 '음악'이 가진 매력만 한 게 없습니다.(틱톡이 유행하기 전) 그러다 보니 통신사 역시 주주로 참여했습니다. 덕분에 '통신사 2개와 콘텐츠사 1개'라 묘한 동거상태처럼 보입니다.

2021년 3분기까지 재무제표 리뷰

현재 2021년 1분기 기준 지니뮤직 재무제표를 보면 6가지 특징을 짚어 낼 수 있습니다.

첫째, 이 회사의 중요한 자산은 다른 회사랑 다르게 무형자산입니다. 저작권료 등이 많을 줄 알았는데 기타의무형자산 90억 원, 그리고 영업권 893억 원, 고객관계 77억 원이 무형자산에 포함돼 있습니다.

둘째, 이익잉여금이 114억 원에 불과합니다. 30기가 넘는 재무제표를 만든 회사로 그동안 적자가 누적됐다가 최근에 결손에서 탈출한 흔적입니다. 자생적인 회사는 아니었던 것으로 보입니다.

셋째, 영업이익 2021년 3분기 누적 106억 원은 대단히 고무적인 실적입니다. 이익율은 콘텐츠 기업이라는 것에 비하면 적지만 그래도… 100억 원 이상을 번다는 건 희망적이죠.

넷째, 당기순이익률 5%. 각종 이익률이 개선된다는 것이 가장 고무적인 사항이죠.

다섯째, 2021년 3분기 영업활동현금흐름 260억 원. 실제로 캐시가 회사로 흘러들어오며 이게 2020년 말 7억 원에서 37배를 기록했습니다.

여섯째, 그 결과로 현재 회사가 가지고 있는 현금 보유량이 452억 원입니다.

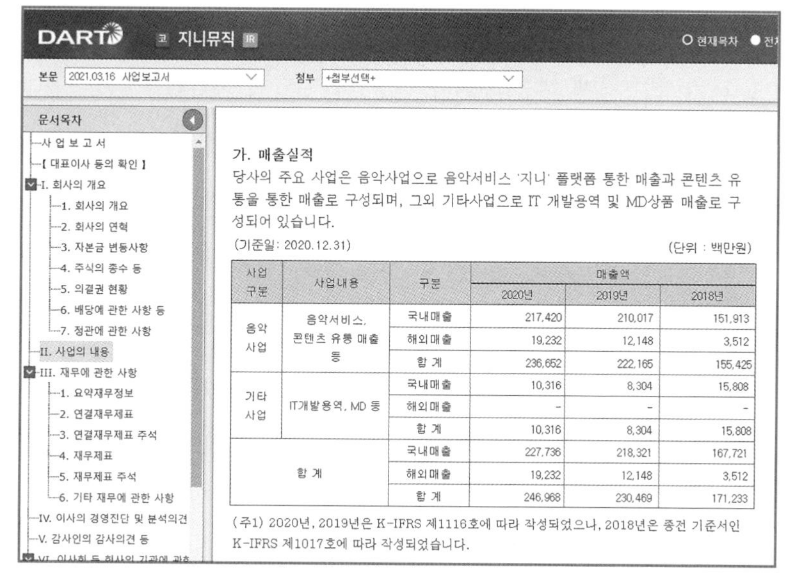
가. 매출실적

당사의 주요 사업은 음악사업으로 음악서비스 '지니' 플랫폼 통한 매출과 콘텐츠 유통을 통한 매출로 구성되며, 그외 기타사업으로 IT 개발용역 및 MD상품 매출로 구성되어 있습니다.

(기준일: 2020.12.31) (단위 : 백만원)

사업구분	사업내용	구분	매출액		
			2020년	2019년	2018년
음악사업	음악서비스, 콘텐츠 유통 매출 등	국내매출	217,420	210,017	151,913
		해외매출	19,232	12,148	3,512
		합 계	236,652	222,165	155,425
기타사업	IT개발용역, MD 등	국내매출	10,316	8,304	15,808
		해외매출	-	-	-
		합 계	10,316	8,304	15,808
합 계		국내매출	227,736	218,321	167,721
		해외매출	19,232	12,148	3,512
		합 계	246,968	230,469	171,233

(주1) 2020년, 2019년은 K-IFRS 제1116호에 따라 작성되었으나, 2018년은 종전 기준서인 K-IFRS 제1017호에 따라 작성되었습니다.

출처 - DART 지니뮤직 2020 사업보고서

지니뮤직은 메타버스인가? 아닌가?

메타버스의 기술적 수준 그리고 지향하는 연속성, 실재감, 상호운영성, 동시성 등을 고려하면 지니뮤직이 메타버스 관련 성과를 내놓았다고 보기는 힘듭니다. 그보다는 실질적인 경영성과 매출액 증가 등의 시장 상황이 호전되고 있는 것을 재무제표에서 직접 확인할 수 있습니다.

계기는 비대면 활동 중에 음악 듣기가 증가했다는 게 중론입니다. 2020년은 팬데믹 상황으로 K팝 아티스트 국내외 공연 전면 중단에 따른 앨범 발매 지연, 재택근무 확산에 따른 음원 수요 위축 등 업계 전반적으로 어려움이 가중되는 불확실한 경영상황이 지속됐음에도, 전략적인 경쟁 대응 통한 음악 서비스 수익성(ARPU) 향상, 국내외 음악 유통매출 확대를 통해 창립 이래 사상 최대의 매출 및 영업이익을 기록하여 장기 성장의 기반을 마련했습니다.

지니뮤직은 제30기(2020년) 개별기준 주요 재무실적으로 자산 2,505억 원, 부채 885억 원, 자본 1,621억 원을 기록, 영업수익 2,470억 원, 영업이익 115억 원, 당기순이익 95억 원의 견조한 경영실적을 기록했습니다.

시장구조 역시 3강 체제인데 지니뮤직은 아직 1위인 멜론에 비해서 작고, 차별화된 서비스를 만들어 선풍적인 인기를 얻은 게 아닙니다. 오히려 1위 기업 그리고 사장 전체의 확대가 이뤄낸 성과라고 볼 수 있습니다.

국내 디지털 음원 서비스 주요 사업자로 지니뮤직 'genie', 카카오 'Melon', 드림어스컴퍼니 'FLO' 3社가 있으며, 이 중 음악산업 최초 시장 진입자인 'Melon' 서비스가 높은 시장점유율을 차지하고 있습니다. 또한, 지니뮤직, 카카오, 드림어스컴퍼니 3社 모두 음원 유통사업을 병행하고 있으며, 이용자 확대를 위하여 음악 서비스 제휴상품 및 이용권 가격 할인상품 출시 등으로 디지털 음원 서비스 사업 경쟁력을 확보해 나가고 있습니다.

그럼에도 불구하고 음원산업에 대한 이런저런 기대는 더 이상 사람들이 CD나 MP3를 통해 즉 플레이어로 듣지 않기 때문입니다. 초기 음질에 대한 쟁점이 있었으나 이제 더는 논란거리가 되지 않습니다. 오히려 디지털 음원이 너무나 손쉽게 복제되기 때문에 저작권 보호에 관한 제재 그리고 과금 형태, 유통 형식이 쟁점 사항이 됐습니다.

2000년 이후, 오프라인 음반산업 규모는 지속해서 감소했지만, 디지털 산업은 저작권법 강화를 기반으로 2004년 오프라인 음반산업의 규모를 추월한 이후 현재까지 지속적인 성장세를 이루며 국내 음악산업 성장의 교두보가 되고 있습니다.

특히 2009년 말 이후 스마트폰 보급의 대중화를 기반으로 3G, LTE, 와이파이 등 무선 인터넷을 통한 음악 콘텐츠의 이용 비중이 많이 증가했으며, 현재는 초고속 무선 네트워크 통신망인 5G 네트워크 기술 기반의 새로운 비즈니스 모델 등장으로 기존 음악 시장과 더불어 다양한 수익모델을 창출하여 중장기적인 관점에서 시장 규모를 키워 음악산업에 더 많은 부가가치를 창출할 수 있을 것으로 예상합니다.

그렇다면 지니뮤직과 같은 음원을 유통시키는 회사는 과거 도서 출판의 독점적인 유통사인 교보문고, 영풍문고와 같은 서점과 비슷한 위치에 처할 수도 있다는 생각이 듭니다. 멜론, 지니뮤직 등이 아니라도 음악가로부터 직접 음원을 살 수 있다면 굳이 해당 회사의 서비스를 쓸 이유가 없을 것입니다. 즉 지니뮤직이 유통망을 점유했다는 것 스트리밍으로 최신 음악을 들을 수 있다는 편리성으로 벌어들이는 수익 외에 부가가치를 생산하는 새로운 비즈니스 모델이 조

만간 필요할 것입니다.

주목할 만한 점은 세계 음악 스트리밍 시장이 매년 성장을 거듭하고 있으며, 2019년 세계 레코드 음악 분야별 매출에서 음악 스트리밍 매출비중이 약 56.1% 기록하여 음악 시장에서 절반이 넘는 높은 비중을 차지했습니다. 종합하면, 음악 스트리밍 시장의 성장세는 세계 음악 시장 전반에 발맞춘 자연스러운 변화의 흐름과 이어지며, 스마트 기기의 다변화 및 대중화에 따라 꾸준히 성장하는 대표적인 분야로 볼 수 있습니다.

음악을 듣는 기계(레코드, 카세트, CD 플레이어, MP3 플레이어)는 이미 레트로 상품이 돼버렸고 '스트리밍'이 대세라고 볼 수 있습니다다만 소비자들에게는 '무료로 듣는 스트리밍'이 너무 많습니다. 대표적인 게 유튜브입니다. 물론 광고가 거슬리죠. 그러나 "난 광고 잠시 보는 게 익숙해져서 안 귀찮아." 하는 이들도 많습니다. 게다가 유튜브에는 음악을 더욱더 재미있게 해주는 동영상이 무한정 업데이트되고 널렸다는 점이 지니뮤직과 같은 회사를 위협하는 요소라고 봅니다.

팬데믹 사회적 거리두기 등 가급적 타인과 접촉하지 않는 언택트 문화가 자리잡으면서 온라인을 중심으로 한 비대면 서비스 이용이 일상화됐습니다. 미디어 여론조사기관 닐슨코리아 '코로나19 임팩트 보고서(2020.4)'에 따르면, 펜데믹 이후 온라인 소비가 증가했으며, 특히 '코로나19' 발병 전과 비교하여 음악 감상·라디오 청취는 약 66%가 증가했다고 조사되는 등 향후, 5G 환경에서의 디지털 음악 시장에 대한 중요성은 더욱 두드러질 전망입니다.

코로나 언택트 그리고 음악이라! 이런 장미빛 전망은 회사나 투자자에게는 약간 경계해야 할 부분이라고 생각합니다. 오히려 음원과 더불어 성장한 아티스트 MD가 수입원이 되고 있다는 점. 아티스트 MD산업은 음악산업과도 밀접한 영향을 갖고 있습니다.

최근 SNS 및 유튜브 이용이 급격히 증가하면서 글로벌 K팝 콘텐츠 시장 성장과 함께 굿즈산업 성장도 점차 학대되고 있으며, 한류문화 확산에 따라 굿즈 구매가 수반되는 '팬 문화'까지 생겨나는 등 향후 MD산업은 꾸준한 성장세를 기록할 것으로 전망하고 있습니다.

국내 증권사인 이베스트투자증권 리서치센터에 따르면 국내 굿즈 시장은 2014년만 해도 750억 원 규모였던 반면, 20%가량 성장을 기록하여 2019년 2천억 원 수준을 기록할 것으로 전망하고 있습니다.

지니뮤직이 메타버스 관련주라고 이야기하기엔 아직 그림이 잘 그려지지 않습니다. 다만 음악은 어디서나 흐르고 사람들을 즐겁게 하는 원초적인 콘텐츠입니다. 지니뮤직이 차에도 넣고, 해외에도 팔고, VR 등 신기술과 자꾸 접목을 시키려 하는 건 도전적이고 긍정적인 부분입니다. 그렇지만 요즘 청소년들이 음악을 유튜브 틀어 놓고 듣는 걸 보면 기존의 음원 플랫폼이 경쟁해야 할 지점이 달라 보입니다. 새로운 돌파구가 있을까요? K팝을 수출하는 게 아니라 새로운 메타버스의 세상을 만들어 내면 분명 성공할 것입니다.

지니뮤직이 시도를 안 하고 있지는 않습니다. 이미 이 분야에 대해서 여러 번 시장을 두드리고 있습니다. 지니뮤직은 Top-Tier 음악 서비스 플랫폼 'genie'를 통해 고객에게 고음질 음원 스트리밍 서비스를 제공하고 있으며, 국내음원 플랫폼 최초로 '333가지 컬러'와 음악을 매칭한 뮤직컬러 서비스를 제공하는 등 고객 음악감상이력 기반의 인공지능 큐레이션 기술을 적용하여 차별화된 음악 서비스를 제공하고 있습니다. 또한, 콘텐츠 서비스 변화에 적극적인 대응을 위해 VR 등 ICT기술과 음악 콘텐츠를 융합해 제공하는 가상형 실감음악 서비스 '버추얼 플레이(VP, Virtual Play)' 서비스를 국내최초로 출시하는 등 K-콘텐츠의 신규시장 창출 및 고객 만족을 위해 폭넓은 음악 서비스를 제공하고 있습니다.

더불어 주주사 KT와 LG유플러스와의 전략적인 제휴로 주주사와의 시너지 확대를 지속 추진하는 등 서비스 경쟁력 강화를 위하여 스마트 디바이스 기반의 지속적인 서비스 고도화 및 전용상품 출시를 통해 사용자의 편의성과 만족도를 강화하여 브랜드 이미지 제고를 지속적으로 추진할 계획입니다.

지니뮤직은 유무선 음악 포털 지니 가입자 증대를 위해 온라인 광고를 확대하고 다양한 프로모션 등을 진행 중입니다. 이를 통해 신규 가입자를 유치하며 고객 친화적인 서비스 구현으로 충성 고객을 확보할 예정입니다. 또한, 통신사(KT, LG유플러스) 무선 고객 대상 부가서비스 상품 공급 및 음악 서비스를 제공하고, 통신사(KT, LG유플러스)와 시너지를 낼 수 있는 다양한 비즈니스 모델을 개발하여 음악 사업영역을 확대할 계획입니다.

판은 잘 구성돼 있습니다. 메타버스 기술력은 사실 미국 등의 회사들이 갖고 있습니다. 그래서 그 기술을 음악 시장에 어떻게 빨리 적용할 것인가, 이것이 성공의 지름길일 것입니다.

투자 팁

국내 유일한 오디오 플랫폼 상장사. 실적은 꾸준합니다. 2022년에 KT의 AI 기술을 융합한 오디오 유료구독형 상품 출시가 예정돼 있습니다. 음악 영역에서 한 발짝 더 나아간 종합 오디오 서비스 플랫폼으로의 성공 여부가 주가 향방을 결정지을 것으로 생각됩니다.

회사 소개

(FY2021 3Q 기준)

- **회 사 명:** (주)지니뮤직
- **회사개요:** (주)지니뮤직은 1991년 2월에 설립됐으며, 2000년 7월 중한국거래소의 코스닥시장에 상장했다. 회사 및 종속기업(이하 주식회사 지니뮤직과 그 종속기업을 일괄하여 "연결회사")의 사업은 소프트웨어 개발 및 공급, 데이터베이스 및 온라인 정보제공, 음반 및 영상물 기획제작 유통 및 그 관련 부대사업, 연예 매니지먼트업, 도서 관련 콘텐츠 서비스업 등의 영업을 영위하고 있다.
- **주주구성:** (주)케이티시즌 36.90%, CJENM 15.45%, LG유플러스 12.78% 소액주주 31.98%

※ (주)케이티는 당사의 주식(20,904,514주)을 현물출자하여 (주)케이티시즌을 설립함에 따라 2021.8.5 당사의 최대주주가 (주)케이티에서 (주)케이티시즌으로 변경 됐습니다.

영업손실은 신규제품 개발을 위한 발판
바이브컴퍼니

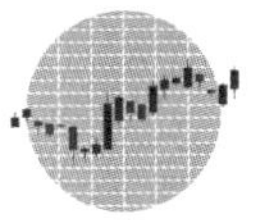

최근 메타버스와 핀테크 등 신사업이 주목받으면서 급등한 종목이다. 분명 조정은 올 것이고 그러면 주가는 하락할 것이다. 그러나 바이브컴퍼니의 실적이 꾸준하게 우상향한다면 충분히 정당한 가치를 받을 수 있을 것이다. 이런 기업에 기술력이 있다고 확신을 주는 부분이 있으면 대규모의 투자유치가 가능할 것이다.
다음커뮤니케이션 기술팀이 사내 인큐베이팅을 통해 (주)다음소프트(현 (주)바이브컴퍼니)로 창업했다. 2002년 세계 최초로 텍스트마이닝 기술을 개발, 2008년 소셜 빅데이터 분석시스템 트렌드맵을 출시했고, 2016년에는 세계 최초로 AI 리포트를 개발했다.

바이브컴퍼니에 대한 전망으로는 AI 기반의 문제해결 솔루션인 'AI Solver' 수주 호조로 전년동기대비 매출 큰 폭 신장할 것입니다. 빅데이터 시장의 성장에 따른 주력제품인 AI Solver 수요 증가와 종속기업 퀀팃의 AI 트레이드 서비스 론칭 등으로 향후 경영성과가 더 증가될 것이라고 합니다.

우선 재무제표 전반적으로 느낌은 '20년이 넘는 회사가 이렇게 활력이 없지?'입니다. 다음소프트… 다음이랑 관련이 있습니다. 과거 다음커뮤니케이션의 사내 인큐베이팅으로 출발, 인공지능 지능형 서비스를 연구 개발하기 위해 2000년 독립 법인을 설립했다고 합니

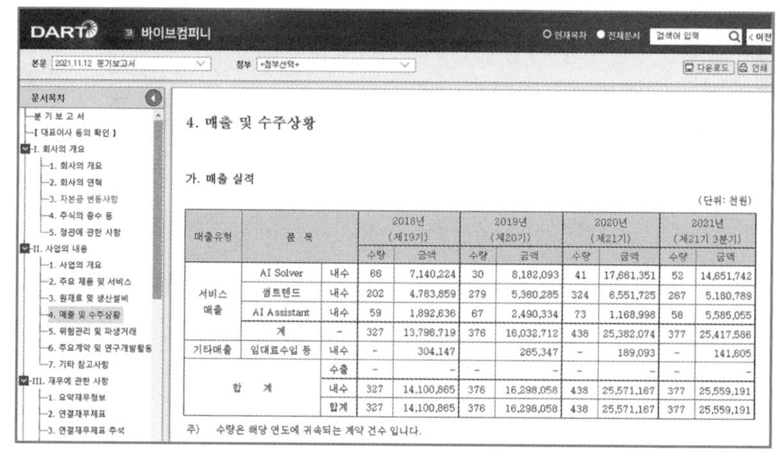

4. 매출 및 수주상황

가. 매출 실적

(단위: 천원)

매출유형	품 목		2018년 (제19기) 수량	2018년 (제19기) 금액	2019년 (제20기) 수량	2019년 (제20기) 금액	2020년 (제21기) 수량	2020년 (제21기) 금액	2021년 (제21기 3분기) 수량	2021년 (제21기 3분기) 금액
서비스 매출	AI Solver	내수	66	7,140,224	30	8,182,093	41	17,661,351	52	14,651,742
	썸트렌드	내수	202	4,763,859	279	5,360,285	324	6,551,725	267	5,180,789
	AI Assistant	내수	59	1,892,636	67	2,490,334	73	1,168,998	58	5,585,055
	계	-	327	13,796,719	376	16,032,712	438	25,382,074	377	25,417,586
기타매출	임대료수입 등	내수	-	304,147		265,347	-	189,093	-	141,605
합 계		수출	-	-	-	-	-	-	-	-
		내수	327	14,100,865	376	16,298,058	438	25,571,167	377	25,559,191
		합계	327	14,100,865	376	16,298,058	438	25,571,167	377	25,559,191

주) 수량은 해당 연도에 귀속되는 계약 건수 입니다.

출처 - DART 바이브컴퍼니 2021 3분기보고서

다. 우리나라 1세대 최대 빅데이터 전문 기업이라네요.

2019년 기준 자산총계 314억 원입니다. 부채비율이 2016~2017년엔 300%가 훌쩍 넘었네요. 결손 중이고요, 매출액은 162억 원입니다. 영업이익은 2017~2018년 흑자였으나 2020년에는 적자 3억 원입니다. 현금흐름도 기말 30억 원 영업활동 3억 원 등 규모가 너무 작습니다. 그런데 제가 흠칫한 건 임직원 수가 186명이나 되더라고요.

주주구성을 보면 꽤 괜찮은 주주가 들어와 있습니다. 산업은행, 미래에셋대우 등 그러나 이 주주들이 오래전에 들어와서 발 빼지 못한 것이라면, 다른 의미일 것입니다. 관계기업으로 (주)한다파트너스와 (주)퀀팃 지분이 있습니다. 보통 이런 계열사들이 핵심기술을 가질 때가 많습니다.

다음소프트는 2020년 8월 사명변경을 진행합니다. 이후 새로운 사명으로 IPO를 진행합니다. 바이브컴퍼니는 인공지능 및 빅데이터 솔루션 분야 기업으로 인공지능 및 빅데이터 솔루션의 상용화를 위해 사업 확대를 도모하고 있다고 합니다.

2021년 3분기 기준 영업손실 62억 원을 기록하는 등 적자 폭이 확대되는 중입니다. 이는 신규제품 개발 등을 위해 2019년 하반기 대거 인력을 고용한 부분에 기인합니다.

향후 매출액 증가와 함께 고마진 SaaS제품 라인업 확장을 기반으로 이익율이 개선될 것으로 전망합니다. 현재 (주)퀀팃 1개의 계열회사를 보유하고 있으나, 아직 사업 초기 상태인 벤처회사로 이곳도 당기순손실을 내고 있습니다. 바이브컴퍼니와 비슷한 기업으로 2개사(위세아이텍, 셀바스AI)를 듭니다.

2000년 (주)바이브컴퍼니 창업 때부터 가장 주목한 부분은 인터넷 문서의 기하급수적으로 증가한다는 것, 그리고 넘쳐나는 문서가 곧 정보의 홍수로 이어진다는 점이었습니다. 이와 같은 상황 인지하에서 바이브컴퍼니는 NLP와 AI 기술을 바탕으로 인간과 사회의 정보처리비용을 효과적으로 해결해야 한다고 믿고 아래와 같이 비전을 밝히고 있습니다.

첫째, 인터넷 정보의 홍수 속에서 사람들이 원하는 정보를 쉽게 찾을 수 있도록 한다. 둘째, 검색을 넘어 보다 지능적으로 정보를 발굴하고 연결 지어 인사이트라는 가치로 재창조한다. 셋째, 인터넷이라는 공간에서 많은 일이 벌어지는 환경 아래서는 사람의 일을 대신할 수 있는 지능형 에이전트를 제공한다.

비전으로써는 굉장해 보입니다만, 결과적으로 2021년까지 바이브컴퍼니가 이 시장에서 주도적이지는 않은 것으로 보입니다. 최근에 공시된 주된 사업 분야는 공공 분야의 시스템 구축 수주입니다.

최근 메타버스와 핀테크 등 신사업이 주목받으면서 급등한 종목입니다. 분명 조정은 올 것이고 그러면 주가는 하락할 것이 분명합니다. 그러나 바이브컴퍼니의 실적이 꾸준하게 우상향한다면 충분히 정당한 가치를 받을 수 있다고 생각합니다.

투자 팁

이 회사 주요 경영진을 보면 근속기간이 20년 넘으신 분들이 많습니다. 그동안 큰 돈을 벌어들이지 못했습니다만, 향후 3년 동안 더 투자하기 위해서 IPO를 통해 자금을 조달했습니다. 이후 전환사채도 발행하고요. 이런 기업에 기술력이 있다고 확신을 주는 부분이 있으면 대규모의 투자유치가 가능할 것입니다.

회사 소개

(FY2021 3Q 기준)

- **회 사 명:** (주)바이브컴퍼니
- **회사개요:** 주식회사 다음소프트(이하 "회사")는 2000년 7월 8일에 검색 엔진 및 텍스트 마이닝 소프트웨어 등의 제조 및 판매를 사업목적으로 설립됐으며, 본사는 서울시 용산구 독서당로97에 소재하고 있다.
- **주주구성:** 김경서 29.71%, 기타 46.76%.

※ 다음소프트 회사명은 2020.08 (주)바이브컴퍼니(VAIV company)로 변경합니다.

AI 관련 실적은 시작도 안 했기에 저평가

셀바스AI

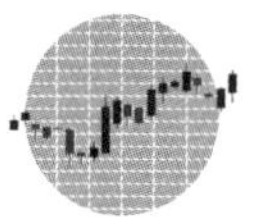

AI는 반드시 우리가 맞이할 시대다. 아직 실적으로 보여주고 있진 못하지만 충분히 기대할 회사다. 주요 실적이 AI 관련해서 아직 나오지 않는다는 것을 생각해 본다면 저평가 종목이라 할 수 있다. 셀바스AI는 음성지능, 필기지능, 영상지능 등 핵심기술을 바탕으로 한 다양한 인공지능 솔루션의 연구개발과 판매를 목적으로 1999년에 설립했다. 인공지능 기술을 스마트 디바이스뿐만 아니라 메디컬, 헬스케어, 스마트카, 홈IoT 등 다양한 산업 분야에 적용 중이다.

셀바스AI는 인공지능 전문기업으로, 지난 22년간의 연구개발을 통해 음성인식, 음성합성, 필기지능, 영상지능, 자연어 처리 등의 기술을 통한 인공지능 융합 제품화를 주 사업으로 영위하고 있습니다. 또한 의료기기 사업 부문의 셀바스헬스케어를 종속기업으로 포함하고 있습니다.

셀바스AI는 HCI 기술[1]을 바탕으로 Mobility, Medical / Health-

1 HCI 기술: Human Computer Interaction 기술로 인간과 컴퓨터의 상호작용을 위한 사용자 인터페이스입니다. 마우스, 키보드 등 전통적인 컴퓨터 입력장치가 음성인식, 음성합성, 자연어처리, 필기인식, 영상인식 등 HCI 기술로 진화되고 있습니다.

care, Edu-Tech 등 다양한 영역에서의 인공지능 융합 제품화를 노력 중에 있습니다. 최근에는 AI 의료 음성인식, 경찰서 내 음성인식 기반 조서 작성, 홈쇼핑, 콜센터에서도 활용 가능한 제품을 출시했습니다.

경쟁사는 시가총액 약 17조 원의 미국기업 뉘앙스 커뮤니케이션즈입니다. 애플 Siri에 음성인식 엔진을 공급한 것으로 유명한 뉘앙스도 미국 내 병원 90%를 고객사로 두고 있습니다. 뉘앙스도 주력 분야는 AI 문서작성 솔루션입니다. 다방면에서의 AI 활용이 기대되는 기업입니다.

기술 중심의 벤처기업 같아 보이지 않아…

인공지능 전문기업인 셀바스AI 본사는 금천구 가산디지털로9에 위치하고 있습니다. 주주구성은 대표인 곽민철 12.06%에 기타 소액주주가 81.13% 비중입니다. 지배구조가 조금 불안해 보이는 수치입니다.

셀바스AI 재무상태표를 보면 부채비율은 85%로 재무 건전성이 '좋네'라고 생각하다가 '응?' 결손금이 386억 원인 걸 발견합니다. 최근 4~5년 사이 재무상태는 안정적이고, 단기금융상품에 투자할 정도로 여유 있어 보이지만, 수익은 정체됐고 이익은 2013년 이후 매년 적자를 지속하고 있습니다. 상장사인 셀바스AI가 2019년 감사의견 '한정'을 받고, 거래정지를 당했던 것도 누적된 적자 때문이었습니다.

찬찬히 셀바스AI 재무제표를 살펴보겠습니다. 셀바스AI는 2016년 AI(인공지능) 사업역량 강화 및 기업이미지 제고를 위해 상호를 (주)디오텍→(주)셀바스에이아이(SELVAS AI Inc.)로 변경했습니다. 2011년 '디오텍'이라는 회사를 현 대표이자 대주주가 속한 인프라웨어가 인수한 뒤에 일입니다.

셀바스AI, 이름만 들으면 벤처기업 느낌이지만 22년 이상 된 이유입니다. 2020년 연결기준 당기순이익이 흑자로 돌아선 이유는 자산 처분이 덕분입니다. 셀바스AI는 2020년 토지와 건물의 자산재평가도 했고, 주주구성으로 있던 인프라웨어가 다른 회사로 팔리며, 지분 정리도 동시에 이뤄졌습니다. '매각예정자산'으로 처리된(팔린) 자산이 인프라웨어와 인프라웨어테크놀로지 지분입니다.

셀바스AI의 좀 큰 규모의 종속회사로는 셀바스헬스케어가 있습니다. 자산총계 470억 원에 31억 원의 당기순손실을 2020년 기록했습니다. 셀바스AI가 가진 영업권 93억 원 정도인데 舊자원메디칼

가. 최대주주 주요 경력 및 개요

성명	생년월일	경력 (최근 5개년)
곽민철	1975년 1월 10일	○2011년~현재 주식회사 셀바스AI 대표이사 ○2017년~현재 주식회사 셀바스헬스케어 사내이사 ○1997년~2019년 주식회사 인프라웨어 대표이사

출처 - DART 셀바스AI 2020 사업보고서

과 합병하면서 생겼습니다. 셀바스AI 관계사인 셀바스게임즈, 타운스스테일은 파산하여 2020년 정리됐습니다.

사람을 대체하는 기술로 음성인식 AI가 다시금 조명을 받고 있습니다. 셀바스AI도 그래서 회사명에 AI를 넣었을 것입니다. 의료 녹취 서비스뿐만 아니라 경찰에 AI조서 작성 지원시스템을 넣었고, 향후 상담업무가 많은 법률 분야로도 확장할 계획이라고 합니다. 음성→문자로, 누군가의 대화를 문자로 기록하는 이 기술은 정말 독보적인 기술일까요? 셀바스AI의 특허 중 음성인식 부분은 대부분 초창

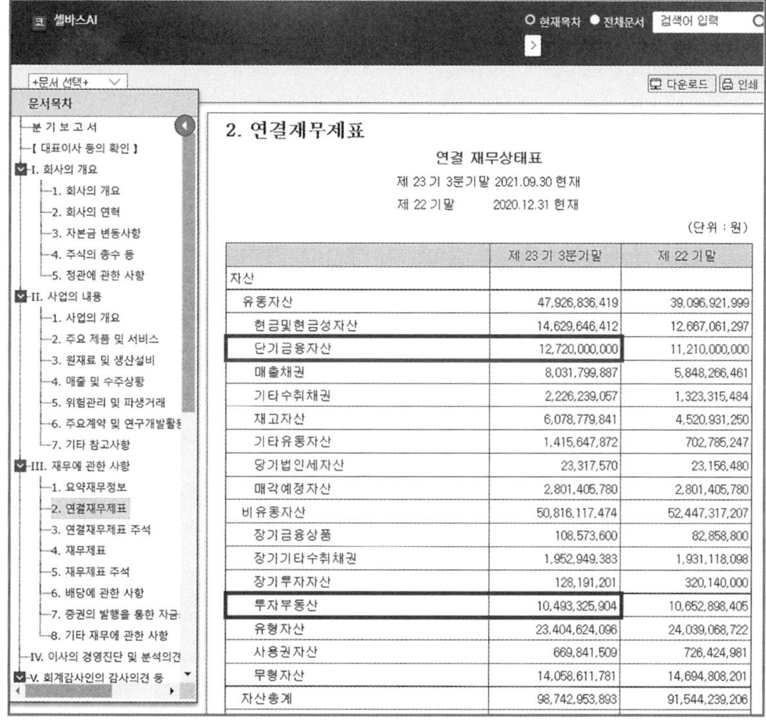
2. 연결재무제표

연결 재무상태표

제 23 기 3분기말 2021.09.30 현재

제 22 기말 2020.12.31 현재

(단위 : 원)

	제 23 기 3분기말	제 22 기말
자산		
유동자산	47,926,836,419	39,096,921,999
현금및현금성자산	14,629,646,412	12,667,061,297
단기금융자산	12,720,000,000	11,210,000,000
매출채권	8,031,799,887	5,848,266,461
기타수취채권	2,226,239,057	1,323,315,484
재고자산	6,078,779,841	4,520,931,250
기타유동자산	1,415,647,872	702,785,247
당기법인세자산	23,317,570	23,156,480
매각예정자산	2,801,405,780	2,801,405,780
비유동자산	50,816,117,474	52,447,317,207
장기금융상품	108,573,600	82,858,800
장기기타수취채권	1,952,949,383	1,931,118,098
장기투자자산	128,191,201	320,140,000
투자부동산	10,493,325,904	10,652,898,405
유형자산	23,404,624,096	24,039,068,722
사용권자산	669,841,509	726,424,981
무형자산	14,058,611,781	14,694,808,201
자산총계	98,742,953,893	91,544,239,206

출처 - DART 셀바스AI 2021 3분기보고서

기 기술을 기반하고 있습니다.

셀바스AI 말고도 요즘 음성인식 서비스를 제공하는 대기업(네이버, SK텔레콤)이 있습니다. 셀바스AI의 매출이 용역, 서비스 등으로 개별 회사에 소프트웨어와 장치를 파는 것인데 큰 매출액이 발생하지 않는 점은 셀바스AI의 한계라고 생각됩니다.

특히 셀바스AI가 대주주 지분이 작고 그동안 회사 양수도 등 기술력 중심의 기업인가 싶을 정도로 M&A 등 다양한 구조변경을 해왔습니다. 제품을 파는 것보다 계열사 지분 정리를 통해서 '자금'을 많이 얻었기 때문에 결손인 회사가 여전히 많은 현금과 금융상품을 가질 수 있는 것입니다.

지난 6년간 비슷한 영업수익과 지속된 적자. 셀바스AI는 최근 주주총회를 통해 '대표이사가 적대적 M&A로 해임되면 퇴직 보상액으로 200억 원을 지급한다'는 내용의 정관변경을 실시했습니다.

기술력 개발만큼 코스닥 회사 경영을 아주 잘하는 대주주로 보입니다. 곽민철 대표는 1975년생으로 (주)가산전자, (주)라온프로덕션, 사이버게이트(주) 프로그램 개발담당에서 (주)인프라웨어, (주)제이모바일, (주)디오텍 대표이사가 돼 지금의 셀바스 그룹의 의장 역할을 하고 있습니다. 지금까지 셀바스AI 외 관계사를 키워온 것만으로도 경영능력은 인정받을 수 있습니다. 그런데 그 점이 바로 셀바스AI의 성공이 '인공지능 전문기업'으로의 성취로 보지 말아야 한다는 부분입니다.

AI는 어차피 우리가 맞이해야 할 시대입니다. 아직 실적으로 보여주고 있진 못하지만 충분히 기대할 회사입니다. 주요 실적이 AI 관련해서 아직 나오지 않는다는 것을 생각해본다면 저평가 종목이라 할 수 있습니다.

투자 팁

셀바스AI는 기술력 중심의 기업인가 싶을 정도로 M&A 등 다양한 구조변경을 해왔습니다. 제품을 파는 것보다 계열사 지분 정리를 통해서 '자금'을 많이 얻었기 때문에 결손임에도 많은 현금과 금융상품을 가질 수 있습니다. 셀바스AI의 이익이 아직은 '인공지능'에서 나오지 않는다는 점을 주의 깊게 봐야 합니다.

회사 소개

(FY2021 3Q 기준)

- **회 사 명:** 셀바스AI
- **회사개요:** 1999년에 설립한 다양한 인공지능 솔루션의 연구개발 및 판매를 목적으로 하는 회사. 음성지능, 필기지능, 영상지능, 자연어처리 등 HCI(Human Computer Interaction) 기술 경쟁력을 강화하고 있다.
- **주주구성:** 곽민철 외 1인 13.87%, 소액주주 81.13%

2021년 나아지는 재무제표
나무가

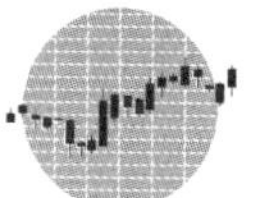

매출액의 99%가 단일 기업 삼성전자에 편중돼 있다는 점은 주의해야 할 사항이지만, 스마트폰 출하량 증가, 고화소 및 멀티 카메라 트렌드의 지속 등으로 매출 성장세가 기대된다. 나무가는 2004년 설립된 이래 노트북, 스마트폰, 스마트 가전 등 다양한 IT 제품에 탑재되는 카메라 및 3D 센싱 모듈을 개발, 생산한다.

나무가는 카메라 관련 회사입니다. 주요 생산 제품은 스마트폰/태블릿/3D 깊이 인식 카메라 모듈입니다.

카메라 모듈 제품은 글로벌 카메라 고객사의 스마트폰, 태블릿, 노트북 등에 채용되고 있습니다. 3D 카메라 모듈은 두 개의 카메라 렌즈 또는 IR(적외선)센서 등을 사용하여 영상에 깊이 정보를 부여하는 제품으로 3D 스캔 기능을 중심으로 자율주행 및 동작인식 등의 기술과 접목하여 디스플레이 기반 IT기기 업체는 물론 드론, 자동차, 로봇 등 업체에 공급하고 있습니다.

카메라 모듈 산업은 카메라의 고화소화, 고기능화, 다기능화, 다양화를 바탕으로 지속적인 성장을 보여주고 있습니다. 스마트폰의 전면 후면 카메라 모듈이 고화소화되고 있고, AF&OIS 등 화질 개선을 위한 부품이 추가될 전망입니다. 또한 멀티카메라 등 새로운 기능이

[주요 스마트폰 업체별 카메라모듈 공급사]

스마트폰 제조사	카메라모듈 공급사
삼성전자	삼성전자, 삼성전기, 파트론, 캠시스, 파워로직스, 엠씨넥스, 나무가, Lite-On, HNT, Truly, 크레신
애플	Sharp, LG이노텍, Cowell, Foxconn, Sony
화웨이	Sunny, O-Film, Lite-On, Foxconn, Q-Tech, Truly, Shine Tech, Primax, Kingcom, 엠씨넥스
샤오미	Lite-On, Sunny, O-Film, Primax, 삼성전기

자료: 테크노즈시스템리서치, 디지털데일리 보도 (2015. 06)

출처-DART 나무가 2020 사업보고서

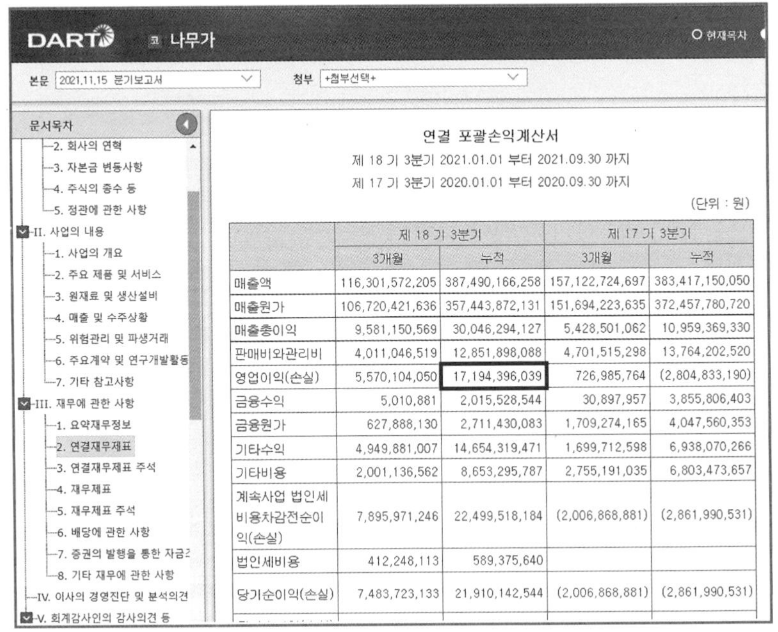
DART 나무가

본문 2021.11.15 분기보고서 첨부 +첨부선택+

문서목차
- 2. 회사의 연혁
- 3. 자본금 변동사항
- 4. 주식의 총수 등
- 5. 정관에 관한 사항
- II. 사업의 내용
- 1. 사업의 개요
- 2. 주요 제품 및 서비스
- 3. 원재료 및 생산설비
- 4. 매출 및 수주상황
- 5. 위험관리 및 파생거래
- 6. 주요계약 및 연구개발활동
- 7. 기타 참고사항
- III. 재무에 관한 사항
- 1. 요약재무정보
- 2. 연결재무제표
- 3. 연결재무제표 주석
- 4. 재무제표
- 5. 재무제표 주석
- 6. 배당에 관한 사항
- 7. 증권의 발행을 통한 자금조달
- 8. 기타 재무에 관한 사항
- IV. 이사의 경영진단 및 분석의견
- V. 회계감사인의 감사의견 등

연결 포괄손익계산서

제 18 기 3분기 2021.01.01 부터 2021.09.30 까지

제 17 기 3분기 2020.01.01 부터 2020.09.30 까지

(단위 : 원)

	제 18 기 3분기		제 17 기 3분기	
	3개월	누적	3개월	누적
매출액	116,301,572,205	387,490,166,258	157,122,724,697	383,417,150,050
매출원가	106,720,421,636	357,443,872,131	151,694,223,635	372,457,780,720
매출총이익	9,581,150,569	30,046,294,127	5,428,501,062	10,959,369,330
판매비와관리비	4,011,046,519	12,851,898,088	4,701,515,298	13,764,202,520
영업이익(손실)	5,570,104,050	17,194,396,039	726,985,764	(2,804,833,190)
금융수익	5,010,881	2,015,528,544	30,897,957	3,855,806,403
금융원가	627,888,130	2,711,430,083	1,709,274,165	4,047,560,353
기타수익	4,949,881,007	14,654,319,471	1,699,712,598	6,938,070,266
기타비용	2,001,136,562	8,653,295,787	2,755,191,035	6,803,473,657
계속사업 법인세비용차감전순이익(손실)	7,895,971,246	22,499,518,184	(2,006,868,881)	(2,861,990,531)
법인세비용	412,248,113	589,375,640		
당기순이익(손실)	7,483,723,133	21,910,142,544	(2,006,868,881)	(2,861,990,531)

출처 - DART 나무가 2021 3분기보고서

채택될 것으로 전망되며, 자동차/드론/AR/VR 등 새로운 기기의 카메라 모듈 장착이 늘어날 것으로 기대됩니다.

2021년 나아지는 재무제표

나무가의 최근 4년 재무제표를 봤을 때 가장 안 좋은 점은 지속적인 결손입니다. 2020년 매출액 5,117억 원을 달성했음에도 영업적자 23억 원을 기록했고, 2017년 313억 원의 대규모 적자 이후 수익성이 나아지지 않았습니다. 다만 그 와중에도 지속적인 매출 증가를 보였다는 점은 긍정적인 부분입니다.

이제 매출원가율 96.9%를 낮추는 게 관건입니다. 2021년 1분기를 기점으로 나무가의 수익이 개선되고 있습니다. 1분기 매출액 1,681억 원과 영업이익 78억 원을 기록하고 있습니다. 영업활동현금흐름 185억 원 등 2021년 수익성 개선이 기대됩니다. 2021년 3분기 기준으로 매출액은 3,874억 원이며 지난해 같은 기간보다 비슷한 매출액을 기록합니다.

그러나 반전이 나왔습니다. 영업이익 171억 원, 당기순이익 219억 원으로 흑자 전환뿐만 아니라 대거 이익률이 높아지는 성과를 냈습니다. 나무가가 제대로 시장에서 인정받기 시작했다는 증거입니다. 나무가의 재무상태 중 302%의 부채비율이 걱정스러워 보이지만 실제로 부채 대부분은 매입채무및기타채무 929억 원으로 차입금및사채 439억 원만 놓고 본다면 유동성은 괜찮은 편입니다.

2019년, 2020년 사채 200억 원 2번 발행했고, 자금조달을 통해 616억 원의 유형자산 취득이 있습니다.

2020년 지분구조가 변경돼 최대주주가 ㈜드림텍으로 변했습니다. 지배구조 변화, 유형자산 투자 등 2020년을 기점으로 나무가의 3D카메라 시장에 대한 의지가 엿보입니다. 나무가는 카메라 및 멀티 카메라 모듈 기술을 보유한 기업입니다. 스마트폰뿐만 아니라 IT 기기, 전자제품 등에 센싱 카메라 납품이 증가해 매출액이 늘어날 추세입니다. 단 매출액의 99%가 단일 기업 삼성전자에 편중돼 있다는 점은 주의해야 할 사항입니다. 스마트폰 출하량 증가, 고화소 및 멀티카메라 트렌드의 지속 등으로 매출 성장세가 기대됩니다.

투자 팁

카메라 묘듈 산업의 성장은 믿어 의심치 않는 분야라고 생각합니다. 스마트폰 이후로 스마트카, VR/AR 기기, 로봇 등의 새로운 IT 기기에 카메라는 꼭 들어갈 것입니다. 추가적으로 나무가의 3D 센싱 기술로 카메라의 기본 기능에서 '인식' 기능까지 더해진다면 그 활용도는 늘어날 것입니다.

회사 소개

(FY2021 3Q 기준)

- **회 사 명:** 나무가
- **회사개요:** (주)나무가는 2004년 10월에 설립됐으며, 2015년 11월 코스닥 시장에 등록했다. 주요사업 내용은 전자부품, 통신장비 제조 및 도소매업이다.
- **주주구성:** 드림텍 27.97% 유니퀘스트 4.9% 소액주주 50.09%

시장 전망 -게임 · 콘텐츠

21세기는 유형의 '상품'을 보다 무형의 '콘텐츠'로 파는 시대입니다. 지적저작권(IP)이 가장 고부가 가치 상품입니다. 게임, 드라마 등 K-콘텐츠의 전성기가 시작됐습니다.
게임은 중국 시장만을 쳐다보던 시기에서 한 걸음 발전해야 합니다. 물론 그 시장을 무시할 순 없습니다. 코로나19 상황은 PC게임에서 모바일 게임으로 히트 게임을 전환시켰던 게임사에게 또 한 번 수익의 단맛을 보여줬습니다.
게임 외에도 넷플릭스와 같은 글로벌 OTT 사업자 덕분에 드라마와 영화 등 영상 콘텐츠가 새로운 가능성을 심어주고 있습니다. 한류라고 불리던 원히트원더 콘텐츠를 넘어설 수 있게 영상 콘텐츠에 있어서 OTT와 유튜브 등은 글로벌 유통망의 역할을 했습니다.
<오징어 게임>과 <지옥> 등 영상 콘텐츠 기업에 대한 투자 바람이 2022년에도 지속될 것으로 보입니다. 투자의 국경이 사라진 지 '오래'입니다. 외국 자본이 우리의 콘텐츠 수익을 가져가기 전에 우리가 그 진가를 깨닫고 발굴해야 합니다.

게임 ·콘텐츠

GAME & CONTENTS

부침은 있지만 장기적으로 보자
카카오게임즈

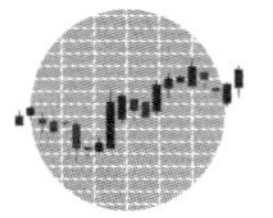

상장 이후 부침이 있는 모습이지만, 장기적으로는 수익성 다변화와 강화가 충분히 이뤄질 수 있다고 판단된다. 카카오게임즈는 모바일 게임 개발 및 퍼블리싱을 주된 목적으로 하는 회사다. 2020년 9월 10일 코스닥에 상장했으며, 주요 주주는 (주)카카오. 주요 종속회사는 스크린골프 사업, 골프용품 판매업, 골프 예약 플랫폼 운영, 골프장 위탁운영 등 골프와 관련된 사업을 하는 (주)카카오VX가 있다.

카카오게임즈는 모바일 메신저 '카카오톡'과 포털 'DAUM' 서비스를 활용하여 모바일게임과 PC게임의 퍼블리싱 사업을 영위함과 동시에 다양한 장르의 게임을 개발하고 있습니다.

PC게임의 주요 서비스 타이틀은 '엘리온', '배틀그라운드', 이터널 리턴', '패스 오브 엑자일' 및 '아키에이지' 5종으로 국내 및 글로벌 지역에서 서비스를 제공하고 있습니다.

모바일게임의 경우 '프렌즈팝', '프렌즈팝콘'을 시작으로 애니 RPG '프린세스 커넥트 Re:Dive', MMORPG '달빛조각사', 액션 RPG '가디언테일즈'가 있으며, 6월에는 PC와 크로스플레이가 가능

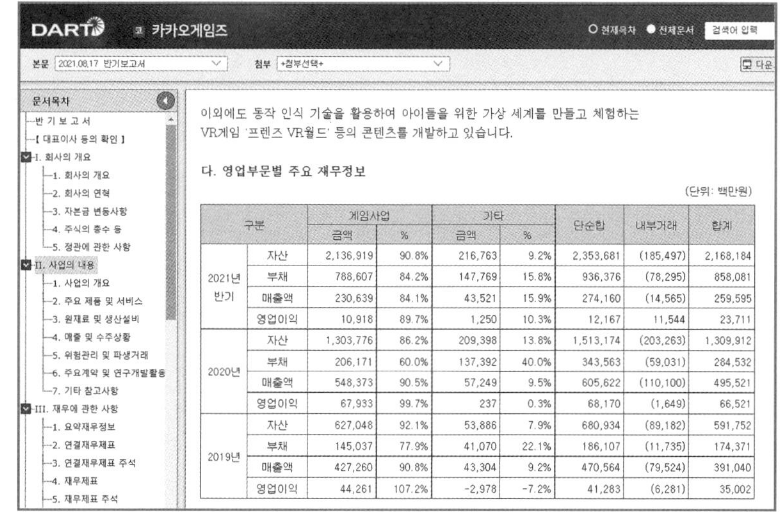

이외에도 동작 인식 기술을 활용하여 아이들을 위한 가상 세계를 만들고 체험하는 VR게임 '프렌즈 VR월드' 등의 콘텐츠를 개발하고 있습니다.

다. 영업부문별 주요 재무정보

(단위: 백만원)

구분		게임사업		기타		단순합	내부거래	합계
		금액	%	금액	%			
2021년 반기	자산	2,136,919	90.8%	216,763	9.2%	2,353,681	(185,497)	2,168,184
	부채	788,607	84.2%	147,769	15.8%	936,376	(78,295)	858,081
	매출액	230,639	84.1%	43,521	15.9%	274,160	(14,565)	259,595
	영업이익	10,918	89.7%	1,250	10.3%	12,167	11,544	23,711
2020년	자산	1,303,776	86.2%	209,398	13.8%	1,513,174	(203,263)	1,309,912
	부채	206,171	60.0%	137,392	40.0%	343,563	(59,031)	284,532
	매출액	548,373	90.5%	57,249	9.5%	605,622	(110,100)	495,521
	영업이익	67,933	99.7%	237	0.3%	68,170	(1,649)	66,521
2019년	자산	627,048	92.1%	53,886	7.9%	680,934	(89,182)	591,752
	부채	145,037	77.9%	41,070	22.1%	186,107	(11,735)	174,371
	매출액	427,260	90.8%	43,304	9.2%	470,564	(79,524)	391,040
	영업이익	44,261	107.2%	-2,978	-7.2%	41,283	(6,281)	35,002

출처-DART 카카오게임즈 2021 반기보고서

한 MMORPG '오딘:발할라 라이징'을 런칭했으며, 하반기는 '오딘'의 실적반영에 따른 매출/영업이익의 개선 여부가 주목됩니다.

전체 매출은 게임사업과 기타사업인 (주)카카오VX가 영위하는 스크린골프 사업 등으로 나누어 지며, 기타사업의 매출 비중은 2019년 9.2%→2020년 9.5%→2021년 반기 15.9%로 증가하고 있지만, 여전히 게임사업의 비중이 매출액(2021년 반기 84.1%)과 영업이익(89.7%)로 주를 이루고 있습니다.

주요 매출인 게임 매출 중에서도 모바일게임의 매출 비중이 증가하고 있습니다. 2019년 1,815억 원(46.4%)→2020년 2,489억 원(50.2%)→2021년 반기 1,444억 원(55.6%)으로 가디언테일즈, 오딘, 달빛조각사 외의 모바일게임의 매출의 증가를 확인할 수 있습니다.

회사의 주요 재무비율은 2021년 반기기준 637%, 부채비율 65%,

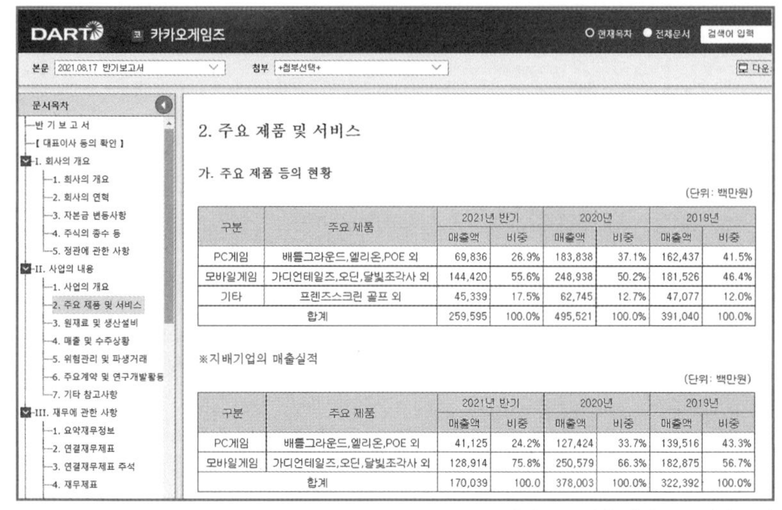

2. 주요 제품 및 서비스

가. 주요 제품 등의 현황

(단위: 백만원)

구분	주요 제품	2021년 반기		2020년		2019년	
		매출액	비중	매출액	비중	매출액	비중
PC게임	배틀그라운드,엘리온,POE 외	69,836	26.9%	183,838	37.1%	162,437	41.5%
모바일게임	가디언테일즈,오딘,달빛조각사 외	144,420	55.6%	248,938	50.2%	181,526	46.4%
기타	프렌즈스크린 골프 외	45,339	17.5%	62,745	12.7%	47,077	12.0%
합계		259,595	100.0%	495,521	100.0%	391,040	100.0%

※지배기업의 매출실적

(단위: 백만원)

구분	주요 제품	2021년 반기		2020년		2019년	
		매출액	비중	매출액	비중	매출액	비중
PC게임	배틀그라운드,엘리온,POE 외	41,125	24.2%	127,424	33.7%	139,516	43.3%
모바일게임	가디언테일즈,오딘,달빛조각사 외	128,914	75.8%	250,579	66.3%	182,875	56.7%
합계		170,039	100.0	378,003	100.0%	322,392	100.0%

출처-DART 카카오게임즈 2021 반기보고서

영업이익률 9%, 순이익율7%로 안정적이며, 재무상태표상 2020년 기말 대비 2021년 반기 주요 증감은 자산항목은 현금성자산 1,410억 원 감소, 단기금융상품 3,296억 원 증가, 당기손익-공정가치 측정금융자산 1,116억 증가, 기타포괄손익-공정가치측정 금융자산 2,261억 원, 관계기업투자 2,914억 등 총 8,583억 원입니다.

이를 위해 부채에서 전환사채 4,960억 원 증가, 자본에서 기타포괄손익누계액 2,214억 원 증가했습니다. 즉 전환사채로 조달한 현금으로 관계기업 등에 투자했으며, 투자주식의 공정가치 평가에 따라 기타포괄손익누계액 증가했다는 것을 확인할 수 있습니다.

상장 이후 부침이 있는 모습이지만, 장기적으로는 수익성 다변화와 강화가 충분히 이뤄질 수 있다고 판단됩니다.

투자 팁

2015년 카카오 계열사로 편입돼, 2016년 다음게임과 합병하고, 2017년 카카오의 게임사업 부문을 양수했습니다. 그 후로 크게 매출액은 증가하지는 않았습니다. 2018~2020년 3년간은 4~5,000억 원 수준을 유지했습니다. 그런데 달라지고 있습니다. 카카오톡 기반의 소셜 기능을 접목한 퍼블리싱 사업이 효과는 보고 있습니다. 카카오라는 강력한 플랫폼을 등에 업고 향후 무궁무진하게 성장할 수 있는 회사입니다.

회사 소개

(FY2021 3Q 기준)

- **회 사 명:** (주)카카오게임즈
- **회사개요:** (주)카카오게임즈는 (주)카카오브이엑스 등 22개 연결대상 종속기업을 갖고 있다. 2013년 8월에 설립됐으며, 모바일 게임 개발 및 퍼블리싱을 주요 사업목적으로 하고 있다. 2020년 8월 3일 한국거래소 코스닥시장에 상장됐다.
- **주주구성:** (주)카카오 45.16%, ACEVILLE PTE.LTD. 4.31% 넷마블(주) 4.31%.

※ 2016년 4월 1일 (주)엔진과 (주)다음게임이 합병했으며, 2016년 6월 30일 "주식회사 카카오게임즈"로 회사명을 변경했습니다.

이렇게 달라질 줄 몰랐다
데브시스터즈

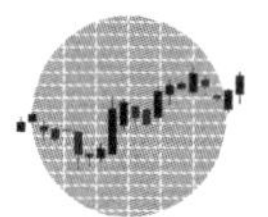

영업이익률이 2019년 59%, 2020년 8.7%에서 2021년 22%로 확연히 개선됐다. 쿠키런이 글로벌 IP로 확실하게 자리를 잡았다면 주가의 우상향은 꼭 되돌아올 것으로 판단된다. 개선되고 되는 재무제표 수치, 쿠키런 IP 보유 등 더욱 성장할 가능성이 있는 기업이다. 데브시스터즈는 모바일 게임 개발업을 주 사업목적으로 하고 있으며, 2007년 5월 30일 설립돼, 2014년 10월 6일 코스닥에 상장했다.

데브시스터즈는 스마트폰 출시 초창기부터 모바일게임 개발에 집중했고, '쿠키런'이라는 독자적인 IP(지적재산권, Intellectual Property)를 활용한 다양한 작품들을 개발, 운영해오고 있다는 것과 대표작으로 '쿠키런 for kakao', '쿠키런:오븐브레이크', '쿠키런:킹덤' 등이 있습니다.

재무제표를 살펴보면, 재무상태표를 통해 총자산이 2019년 말 1천 200억 원, 2020년 말 1천 300억 원에서 2021년 반기 말 기준 2,000억 원으로 전기 말 대비 700억 원, 56% 정도 증가했으며, 증가 요인으로는 2020년 말 부채가 325억에서 2021년 반기 말 646

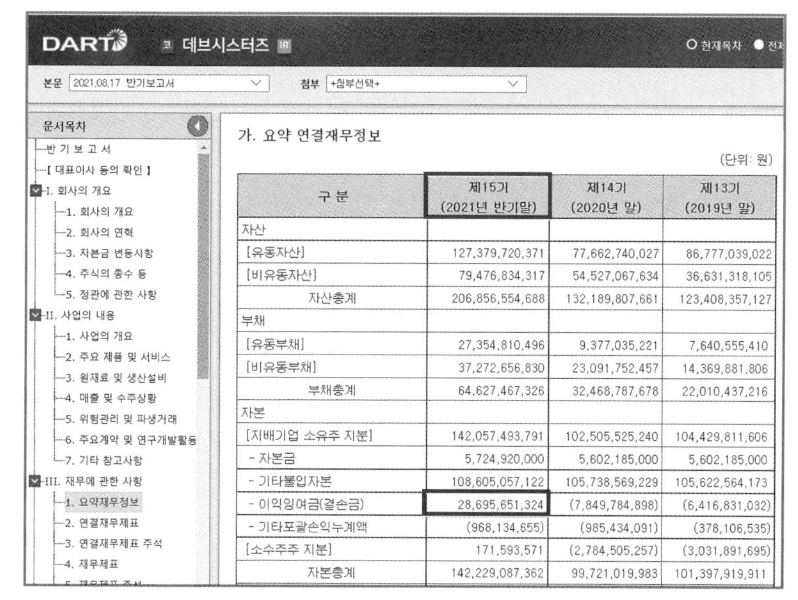

DART 데브시스터즈

본문 2021.08.17 반기보고서 첨부 +첨부선택+

문서목차
- 반 기 보 고 서
- [대표이사 등의 확인]
- I. 회사의 개요
  - 1. 회사의 개요
  - 2. 회사의 연혁
  - 3. 자본금 변동사항
  - 4. 주식의 총수 등
  - 5. 정관에 관한 사항
- II. 사업의 내용
  - 1. 사업의 개요
  - 2. 주요 제품 및 서비스
  - 3. 원재료 및 생산설비
  - 4. 매출 및 수주상황
  - 5. 위험관리 및 파생거래
  - 6. 주요계약 및 연구개발활동
  - 7. 기타 참고사항
- III. 재무에 관한 사항
  - 1. 요약재무정보
  - 2. 연결재무제표
  - 3. 연결재무제표 주석
  - 4. 재무제표

가. 요약 연결재무정보

(단위: 원)

구 분	제15기 (2021년 반기말)	제14기 (2020년 말)	제13기 (2019년 말)
자산			
[유동자산]	127,379,720,371	77,662,740,027	86,777,039,022
[비유동자산]	79,476,834,317	54,527,067,634	36,631,318,105
자산총계	206,856,554,688	132,189,807,661	123,408,357,127
부채			
[유동부채]	27,354,810,496	9,377,035,221	7,640,555,410
[비유동부채]	37,272,656,830	23,091,752,457	14,369,881,806
부채총계	64,627,467,326	32,468,787,678	22,010,437,216
자본			
[지배기업 소유주 지분]	142,057,493,791	102,505,525,240	104,429,811,606
- 자본금	5,724,920,000	5,602,185,000	5,602,185,000
- 기타불입자본	108,605,057,122	105,738,569,229	105,622,564,173
- 이익잉여금(결손금)	28,695,651,324	(7,849,784,898)	(6,416,831,032)
- 기타포괄손익누계액	(968,134,655)	(985,434,091)	(378,106,535)
[소수주주 지분]	171,593,571	(2,784,505,257)	(3,031,891,695)
자본총계	142,229,087,362	99,721,019,983	101,397,919,911

출처-DART 데브시스터즈 2021 반기보고서

억 원으로 321억 원 증가했습니다. 가장 긍정적인 요인인 이익잉여금이 2020년 말 78억 결손금에서 2021년 반기 말 287억 원으로 365억 원 증가했다는 것을 확인할 수 있습니다.

기업이 벌어들인 이익은 손익계산서에서 확인할 수 있는데, 이는 최종적으로 재무상태표상의 이익잉여금으로 적립이 되며, 회사가 지속적인 흑자 경영을 통해 이익이 누적되면 자본의 이익잉여금으로 쌓여서 이를 재원으로 회사는 금융상품에 투자하거나 기계장치를 구입하여 자산이 증가하는 것입니다.

실제 손익계산서를 통해서 회사가 벌어들인 이익을 살펴보면, 매출액(영업수익)은 2019년 연도 376억 원에서 2020년 연도 705억 원으로 329억 원, 88% 증가했습니다. 2021년 반기만 2,011억 원으로 1,306억 원, 185% 증가했으며, 단순 2배로 연환산시에는 2021년 연도 예상 4,022억 원으로 3,317억 원, 470% 증가할 것으로 예상할 수 있습니다.

또한 영업이익은 2019년 222억 원, 2020년 61억 원 적자에서 2021년 433억 원으로 흑자 전환한 것을 확인할 수 있으며, 이로 인한 영업이익률 또한 2019년 59%, 2020년 8.7%에서 2021년 22%로 확연히 개선됐습니다.

반기에 공시된 재무제표의 수치에는 6월 이후 출시된 일본 앱스토어 매출이라든지, 해외의 향후 매출이 반영돼 있지 않은 한계가 있지만, 주가에는 미래의 예상되는 매출 상승으로 인한 이익 전망이 반영돼 현재 재무제표만으로 판단하는 것보다는 높게 나타납니다.

DART 코 데브시스터즈 IR ○ 현재목차 ● 전체

본문 2021.08.17 반기보고서 첨부 +첨부선택+

문서목차
- 반 기 보 고 서
- 【 대표이사 등의 확인 】
- I. 회사의 개요
  - 1. 회사의 개요
  - 2. 회사의 연혁
  - 3. 자본금 변동사항
  - 4. 주식의 총수 등
  - 5. 정관에 관한 사항
- II. 사업의 내용
  - 1. 사업의 개요
  - 2. 주요 제품 및 서비스
  - 3. 원재료 및 생산설비
  - 4. 매출 및 수주상황
  - 5. 위험관리 및 파생거래
  - 6. 주요계약 및 연구개발활동

	[2021.01.01 ~2021.06.30]	[2020.01.01 ~2020.12.31]	[2019.01.01 ~2019.12.31]
영업수익	201,131,773,179	70,510,663,671	37,596,925,140
영업이익(손실)	43,286,684,117	(6,123,221,602)	(22,185,728,015)
법인세비용차감전순이익(손실)	44,722,064,728	(9,197,841,856)	(12,754,361,937)
당기순이익(손실)	36,452,422,935	(5,903,142,715)	(13,898,290,414)
기타포괄손익(손실)	17,299,436	(475,702,354)	(773,397,992)
후속적으로 당기손익으로 재분류될 수 있는 항목	17,299,436	(248,894,287)	36,192,971
후속적으로 당기손익으로 재분류되지 않는 항목	-	(226,808,067)	(809,590,963)
총포괄손익(손실)	36,469,722,371	(6,378,845,069)	(14,671,688,406)
기본주당순이익(손실)	3,616	(591)	(1,327)
희석주당순이익(손실)	3,317	(591)	(1,327)
연결에 포함된 회사수	17	18	15

출처-DART 데브시스터즈 2021 반기보고서

2018년 데브시스터즈 재무제표를 확인한 적이 있습니다. 당시에 주가는 매우 낮았고, 매출은 미미했고, 영업이익은 적자였습니다. 한때 화려했던 쿠키런 외에는 추가로 히트 게임이 없었기 때문입니다.

"투자할 타이밍으로 보았지만, 지금은 금융자산 투자했던 거 팔아서, 버티고 있는 건 아닌지. 관계기업 투자가 그리 크지도 않고, 100% 지분 가진 종속기업 6개사 중 자산 154억 원의 데브시스터즈 벤처스 그나마 여기도 적자. 기존 쿠키런 유저들이 쿠키워즈로 다시 돌아올까?"

이렇게 부정적인 시각을 가졌던 회사입니다. 그런데 이렇게 달라질 줄 몰랐습니다. 게임회사 만큼 큰 수익과 이익을 내는 회사도 드뭅니다. 그러나 본질적으로 그 힘은 IP에서 나오는 것입니다. 게임회사 특유의 변동성으로 큰 폭 주가 상승을 경험한 후 다시 크게 하락한 상황입니다. 개선되고 되는 재무제표 수치, 쿠키런 IP 보유 등 더욱 성장할 가능성이 있는 기업입니다.

투자 팁

데브시스터즈는 2021년 1월 '쿠키런:킹덤' 출시 이후 폭발적인 성장을 거듭하고 있으며, 이에 힘입어 글로벌 진출을 확대하고 있습니다. 향후 글로벌 매출/이익이 재무제표에 반영되면서 회사는 더욱 성장할 것으로 판단됩니다. 2021년 9월 14일 전자공시된 내용으로는 모바일 게임 '쿠키런:킹덤' 중국 퍼블리싱(게임을 받아서 유통하는 것, Publishing) 계약을 체결한 것을 확인할 수 있습니다. 쿠키런이 다시 힘을 받을 줄이야! 후속작이 있을지는 지켜봐야 하지 않을까 싶습니다.

회사 소개

(FY2021 3Q 기준)

- **회 사 명:** (주)데브시스터즈
- **회사개요:** (주)데브시스터즈는 2007년 5월 30일에 설립됐으며, 모바일 게임 개발업을 주요 사업목적으로 하고 있다. 서울특별시 강남구에 소재하고 있으며, 2014년 10월 6일 한국거래소 코스닥시장에 상장됐다.
- **주주구성:** 이지훈(대표이사) 20.15%, (주)컴투스14.55%, 데브시스터즈(주) 10.81%, 소액주주 33.26%

부진하지 않았냐고? 재무제표는 다르다

엔씨소프트

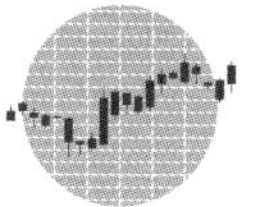

2021년 리니지W를 출시하면서 예전과 달리 이번에는 '부진하지 않냐'라는 평가들이 나오고 있다. 그러나 엔씨소프트 재무제표를 살펴보면 또 다른 생각이 든다. 코로나 이후 비대면 경제로의 전환이 이뤄지면서 게임 산업의 시장 규모는 급성장하고 있으며, 이러한 산업의 성장 가운데 엔씨소프트는 우리나라를 대표하는 1등 게임회사라고 볼 수 있다.

더 이상 게임은 단순 놀이에 그치지 않은 하나의 거대한 산업입니다. 특히 인터넷이 발전하면서 휴식과 놀이 그리고 교육을 게임을 통해 즐기려는 방향으로 성장 중입니다. 온라인게임은 유무선으로 연결된 통신 네트워크상에서 적게는 1~5명, 많게는 수천 명에 이르는 유저들이 한 공간에 모여 진행되고 있습니다.

이러한 강한 오락성과 대중성은 만화, 영화, 애니메이션, 캐릭터, 방송, 음반, 디자인 등 주변 산업과 긴밀하게 연관돼 있어 최근 유행 중인 원소스 멀티유즈(One-Source Multi-Use)에 해당하는 분야입니다. 1998년 리니지의 성공으로 시작한 엔씨소프트의 게임은 아이

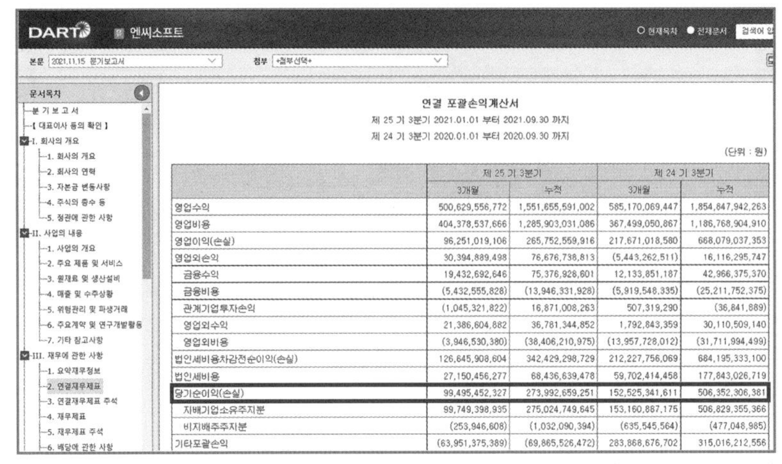

연결 포괄손익계산서

제 25 기 3분기 2021.01.01 부터 2021.09.30 까지

제 24 기 3분기 2020.01.01 부터 2020.09.30 까지

(단위 : 원)

	제 25 기 3분기		제 24 기 3분기	
	3개월	누적	3개월	누적
영업수익	500,629,556,772	1,551,655,591,002	585,170,069,447	1,854,847,942,263
영업비용	404,378,537,666	1,285,903,031,086	367,499,050,867	1,186,768,904,910
영업이익(손실)	96,251,019,106	265,752,559,916	217,671,018,580	668,079,037,353
영업외손익	30,394,889,498	76,676,738,813	(5,443,262,511)	16,116,295,747
금융수익	19,432,692,646	75,376,928,601	12,133,851,187	42,966,375,370
금융비용	(5,432,555,828)	(13,946,331,928)	(5,919,548,335)	(25,211,752,375)
관계기업투자손익	(1,045,321,822)	16,871,008,263	507,319,290	(36,841,889)
영업외수익	21,386,604,882	36,781,344,852	1,792,843,359	30,110,509,140
영업외비용	(3,946,530,380)	(38,406,210,975)	(13,957,728,012)	(31,711,994,499)
법인세비용차감전순이익(손실)	126,645,908,604	342,429,298,729	212,227,756,069	684,195,333,100
법인세비용	27,150,456,277	68,436,639,478	59,702,414,458	177,843,026,719
당기순이익(손실)	99,495,452,327	273,992,659,251	152,525,341,611	506,352,306,381
지배기업소유주지분	99,749,398,935	275,024,749,645	153,160,887,175	506,829,355,366
비지배주주지분	(253,946,608)	(1,032,090,394)	(635,545,564)	(477,048,985)
기타포괄손익	(63,951,375,389)	(69,865,526,472)	283,868,676,702	315,016,212,556

출처-DART 엔씨소프트 2021 3분기보고서

온, 리니지M, 리니지2M 등을 통해 지속 성장 중입니다.

엔씨소프트는 우리나라를 대표하는 게임회사 중 하나입니다. 엔씨소프트가 얼마나 큰 회사인지는 자산총계 4조 812억 원의 수치를 굳이 들지 않더라도 짐작할 수 있습니다. 엔씨소프트 종속회사 중에는 'NC다이노스'라는 프로야구단이 있을 정도니까요. 엔씨소프트 대표 게임은 '리니지', '아이온' 및 '블레이드 앤 소울', '길드워2', '와일드 스타', '리니지M' 등 굉장히 많습니다. 그런데 2021년 리니지W를 출시하면서 예전과 달리 이번에는 '부진하지 않냐'라는 평가들이 나오고 있습니다. 그러나 엔씨소프트 재무제표를 살펴보면 또 다른 생각이 듭니다.

우선 엔씨소프트 2020년 기준 자산총계 4조 812억 원이고, 부채는 9,365억 원입니다. 자본 3조 1,446억 원으로 부채비율 29%에 불과합니다. 엔씨소프트 얼마나 튼튼한지 재무상태표를 보면 단기금융상품이 6,380억 원과 현금 1,572억 원을 확인할 수 있습니다.

이 두 가지만 봐도 우리나라 게임회사들이 얼마나 많이 돈을 벌었고, 그 자금을 주체할 수 없어 투자처를 찾고 있는지 느낄 수 있습니다. 빅딜 뉴스가 나올 때마다 게임회사 이름이 인수자로 거론되는 건 저런 현금 보유량이 많기 때문입니다.

엔씨소프트의 가장 최근 손익계산서를 살펴보면 2021년 3분기 기준 영업수익 매출액은 1조 5,501억 원이고, 영업이익은 2,657억 원을 기록했습니다. 당기순이익 2,739억 원을 냈지만 전 년도인 2020년에 비해서는 확 줄어든 결과입니다. 코로나로 상황으로 인해서 게임업체들은 엄청난 매출을 냈습니다.

지난 몇 년 사이 과거 유명했던 게임의 모바일 버전을 출시하면서 IP 기업의 저력을 여실히 보여줬습니다만, 매출이 줄어든 것은 사실입니다. 그러나 이 회사는 대한민국 게임회사 1위입니다. 그리고 재무제표 또한 튼실한 기업이기에 주가가 다시 날아갈 날이 머지 않아 올 것입니다.

투자 팁

엔씨소프트의 게임이 최근 유저로부터 외면받는 사건이 종종 생기고 있습니다. 과금 시스템이라든지 게임사의 이익모델이 새롭게 변신해야 할 타이밍이 아닐까 싶습니다. 그리고 나날이 성장하는 게임 산업이 과연 메타버스를 만나면 어떻게 변해갈지 지켜보는 것도 포인트입니다. 엔씨소프트의 다양한 IP가 또 어떠한 대박 게임을 런칭할지 기대됩니다.

회사 소개

(FY2021 3Q 기준)

- **회 사 명:** 엔씨소프트
- **회사개요:** 엔씨소프트는 온라인, 모바일 게임 개발과 서비스를 주요 산업으로 한다. PC 게임 '리니지'와 '리니지2', '아이온', '블레이드앤소울' 모바일 게임 '리니지M', '리니지2M', '프로야구 H2'등이 주요 게임이다.
- **주주구성:** 김택진 외 8인 12% 국민연금공단 8.4% 넷마블 8.9% BlackrOCK Fund Advisors 4.9%, 소액주주 57%

재무적으로 튼튼, 주가는 그대로
컴투스

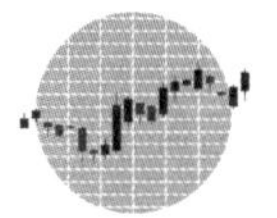

재무적으로 이렇게 탄탄하다고 해도, 최근 몇 년간 이렇다 할 히트 게임을 만들어 내지 못했기에 컴투스의 주가는 게임산업의 주가 흐름과 비슷한 양상을 보인다. 충분히 위로 올라갈 저력이 있는 종목이다. 1998년 설립된 1세대 게임회사다. Beijing Raymobile, Gamevil Com2uS JAPAN, 데이세븐, 노바코어 등을 종속회사로 보유하고 있으며, 스포츠 장르 게임 부문에서 경쟁력을 확보하고 있다.

우리나라 게임회사 '3대장'을 추리면 넥슨, 엔씨소프트, 넷마블을 꼽을 수 있습니다. 우선 이들과 4등과의 차이가 큰데 '시가총액' 차이가 어마어마합니다. 3대장의 공통점은 중국과 비즈니스 관계가 깊다는 점입니다. 특히 '텐센트'라 불리는 중국 기업이 한국 게임회사 지분을 꽤나 여러 군데 갖고 있습니다. (주)카카오에도 'MAXIMO PTE. LTD.' 이름으로 약 6% 지분이 있을 정도입니다.

그만큼 게임은 중국 쪽에 판매를 많이 합니다. 네오플의 던전앤파이터처럼 '중국시장 진출=대박'이라는 공식이 1차 성공방정식입니다. 물론 게임은 게임을 하는 유저가 빠져들수 있는 게임을 개발해야 하죠. 그러나 현재 꽤 잘나가는 1세대 게임회사의 대부분 중국 영향력이 상당히 깊습니다.

게임회사 최근 이슈로 찾아보면, 웅진코웨이를 산 넷마블, 15조 원에 텐센트에 팔려 다 불발된 넥슨, 최근에 상장한 크래프톤, 98년 개발한 게임 리니지로 아직도 잘 나가는 엔씨소프트, 매출액이 아니라 영업이익이 1조 원인 네오플 등 대단한 기업들이 많습니다. 그 외에도 펄어비스, 스마일게이트 이미 포텐이 터진 회사들은 알겠는데 나머지는 비슷한 규모의 게임회사들이 존재합니다.

여전히 대형 게임사들이 상위권을 유지할 수 있는 이유는 기존 히트 게임의 모바일화가 최근 몇 년간 이뤄졌기 때문입니다. 리지니M 등 '히트 PC게임의 모바일화'가 2차 성공방정식입니다.

2019~2020년, 코로나 특수(집에만 있어야 하는 상황)이 게임 관련 회사들의 실적을 상당히 부스터업 가능케 만들었습니다. 그러나 최근 들어 게임 쪽에 새로운 움직임이 보이고 있습니다. 우선 그동안 게임 유저의 불만 사항이 충만하게 만든 과금 구조에 대한 이용자들의 자각입니다.

"게임회사들은 게이머를 그저 돈으로밖에 보지 않는다"라고 할 정도로 다양한 게임을 하는 이들의 호주머니를 털어갔습니다. 월정액, 전면 유료화, 캐릭터(아바타) 및 아이템 판매 등의 부분 유료화까지 다양한 제도가 적용됐습니다.

결론은 현질과 과금이 게임 캐릭터의 성능에 큰 영향을 미치기 때문에 게이머들은 승리를 위해(또는 생존을 위해) 게임을 할수록 점점 더 게임회사에 돈을 내야 하는 구조로 변했습니다. 공정해 보이지는 않지만, 유저의 현질을 구조화한 과금방식이 3번째 성공방정식입니다. 그런데 이는 결국 신선하고, 흥미로운 게임을 만들기보다 판매가 잘 되는 안전한 게임에 게임사들이 더 집중하게끔 만듭니다.

정리하자면 중국에 잘 팔리는 PC게임을 모바일화하고, 그 안에서 1인당 평균 현질 수위를 높이는 데에 게임회사들이 집중했습니다. 게임시장의 2017년 강한 상승세, 2018년의 혹독한 조정기, 2019년 부진을 면치 못하다 코로나로 인한 부활하는 흐름에는 게임회사의 성공방정식이 한계점을 드러내고 있다는 반증입니다.

게임회사 '성공방정식'이 바뀌어야 한다

기본적으로 게임 개발은 10개 중에 하나가 대박이 되는, 대박 게임을 만들었다고 다음에 연속 흥행을 보장할 수 있는 산업이 아닙니다. 그러나 점점 안전한 성공을 보장하는 MMORPG 게임류와 과거 히트게임의 모바일화에만 의지하기 힘듭니다. 최근에 신선한 시도에 출시 직전부터 기대감을 증폭시키는 게임이 등장했습니다. (게임메카 김경민 기자 2021.08.26 기사 중에) 펄어비스의 도깨비입니다.

"도깨비는 펄어비스 자체 엔진을 기반으로 한 신작으로, 현실 같은 가상세계를 구현해 그 안에서 문화 체험, 소셜, 경제활동 등을 즐기는 메타버스 게임을 표방하고 있다. 전체적으로는 사람들의 꿈

DART 코 컴투스

본문 2021.08.25 타법인주식및출자증권취득결 첨부 +첨부선택+

타법인 주식 및 출자증권 취득결정

1. 발행회사	회사명(국적)	주식회사 위지윅스튜디오	대표이사	박관우, 박인규
	자본금(원)	18,221,610,500	회사와 관계	-
	발행주식총수(주)	36,443,221	주요사업	영화, 비디오물 및 방송프로그램 제작 관련 서비스업
-최근 6월 이내 제3자 배정에 의한 신주취득 여부		아니오		
2. 취득내역	취득주식수(주)	11,272,133		
	취득금액(원)	160,650,028,250		
	자기자본(원)	977,108,084,247		
	자기자본대비(%)	16.44		
	대기업 여부	해당		
3. 취득후 소유주식수 및 지분비율	소유주식수(주)	16,272,133		
	지분비율(%)	38.11		
4. 취득방법		현금취득 (제3자배정 유상증자 참여 및 구주 양수)		
5. 취득목적		메타버스 등 신규사업 시너지 창출 및 종합 콘텐츠 사업 강화		
6. 취득예정일자		2021-09-30		

출처-DART 컴투스 2021.8.25 공시

에서 힘을 얻고 성장하는 도깨비를 찾아 모험을 떠나는 오픈월드 MMORPG이며, 높은 자유도와 밝고 화사한 그래픽을 특징으로 앞세웠다."

기존 게임형식에 '메타버스' 요소가 가미됐다는 점이 가장 큰 변화입니다. 게임회사에게 제4차 성공방정식으로 주목받는 기술 또는 트렌드가 바로 메타버스입니다.

모바일 게임의 강자인 컴투스 역시 메타버스에 투자를 아끼지 않고 있습니다. 우선 컴투스의 장점은 투자 여력이 높다는 점입니다. 아니나 다를까 최근 컴투스는 위지윅스튜디오라는 회사를 인수했습니다.

"주식회사 위지윅스튜디오 제3자배정 유상증자 참여를 통한 신주 6,250,000주 및 구주 5,022,133주를 취득하는 건으로, 본건 거래를 통하여 주식회사 위지윅스튜디오는 당사 자회사로 편입될 예정입니다."(2021.8.25. 공시)

위지윅스튜디오는 CG/VFX 기술을 기반으로 한 서비스를 제공하고 있으며 영화, 드라마 등에 대한 영상기술 제작뿐만 아니라 뉴미디어 콘텐츠에 대한 영상 기획/제작 서비스를 포괄적으로 가능한 회사입니다.

컴투스가 발표한 인수목적은 "메타버스 등 신규사업 시너지 창출 및 종합 콘텐츠 사업 강화"입니다. 이 외에도 컴투스는 게임 외의 분야에 전방위로 투자하고 있습니다. 그동안 모아둔 현금을 투자금으로 다각도로 사용하고 있다고 볼 수 있습니다.

인터넷전문은행인 케이뱅크 지분 약 2%를 500억 원을 들여 획득했고, 컴투스의 모회사 게임빌은 가상자산 거래소 코인원에 약 312억 원(구주 13% 인수) 투자를 진행 바도 있습니다. 종합 미디어 기업 '미디어캔'에 약 200억 원 투자하는 등 게임 외의 유관 분야에 대단히 적극적인 M&A 자세를 보이고 있습니다.

물론 당장 어떤 가시적인 결과가 나오는 시기는 아닙니다만, 그동안 게임으로 집중했던 것을 다각화하며 글로벌 유통망에 게임 외에 콘텐츠를 태울 계획으로 추측됩니다. "글로벌 모바일 통계 플랫폼인 앱애니에서 발표한 '2020년 모바일 앱 퍼블리셔 순위(수익 기준)'에 따르면 당사와 모회사인 게임빌의 통합 수익이 글로벌 순위 39위, 국내 순위 4위를 기록했습니다. 앱애니에 따르면 상위 앱 퍼블리셔 10곳 중 9곳이 모두 게임사이며, 모바일 앱 시장에서 게임은 여전히 가장 큰 매출이 발생하는 분야입니다. 이러한 글로벌 모바일 앱 시장에서 당사는 성공적인 사업 운영 및 전략적 투자 진행을 통해 국내뿐만 아니라, 글로벌 시장에서도 인지도를 지속적으로 높여 나가겠습니다." (컴투스 사업보고서 중에서)

재무적으로 튼튼하나, 주가는 그대로인 컴투스

컴투스의 게임은 다 모바일용입니다. 컴투스의 사업보고서 〈사업의 내용〉을 참고하면 컴투스가 여타의 게임사와는 달리 모바일, 글로벌화 전력을 아주 오래 부터 펼쳐 왔다는 사실을 알 수 있습니다.

"1999년 국내 최초로 모바일게임 서비스를 시작했고, 2000년에는 세계 최초로 휴대폰용 자바(JAVA)게임을 개발하여 국내 모바일게임 산업의 발전을 이끌어왔습니다. 또한 모바일게임 개발 초기부터 해외시장에 진출하여 해외 주요 이동통신사를 통해 게임을 서비스해왔습니다. 현재는 미국, 중국, 일본, 대만, 싱가폴, 독일 등에 현지

법인을 두고 전 세계 주요 국가에 컴투스의 모바일게임들을 서비스하고 있으며, 우수한 개발력과 서비스 네트워크를 바탕으로 다양한 플랫폼에서 서비스되는 게임들로 점차 그 영역을 넓혀 나가고 있습니다. 특히 한국, 미국, 중국, 일본, 유럽 등 시장 규모가 크고 성장성이 기대되는 핵심 국가들을 집중 공략하고 있습니다. 또한 2008년 애플 아이폰과 앱스토어가 등장한 이후 전 세계적으로 일반 휴대폰에서 스마트폰으로의 전환속도가 빨라 짐에 따라 2014년 이후부터 컴투스의 스마트폰게임 매출 비중이 99% 이상을 차지하는 등 스마트폰게임으로의 성공적인 사업전환을 이루었습니다."

컴투스의 주력 게임에 대한 설명도 사업보고서를 통해 얻을 수 있습니다. 스마트폰 게임으로의 사업 전환 이후 당사는 계속해서 국내 마켓 트렌드를 리드하는 게임들을 출시해 왔습니다. SNG게임인 타이니팜의 성공을 시작으로 컴투스프로야구, 골프스타, 낚시의 신의 흥행이 이어지며 스포츠 장르 게임에서의 강점을 드러내기 시작했습니다. 또한 RPG 장르인 서머너즈 워가 글로벌 마켓에서 성공하며 매출의 폭발적 성장을 이끌어 냄에 따라 캐쥬얼, 미드코어, 하드코어의 다양한 장르를 아우르는 개발력 및 흥행 능력을 입증해 냈습니다.

컴투스는 2000년대 초부터 해외 시장에 대한 도전을 시작했고, 그 결과 현재 80% 이상의 매출이 해외에서 발생하고 있습니다. 글로벌 오픈마켓을 통해 전 세계 160여 개국에 자사의 게임들을 서비스하고 있으며, 애플, 구글 등 해외 사업자와 세계적인 게임 언론들

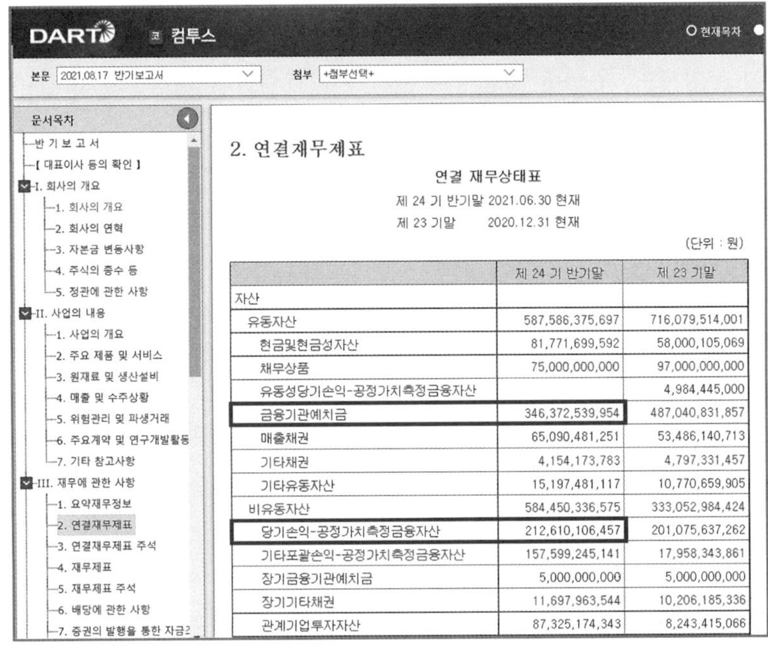
DART 컴투스 O 현재목차

본문 2021.08.17 반기보고서 첨부 +첨부선택+

문서목차

2. 연결재무제표

연결 재무상태표

제 24 기 반기말 2021.06.30 현재

제 23 기말 2020.12.31 현재

(단위 : 원)

	제 24 기 반기말	제 23 기말
자산		
유동자산	587,586,375,697	716,079,514,001
현금및현금성자산	81,771,699,592	58,000,105,069
채무상품	75,000,000,000	97,000,000,000
유동성당기손익-공정가치측정금융자산		4,984,445,000
금융기관예치금	346,372,539,954	487,040,831,857
매출채권	65,090,481,251	53,486,140,713
기타채권	4,154,173,783	4,797,331,457
기타유동자산	15,197,481,117	10,770,659,905
비유동자산	584,450,336,575	333,052,984,424
당기손익-공정가치측정금융자산	212,610,106,457	201,075,637,262
기타포괄손익-공정가치측정금융자산	157,599,245,141	17,958,343,861
장기금융기관예치금	5,000,000,000	5,000,000,000
장기기타채권	11,697,963,544	10,206,185,336
관계기업투자자산	87,325,174,343	8,243,415,066

출처-DART 컴투스 2021 반기보고서

로부터 높은 평가를 받고 있습니다. 대표적으로 서머너즈 워, MLB9 이닝스, 컴투스프로야구, 낚시의 신, 사커스피리츠, 스카이랜더스 등 다양한 장르의 게임들이 성장을 이끌고 있으며, 성공적으로 '컴투스' 브랜드 기반을 다진 것을 바탕으로 멀티플랫폼 환경과 글로벌 오픈마켓에 집중하고 다양한 라인업을 준비하여 글로벌 마켓에 적극적으로 대응해 나가고 있습니다.

아울러 세계적인 IP로 성장한 서머너즈 워는 애니메이션, 코믹스, 소설, 영화 등 신규사업으로의 확장을 진행하고 있으며, 데이세븐 등 유력 개발사에 대한 인수와 글로벌 콘텐츠 개발사인 스카이 바운드 등에 전략적 투자를 진행하여 기업 경쟁력 강화를 위한 M&A와 투자 활동을 확대하고 사업역량을 더욱 강화해 나가고 있습니다.

이 많은 게임을 매번 다 해보지 않는다면 게임사에 대한 분석에는 한계가 있습니다. 본질적인 게임회사의 잠재력은 재무구조가 아니라 '게임'의 흥행성일 것입니다. 그러나 게임회사 역시 기업입니다. 게임회사의 특징은 높은 매출총이익입니다. 한 번 대작을 만드는데 제작비용이 많이 들기도 하지만 히트한 게임을 소유한 게임회사는 낮은 원가가 특징이라 높은 매출총이익을 재무제표에서 확인할 수 있습니다.

컴투스 역시 80% 이상의 매출총이익이 나는 회사입니다. 2020년 매출액이 5,089억 원일 때, 원가가 888억 원에 불과합니다. 비용의 대부분이 판관비 3,059억 원인데 이것도 지급수수료 비중이 제일 높습니다.

개발이 끝난 후에 유통사에 주는 지급수수료 외에는 더 이상 원가가 많이 들지 않는 거죠. 원가랑 판관비에 포함된 지급수수료가 2,000억 원 정도 됩니다. 모바일이니 앱스토어, 구글플레이, 이동통신사 등 유통사가 챙기는 금액 같습니다. 그럼에도 불구하고 영업이익율 20% 이상이니 매년 1,000억 원 이상의 이익을 내고 있습니다.

컴투스의 재무상태표에서 좀 특이한 점은 금융기관예치금과 당기손익공정가치금융자산입니다. 2개의 합계가 2021년 반기 기준 5,689억 원입니다. 돈을 쌓아 두고 있습니다. 이것도 잘나가는 게임회사의 특징이긴 합니다. 게임 하나가 터지기 시작하면 주체할 수 없는 현금흐름이 몰려옵니다. 어쩌겠어요. 당장 사옥을 사고, 비슷한 개발 회사 몇 개 사도(관계사 투자) 남습니다.

게임사가 아닌 다른 이종업종 투자도 이뤄집니다. 넷마블은 크게 한 번 질러 코웨이라는 정수기 회사를 종속회사로 두고 있습니다. 여하튼 컴투스도 현금이 많은 터라 부채비율 10%, 심지어 금융수익도 매년 200억 원 이상 들어옵니다. 컴투스가 영업이익보다 당기순이익이 큰 이유입니다. 그러나 재무적으로 이렇게 탄탄하다고 해도, 최근 몇 년간 이렇다 할 히트 게임을 만들지 못했기에 컴투스의 주가는 게임산업의 주가 흐름과 비슷한 양상을 보이고 있습니다.

컴투스에 관해 조사하다 보면 지배구조 상 흥미로운 부분은 지분 29%를 가진 게임빌입니다. 게임빌의 실적에 비해 컴투스가 월등히 높은 수익을 보이고 있습니다. 자회사가 이렇게 잘 나가는데 지분율이 적으니 배당을 팍팍 못해 갑니다. 이걸 해결하려고 중간지주사 플랜이 2019년부터 움직임이 보이고 있습니다.

최대한 게임빌 돈으로 컴투스 지분율을 높이고 있습니다. 그런데 게임빌이 가진 현금이 그리 많지 않기 때문에 컴투스를 지주사와 사업사로 분할하고 그리고 게임빌과 지주사가 합병하는 방법이 있습니다. 물론 이것은 추측입니다만 투자자라면 이런 시나리오를 고려해야 할 것입니다.

"이주환 컴투스 대표는 송병준 게임빌(063080)·컴투스 의장의 동생인 송재준 대표와 함께 각자 대표 형태로 컴투스를 이끌고 있다. 송 대표가 투자와 경영전략을 맡고, 이 대표가 게임 제작을 총괄한다." (뉴스1 기사 중에서)

다시 한번 강조하지만, 게임회사를 재무적으로만 보아서는 안되는 부분이 있습니다. 컴투스가 투자 여력이 많고, 실제로 최근 여러 분야에 적극적인 행태를 보이고 있습니다. 그러나 근본적으로 매출과 이익을 견인할 신작 게임이 출시돼야 합니다.

2020년에 컴투스는 PC 기반의 스포츠 매니지먼트 게임인 'OOTP 베이스볼', '프랜차이즈 하키 매니저' 등으로 유명한 독일 게임업체 OOTP의 지분 100%를 취득했습니다. OOTP는 1999년 설립된 독일 중견 게임사입니다. 이후 국내 야구팀을 넣은 한글화된 OOTP22를 내놓았습니다. 모바일 버전에서 KBO 2군 선수들이 등록 안 되는 바람에 꽤나 곤란한 상황을 겪었다고 합니다.

주석에 언급된 OOTP 관련 영업권이 200억 원입니다. 꽤 비싼 값에 주고 산 것을 봤을 때, 컴투스가 이 게임에 기대하는 바가 높습니다. 이것 외에 특별히 시장에 내놓은 신작 반응이 높지 않다는 평이 많습니다. 하지만 앞으로 메타버스와 웹툰 등 다양한 콘텐츠를 활용해 새로운 영역에 도전하려는 구체적인 시도가 이뤄지고 있습니다. 그렇다면 주의 깊게 지켜볼 게임회사가 아닐까 싶습니다.

투자 팁

메타버스와 NFT 사업에 진심으로 공을 들이고 있는 회사입니다. 게임회사 중에 메타버스를 활용할 게임을 만들 회사로 컴투스를 추천합니다. 게임빌 등 전방위로 가장 실현에 근접한 회사라고 생각합니다. 게임의 흥행에 대해서는 예측하기 어렵지만, 핫한 이슈에 민감하게 반응은 할 수 있고, 능력도 가진 회사라고 생각합니다. 그만큼 주가의 출렁임도 커질 것으로 보이므로, 다소 가격이 내려왔을 때 단기 트레이딩으로 접근해도 괜찮지 않을까 생각됩니다.

회사 소개

(FY2021 3Q 기준)

- **회 사 명:** (주)컴투스
- **회사개요:** (주)컴투스1998년 8월 7일에 설립돼 Mobile Entertainment Contents(모바일게임) 공급을 주요 영업으로 하고 있으며, 본점소재지는 서울시 금천구 가산디지털1로. 2007년 7월 6일자로 한국거래소가 개설한 코스닥시장에 상장했다.
- **주주구성:** 게임빌 29.38%, 소액주주 51.13%

코로나 때도 좋았는데 코로나 이후엔 더 좋은

하이브

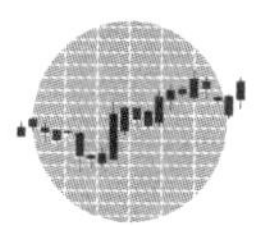

코로나 이후에 더 기대되는 기업이다. 당분간 상승세가 지속될 것으로 예상된다. 상승세가 지속된다는 말은 '지금'이 저평가라는 소리다. 하이브(HYBE)는 "We believe in music"이라는 미션 아래 음악산업의 비즈니스 모델을 혁신하며, 세계 최고의 엔터테인먼트 라이프스타일 플랫폼을 지향하는 기업이다.

하이브는 아티스트를 양성하고 음악 콘텐츠 제작을 담당하는 레이블(Label) 영역과 레이블에 비즈니스 솔루션을 제공하고 음악에 기반한 공연, 영상 콘텐츠, IP, 학습, 게임 등 다양한 사업을 전개하는 솔루션(Solution) 영역 그리고 위버스를 기반으로 하이브의 모든 콘텐츠와 서비스를 연결하고 확장시키는 플랫폼(Platform) 영역으로 사업을 구분하고 있습니다.

하이브는 다양한 아티스트 및 음악 IP 창출을 담당하는 복수의 레이블을 바탕으로 콘텐츠를 활용한 사업모델을 발굴하여 시장 부가

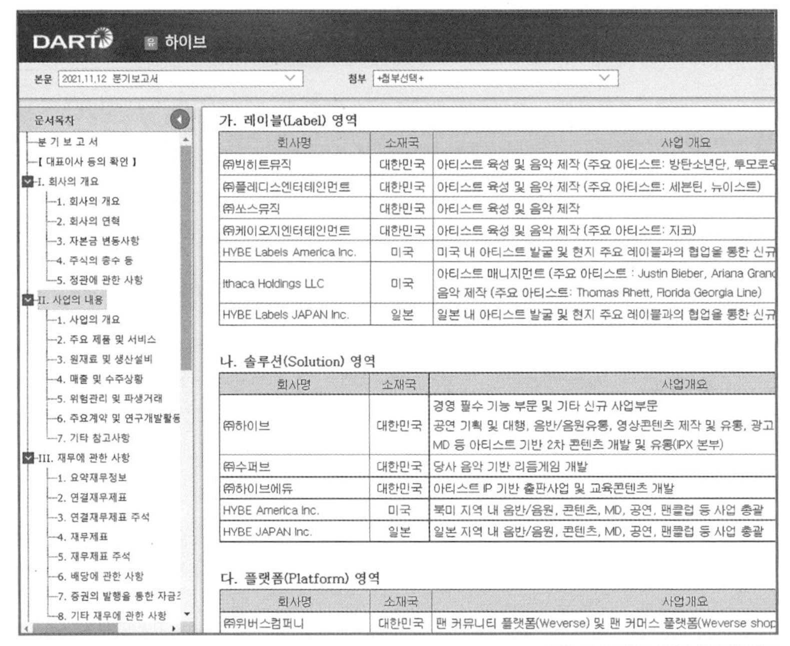
DART 하이브

본문 2021.11.12 분기보고서　첨부 +첨부선택+

문서목차
- 분 기 보 고 서
- 【 대표이사 등의 확인 】
- I. 회사의 개요
  - 1. 회사의 개요
  - 2. 회사의 연혁
  - 3. 자본금 변동사항
  - 4. 주식의 총수 등
  - 5. 정관에 관한 사항
- II. 사업의 내용
  - 1. 사업의 개요
  - 2. 주요 제품 및 서비스
  - 3. 원재료 및 생산설비
  - 4. 매출 및 수주상황
  - 5. 위험관리 및 파생거래
  - 6. 주요계약 및 연구개발활동
  - 7. 기타 참고사항
- III. 재무에 관한 사항
  - 1. 요약재무정보
  - 2. 연결재무제표
  - 3. 연결재무제표 주석
  - 4. 재무제표
  - 5. 재무제표 주석
  - 6. 배당에 관한 사항
  - 7. 증권의 발행을 통한 자금조
  - 8. 기타 재무에 관한 사항

가. 레이블(Label) 영역

회사명	소재국	사업 개요
㈜빅히트뮤직	대한민국	아티스트 육성 및 음악 제작 (주요 아티스트: 방탄소년단, 투모로우
㈜플레디스엔터테인먼트	대한민국	아티스트 육성 및 음악 제작 (주요 아티스트: 세븐틴, 뉴이스트)
㈜쏘스뮤직	대한민국	아티스트 육성 및 음악 제작
㈜케이오지엔터테인먼트	대한민국	아티스트 육성 및 음악 제작 (주요 아티스트: 지코)
HYBE Labels America Inc.	미국	미국 내 아티스트 발굴 및 현지 주요 레이블과의 협업을 통한 신규
Ithaca Holdings LLC	미국	아티스트 매니지먼트 (주요 아티스트 : Justin Bieber, Ariana Grand 음악 제작 (주요 아티스트: Thomas Rhett, Florida Georgia Line)
HYBE Labels JAPAN Inc.	일본	일본 내 아티스트 발굴 및 현지 주요 레이블과의 협업을 통한 신규

나. 솔루션(Solution) 영역

회사명	소재국	사업개요
㈜하이브	대한민국	경영 필수 기능 부문 및 기타 신규 사업부문 공연 기획 및 대행, 음반/음원유통, 영상콘텐츠 제작 및 유통, 광고 MD 등 아티스트 기반 2차 콘텐츠 개발 및 유통(IPX 본부)
㈜수퍼브	대한민국	당사 음악 기반 리듬게임 개발
㈜하이브에듀	대한민국	아티스트 IP 기반 출판사업 및 교육콘텐츠 개발
HYBE America Inc.	미국	북미 지역 내 음반/음원, 콘텐츠, MD, 공연, 팬클럽 등 사업 총괄
HYBE JAPAN Inc.	일본	일본 지역 내 음반/음원, 콘텐츠, MD, 공연, 팬클럽 등 사업 총괄

다. 플랫폼(Platform) 영역

회사명	소재국	사업개요
㈜위버스컴퍼니	대한민국	팬 커뮤니티 플랫폼(Weverse) 및 팬 커머스 플랫폼(Weverse shop

출처-DART 하이브 2021 3분기보고서

가치를 창출하는 솔루션 영역, 콘텐츠를 집결하여 팬에게 직접 전달하는 플랫폼 영역 등 음악 관련 가치사슬의 전 영역을 포괄하고 있습니다.

하이브는 매출을 앨범, 공연, 광고·출연료 및 매니지먼트, MD 및 라이선싱, 콘텐츠, 팬클럽 등으로 구분하여 관리하고 있습니다. 각 부문의 매출 비중은 앨범 발매 여부, 공연 개최 여부 등에 따라서 매 분기 상이합니다.

매출구조를 보면 올해 기준으로 앨범, 콘텐츠, MD 및 라이선싱 순임을 확인할 수 있습니다. 하지만 코로나 전만 보더라도 공연이 가

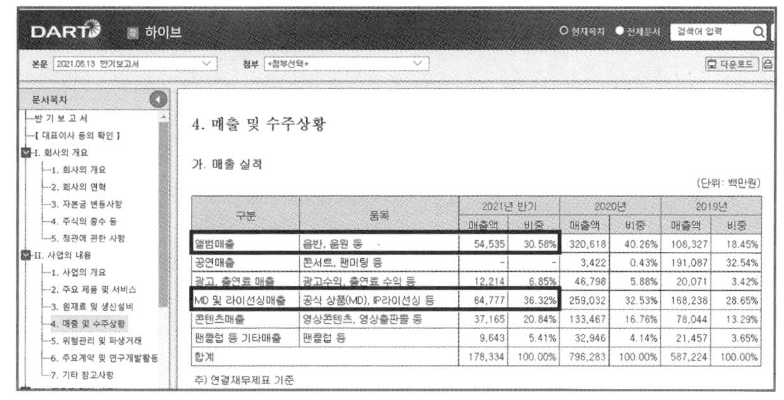

4. 매출 및 수주상황

가. 매출 실적

(단위: 백만원)

구분	품목	2021년 반기		2020년		2019년	
		매출액	비중	매출액	비중	매출액	비중
앨범매출	음반, 음원 등	54,535	30.58%	320,618	40.26%	108,327	18.45%
공연매출	콘서트, 팬미팅 등	-	-	3,422	0.43%	191,087	32.54%
광고, 출연료 매출	광고수익, 출연료 수익 등	12,214	6.85%	46,798	5.88%	20,071	3.42%
MD 및 라이선싱매출	공식 상품(MD), IP라이선싱 등	64,777	36.32%	259,032	32.53%	168,238	28.65%
콘텐츠매출	영상콘텐츠, 영상출판물 등	37,165	20.84%	133,467	16.76%	78,044	13.29%
팬클럽 등 기타매출	팬클럽 등	9,643	5.41%	32,946	4.14%	21,457	3.65%
합계		178,334	100.00%	796,283	100.00%	587,224	100.00%

주) 연결재무제표 기준

출처-DART 하이브 2021 반기보고서

장 많은 매출을 올렸는데, 이를 통해 앞으로 위드 코로나의 시대가 온다면 올해는 전무했던 공연 매출이 크게 늘어날 것임을 알 수 있겠습니다.

사실 하이브의 매출을 연 단위로 분석해보면 코로나 영향을 크게 받지 않았다는 것도 알 수 있습니다. 그만큼 공연뿐만이 아닌 다양한 루트로 회사의 실적이 나왔다는 건데, 코로나 전에도 중에도 후에도 꾸준히 성장할 수 있는 회사라고 볼 수 있겠습니다.

투자 팁

코로나 이후가 더 기대되는 회사입니다. 중국 규제, 연예인 개인사로 인한 리스크 등을 투자할 때 꼭 고려해야겠지만 당분간은 상승세 지속할 것입니다. BTS가 있을 때 새로운 변신을 성공한 기업입니다. IPO, 글로벌 플랫폼 구축, 자신만의 세계관 마련 등 부침은 있을 수 있으나 당분간 하이브만한 데가 있을까 싶습니다.

회사 소개

(FY2021 3Q 기준)

- **회 사 명:** 하이브
- **회사개요:** 2005년 설립된 글로벌 엔터테인먼트 콘텐츠 기업으로서 글로벌 아티스트를 육성하고, 음악 기반 라이프스타일 콘텐츠를 제작 및 서비스하고 있다. 소속 아티스트로는 방탄소년단, 투모로우바이투게더, 세븐틴, 뉴이스트, 여자친구 등이 있다.
- **주주구성:** 방시혁 외 6인 35.2% 넷마블 19.3% 국민연금공단 6.8% 소액주주 32.28%

〈지옥〉〈지금 우리학교는〉〈종이의 집〉

제이콘텐트리

제이콘텐트리는 계열사 관리 등 지주업과 영화 및 방송 콘텐츠 투자 사업을 하고 있다. 2000년 코스닥 시장에 상장했으며, 2019년 코스피 시장으로 이전 상장했다. 물적분할된 제이콘텐트리스튜디오는 곧 JTBC스튜디오와 합병된다고 한다. 이후 상장을 하고 히트 드라마가 나오면 주자가 어떻게 될까?

대한민국을 대표하는 종합 미디어그룹 중앙그룹의 상장법인으로 2016년 12월 매거진 부문을 매각하면서 지주사로의 역할을 공고히 하며, 드라마/영화 제작 투자사업 신설을 통해 사업 경쟁력을 강화했습니다.

JTBC 개국 이후 자회사 JTBC스튜디오를 통해 국내외 및 VOD 제작 및 유통을 성장시키고 있으며, 2015년 메가박스 잔여지분을 전부 인수함으로써 콘텐츠 제작 및 유통배급 사업과 플랫폼의 전략적 통합을 통해 종합 미디어 기업의 역할을 진행하고 있습니다.

방송 및 영화에 대한 주요 제품들의 현황 및 매출액 추이는 다음

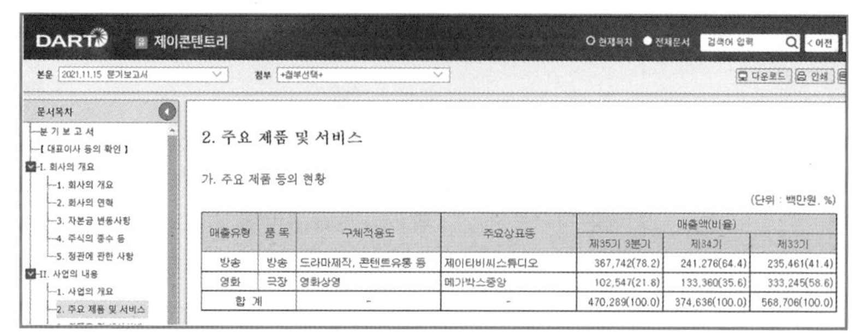

2. 주요 제품 및 서비스

가. 주요 제품 등의 현황

(단위 : 백만원, %)

매출유형	품 목	구체적용도	주요상표등	매출액(비율)		
				제35기 3분기	제34기	제33기
방송	방송	드라마제작, 콘텐트유통 등	제이티비씨스튜디오	367,742(78.2)	241,276(64.4)	235,461(41.4)
영화	극장	영화상영	메가박스중앙	102,547(21.8)	133,360(35.6)	333,245(58.6)
합 계		-	-	470,289(100.0)	374,636(100.0)	568,706(100.0)

출처-DART 제이콘텐트리2021 3분기보고서

과 같습니다.

〈오징어 게임〉, 〈지옥〉 등 우리나라의 드라마 등 콘텐츠가 세계적으로 관심을 받고 있습니다. 이미 넷플릭스의 북미권 가입자 수가 정체되고, 아시아권역에서는 코로나 이후로 가입자 수가 증가하고 있다고 합니다. 그런데 아시아에서 먹히는 콘텐츠가 한류이자, 다수의 콘텐츠를 생산할 능력을 갖추고 있는 곳이 한국입니다.

디즈니 등 새로운 OTT 서비스 업체들이 경쟁적으로 생겨나고 있습니다. 우리나라 정부도 5개 이상 토종 OTT 업체를 만들도록 지원하겠다고 합니다. 여하튼 콘텐츠를 유통하겠다는 데는 많고, 국경을 넘나들면서 콘텐츠를 팔 수 있는 환경이 조성됐습니다. 대박 드라마 하나면, 재방에 삼방까지 틀 수 있습니다.

그런데 제작비는 적으면서 전 세계에 먹히는 콘텐츠를 생산해 내는 잠재력을 가진 회사가 많습니다. 한국의 드라마 콘텐츠가 전 세계적으로 인기가 올라가면 관련 회사의 주가 역시 뜁니다.

그렇다면 투자 결정을 위해서 제이콘텐트리의 최근 재무제표 실적과 재무상태를 고려해봅니다. 안타깝게도 실적은 좋지 않습니다. 2021년 3분기 기준 누적 매출액이 4,567억 원입니다. 영업이익 -546억 원으로 2020년보다 더 늘어날 전망입니다. 재무상태는 괜찮습니다. 드라마 콘텐츠가 많이 있으면 앞으로 기대할 만합니다. 또한 가지고 있는 판권의 가치도 많아야 합니다. 넷플릭스 〈지옥〉 제이콘텐트리의 주가를 견인한 적이 있습니다.

제이콘텐트리는 드라마 제작 사업 분야를 강화하려는 시도를 하고 있습니다. 제이콘텐트리가 드라마 제작을 전담하는 방송부문을 2020년 8월 1일을 분할기일로 하여 ㈜제이콘텐트리스튜디오를 설립했습니다. 분사하는 것은 당연한 경영판단 같아 보입니다. 10여 편의 신규 드라마가 나온다고 합니다. 그러나 신설법인이 생기고,

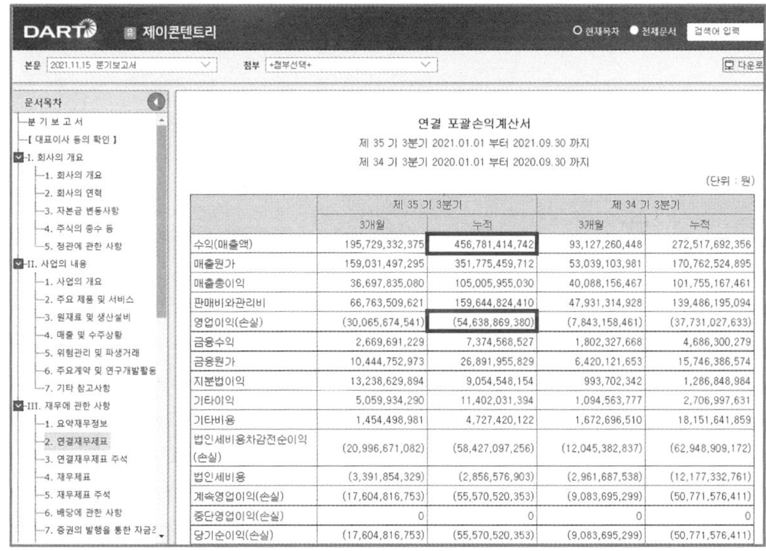

연결 포괄손익계산서

제 35 기 3분기 2021.01.01 부터 2021.09.30 까지

제 34 기 3분기 2020.01.01 부터 2020.09.30 까지

(단위 : 원)

	제 35 기 3분기		제 34 기 3분기	
	3개월	누적	3개월	누적
수익(매출액)	195,729,332,375	456,781,414,742	93,127,260,448	272,517,692,356
매출원가	159,031,497,295	351,775,459,712	53,039,103,981	170,762,524,895
매출총이익	36,697,835,080	105,005,955,030	40,088,156,467	101,755,167,461
판매비와관리비	66,763,509,621	159,644,824,410	47,931,314,928	139,486,195,094
영업이익(손실)	(30,065,674,541)	(54,638,869,380)	(7,843,158,461)	(37,731,027,633)
금융수익	2,669,691,229	7,374,568,527	1,802,327,668	4,686,300,279
금융원가	10,444,752,973	26,891,955,829	6,420,121,653	15,746,386,574
지분법이익	13,238,629,894	9,054,548,154	993,702,342	1,286,848,984
기타이익	5,059,934,290	11,402,031,394	1,094,563,777	2,706,997,631
기타비용	1,454,498,981	4,727,420,122	1,672,696,510	18,151,641,859
법인세비용차감전순이익(손실)	(20,996,671,082)	(58,427,097,256)	(12,045,382,837)	(62,948,909,172)
법인세비용	(3,391,854,329)	(2,856,576,903)	(2,961,687,538)	(12,177,332,761)
계속영업이익(손실)	(17,604,816,753)	(55,570,520,353)	(9,083,695,299)	(50,771,576,411)
중단영업이익(손실)	0	0	0	0
당기순이익(손실)	(17,604,816,753)	(55,570,520,353)	(9,083,695,299)	(50,771,576,411)

출처 - DART 제이콘텐트리 2021 3분기보고서

합병되고 그리고 IPO까지 하려면 1~2년 정도의 시간이 소요될 것입니다.

현재 제이콘텐트리는 드라마 〈지옥〉에 이어 〈지금 우리 학교는〉, 〈종이의 집〉 등 글로벌 흥행이 기대되는 OTT 오리지널의 라인업을 다수 확보하고 있습니다. 〈종이의 집은〉 넷플릭스에서 세계적으로 흥행한 스페인 드라마로, 리메이크 판권을 사들인 것입니다. 재무제표상 실적은 비록 좋지 않지만 괜찮은 콘텐츠를 준비 중인 이 기업을 눈여겨봐야 할 것입니다.

투자 팁

넥스트 코로나 시대에는 영화관도 다시 활성화 될 것입니다. 제이콘텐트리의 메가박스 또한 상장을 추진하고 있습니다. 주옥같은 K-콘텐츠는 앞으로도 나옵니다. 콘텐츠 제작-유통-방영 등 수직계열화가 이루어진 제이콘텐트리 사업구조에 큰 호감을 가질 수 밖에 없습니다. 물적분할된 제이콘텐트리스튜디오는 곧 JTBC스튜디오랑 합병한다고 합니다. 이후 상장하고 히트 드라마가 나오면 어떻게 될까요?

회사 소개

(FY2021 3Q 기준)

- **회 사 명:** (주)제이콘텐트리
- **회사개요:** (주)제이콘텐트리는 1987년 9월 28일 한길무역주식회사로 설립돼 2000년 3월 23일 주식을 코스닥시장에 상장했으며, 2019년 10월 18일 유가증권시장에 이전상장했다. 지배기업은 신문 발행을 주요사업으로 영위하다 2009년 4월 1일자로 신문사업 부문을 물적분할하여 (주)아이에스일간스포츠를 설립했다. 지배기업은 2011년 6월 17일자로 법인명을 주식회사 아이에스플러스코프에서 주식회사 제이콘텐트리(영문명: Jcontentree corp.)로 변경했다. 또한 지배기업은 2011년 5월 24일 중앙엠앤비(주)를 흡수합병했다. 2015년 8월 6일을 기준으로 '독점규제 및 공정거래에 관한 법률'에서 규정한 지주회사의 요건을 충족함에 따라 다른 회사의 주식을 소유함으로써 지주회사로 전환했으며, 2016년 12월 30일 매거진사업 부문을 (주)제이티비씨플러스에 매각했다. 또한 2021년 7월 1일 조인스중앙(주)를 흡수합병했다.
- **주주구성:** 중앙홀딩스 외 2인 45.55% 국민연금공단 10.01% 소액주주 53.56%

시장 전망 – 제약 · 바이오

2015년 한미약품의 글로벌 라이선스 수출은 신약 개발의 붐을 우리나라에 불러 일으킵니다. 신약개발이 이뤄진 지 10년에 가까운 시기 동안 신라젠과 같이 신약개발의 과정 속에 온갖 우여곡절을 겪는 경우를 투자자들이 경험했습니다. 임상3상을 발표한 회사가 최종 단계에서 물거품이 되기도 합니다.

2019년~2021년은 코로나로 진단기 기업과 코로나 치료제 관련 제약기업이 주목을 받았습니다. 백신과 치료제 2022년 역시 화두가 될 핵심 변수입니다. 그러나 세계가 팬데믹에서 빠져나오려면 1~2년의 시간이 더 필요할 것으로 보입니다.

그 와중에도 신약개발을 통해 바이오 기업들은 투자를 잘 받는 편입니다. EXIT를 위한 IPO도 계속될 것이고, 회사를 옮겨가며 신약개발이라는 화두로 기업가치를 뻥튀기 하는 케이스도 사라지지 않습니다. 투자자들에게 좀더 면밀하고, 기업가치의 본질적 숫자에 관심을 가질 시기입니다. 바이오라고 다 주가가 오르는 시기는 지났습니다.

독점적인 시장 점유율을 갖고 오랫동안 해당 분야에서 차별화된 제약 제품을 판매하는 회사가 바이오 열풍에 가려져 있습니다. 높은 매출액과 이익을 지속할 수 있는 기업에도 관심을 가져야 합니다.

제약·바이오

PHARMACEUTICAL & BIO

이런 회사의 주가가 낮으면 기회다

한미약품

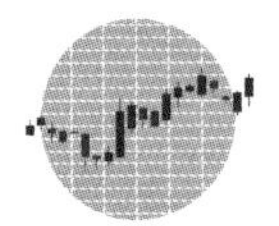

안정적인 이윤을 내는 회사가 꾸준히 일정 부분에 R&D 투자를 한다면? 그리고 그 회사의 주가가 낮은 상태라면? 분명 기회가 올 수 있다. 한미약품 이야기다. 의약품 제조 및 판매를 주사업 목적으로 하는 대한민국 대표 제약기업으로 주요 제품으로는 고혈압치료제(아모다핀), 복합 고혈압치료제(아모잘탄) 등이 있다.

과거, 프랑스 다국적 제약회사 사노피와 5조 원 규모의 신약 수출계약을 맺은 한미약품. 우리나라 제약회사 타이틀 앞에 '바이오'를 붙인 기업이 한미약품입니다. 이후 제약·바이오는 우리나라 육성산업이 됐습니다. 창조경제의 모범이자 전 국민이 제약·바이오 회사 주식으로 대박을 꿈꾸게 만듭니다.

2019년 당시 연결기준 한미약품 자산총계는 1조 9,000억 원입니다. 부채비율 133%로 부채총계 1조 원이 넘습니다. 단기차입금+유동성장기차입금+장기차입금+사채가 7,917억 원입니다. 한미가 왜 이리 빚이 많은 걸까요?

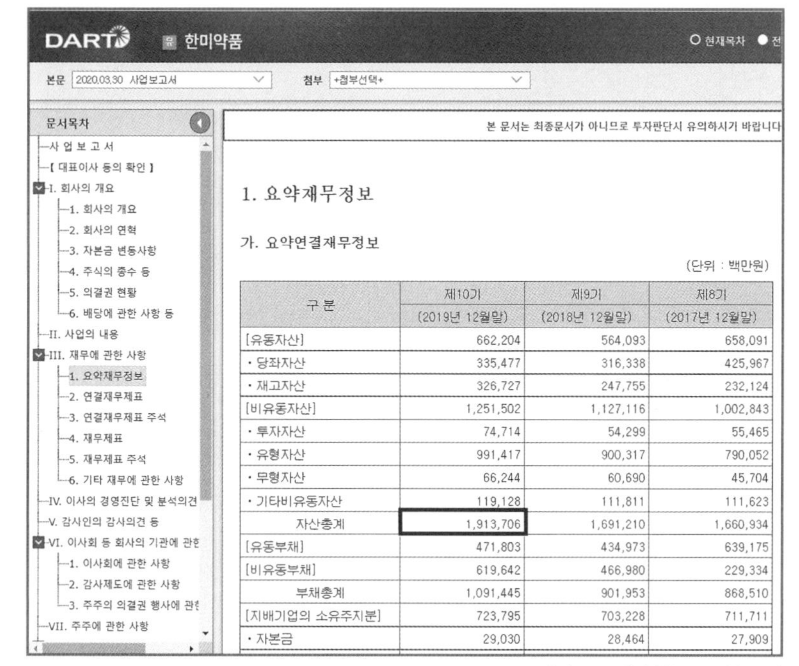
DART 한미약품

본문 2020.03.30 사업보고서 첨부 +첨부선택+

본 문서는 최종문서가 아니므로 투자판단시 유의하시기 바랍니다

문서목차

- 사 업 보 고 서
- 【 대표이사 등의 확인 】
- I. 회사의 개요
  - 1. 회사의 개요
  - 2. 회사의 연혁
  - 3. 자본금 변동사항
  - 4. 주식의 총수 등
  - 5. 의결권 현황
  - 6. 배당에 관한 사항 등
- II. 사업의 내용
- III. 재무에 관한 사항
  - 1. 요약재무정보
  - 2. 연결재무제표
  - 3. 연결재무제표 주석
  - 4. 재무제표
  - 5. 재무제표 주석
  - 6. 기타 재무에 관한 사항
- IV. 이사의 경영진단 및 분석의견
- V. 감사인의 감사의견 등
- VI. 이사회 등 회사의 기관에 관한
  - 1. 이사회에 관한 사항
  - 2. 감사제도에 관한 사항
  - 3. 주주의 의결권 행사에 관한
- VII. 주주에 관한 사항

1. 요약재무정보

가. 요약연결재무정보

(단위 : 백만원)

구 분	제10기	제9기	제8기
	(2019년 12월말)	(2018년 12월말)	(2017년 12월말)
[유동자산]	662,204	564,093	658,091
· 당좌자산	335,477	316,338	425,967
· 재고자산	326,727	247,755	232,124
[비유동자산]	1,251,502	1,127,116	1,002,843
· 투자자산	74,714	54,299	55,465
· 유형자산	991,417	900,317	790,052
· 무형자산	66,244	60,690	45,704
· 기타비유동자산	119,128	111,811	111,623
자산총계	1,913,706	1,691,210	1,660,934
[유동부채]	471,803	434,973	639,175
[비유동부채]	619,642	466,980	229,334
부채총계	1,091,445	901,953	868,510
[지배기업의 소유주지분]	723,795	703,228	711,711
· 자본금	29,030	28,464	27,909

출처-DART 한미약품 2019 사업보고서

답은 투자활동현금흐름이라고 생각합니다. 4년 동안 투자활동현금흐름 총합이 8,266억 원에 달합니다. 한미약품의 유형자산 9,917억 원에 무형자산 662억 원입니다. 유형자산 중에 건설중인 자산이 3,296억 원입니다. 아직도 뭘 많이 짓고 있네요. 무엇을 하는 걸까요? 매출액은 1.1조 원으로 지난해 영업이익 1,039억 원을 기록합니다.

2020년 1분기를 잠시 살펴보니 코로나에 타격이 크지는 않아 보입니다. 2019년 1분기와 비슷한 매출에 영업이익 288억 원을 냈습니다. 다만 현금흐름표를 봤을 때, 투자규모도 좀 줄고, 기말의 현금

을 1,341억 원으로 최근 10년 사이 가장 큰 금액을 쌓아 두고 있습니다.(2020년 1분기 기준)

K제약·바이오를 이끌었던 한미약품은 2015년을 기점으로 매출도 자산도 확 큰 회사입니다. 다만 그때 발표된 신약개발 라이선스 아웃 제품들이 5년 사이 다 기술반납 등으로 실패로 끝났습니다. 그럼에도 불구하고 한미약품은 아모잘탄패밀리, 로수젯, 팔팔, 아모타핀 등 100억 원 이상 팔리는 제약제품을 가진 회사입니다.

2015년 2,118억 원의 영업이익의 정점을 보여줘서 기대치가 크지만, 매년 수백억 원의 이익을 내는 회사입니다. 물론 히트를 친 신약개발기술 수출 실적은 2017년 576억 원→2018년 446억 원→2019년 204억 원으로 매년 줄고 있습니다.

하지만 이 회사가 그냥 그대로 있을 거 같지는 않습니다. 끊임 없이 투자를 진행하는 것이 제가 그런 생각을 하는 이유입니다. 재무적으로 여유도 되고요.

한미 덕분에 코스닥 제약·바이오 벤처기업들이 투자를 받을 수 있는 바탕이 된 것입니다. 신약개발 그리고 임상성공, 제품출시에만 10년이 걸린다고 합니다. 그리고 그게 진짜로 대박 상품이 되는 건 '하늘에 별 따기'입니다. 10년 사이 경쟁회사(글로벌 제약회사)가 신제품을 만들거나, 기존 제품값을 내려버릴 수도 있기 때문입니다. 이런저런 신약개발 시장에 한미약품이 좋은 사례라고 생각합니다.

한미약품이 2021년 Aptose Biosciences Inc.(미국/캐나다)와 급성골수성백혈병(AML)을 유발하는 'FLT3 돌연변이'와 'SYK(비장 타

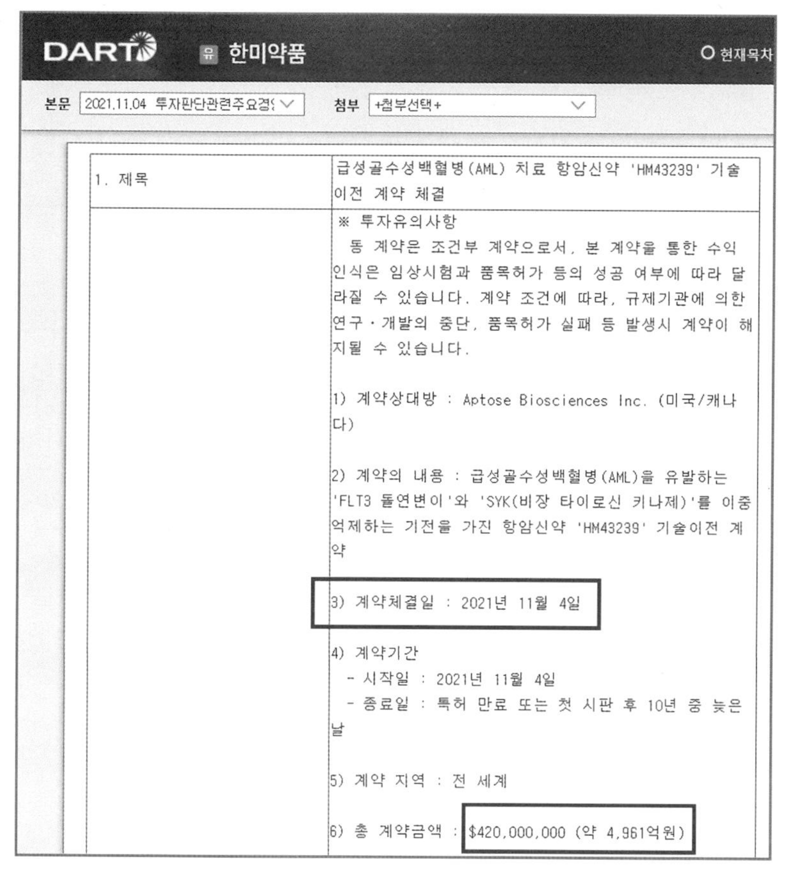
DART 유 한미약품 O 현재목차

본문 2021.11.04 투자판단관련주요경영 첨부 +첨부선택+

1. 제목	급성골수성백혈병(AML) 치료 항암신약 'HM43239' 기술이전 계약 체결
	※ 투자유의사항 동 계약은 조건부 계약으로서, 본 계약을 통한 수익인식은 임상시험과 품목허가 등의 성공 여부에 따라 달라질 수 있습니다. 계약 조건에 따라, 규제기관에 의한 연구·개발의 중단, 품목허가 실패 등 발생시 계약이 해지될 수 있습니다. 1) 계약상대방 : Aptose Biosciences Inc. (미국/캐나다) 2) 계약의 내용 : 급성골수성백혈병(AML)을 유발하는 'FLT3 돌연변이'와 'SYK(비장 타이로신 키나제)'를 이중억제하는 기전을 가진 항암신약 'HM43239' 기술이전 계약 3) 계약체결일 : 2021년 11월 4일 4) 계약기간 - 시작일 : 2021년 11월 4일 - 종료일 : 특허 만료 또는 첫 시판 후 10년 중 늦은 날 5) 계약 지역 : 전 세계 6) 총 계약금액 : $420,000,000 (약 4,961억원)

출처-DART 한미약품 공시 2021.11.04

이로신 키나제)'를 이중 억제하는 기전을 가진 항암신약 'HM43239' 기술이전 계약을 체결했다고 발표했습니다. 계약 지역은 전 세계로 총 계약금액은 4억 2천만 달러(약 4,961억 원)입니다.

계약금액은 임상/허가 및 상업화에 따른 단계별 수령 예정이며, 경상기술료(Royalty) 역시 시판 후 연간 순매출액에 따라 수령 예정이라고 합니다. 한미약품의 기술이전 계약은 2015년 대박을 친 이후 계약반환 등 신약개발 기업에 대한 투자에 대한 경각심을 줬습니다.

이번 계약은 한미약품의 매출액 46.1%에 해당하는 금액이라고 합니다. 한미약품은 2021년 3분기 기준 매출액 8,527억 원에 826억 원의 영업이익을 기록하고 있습니다.

바이오 회사의 가치를 적정 평가하는 것은 무척이나 어렵습니다. 신약의 성공도 무척이나 낮을 뿐만 아니라, 성공 시의 막대한 보상도 가늠하기 어렵기 때입니다. 하지만 안정적인 이윤을 내는 회사가 꾸준히 일정 부분에 R&D 투자를 한다면 다릅니다. 그리고 그 회사의 주가가 낮은 상태라면? 분명 기회가 올 수 있습니다. 주식은 싸게 사서 비싸게 파는 단순한 이론입니다.

투자 팁

신약개발의 시장을 연 한미약품, 의지를 갖고 회사의 총력을 기울이든 창업주가 세상을 떠났습니다. 그럼에도 불구하고 한미는 거대 제약사가 돼 있습니다. 다시 한 번 한미의 저력을 기대할 2022년이 되지 않을까요? 주가는 어느 정도 거품이 빠진 상태라고 생각합니다.

회사 소개

(FY2021 3Q 기준)

- **회 사 명:** 한미약품(주)
- **회사개요:** 한미약품(주)는 2010년 7월 1일을 분할기일로 하여 분할회사인 한미사이언스 주식회사로부터 인적분할돼 설립됐으며, 2010년 7월에 지배회사의 주식을 한국거래소가 개설한 유가증권시장에 재상장했다. 지배회사는 의약품 제조 및 판매를 주 사업목적으로 하고 있다.
- **주주구성:** 한미사이언스41.40%, 국민연금 8.8%, 소액주주 39.88%

자산 항목 우량, 높은 영업이익률
하나제약

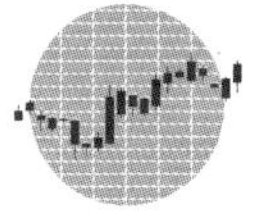

하나제약은 특별히 마케팅하지 않고도 오랜 시간 성과를 유지할 수 있었던 점을 재무적으로도 확인할 수 있는 기업이다. 하나제약은 중증통증에 쓰이는 마약성 진통제와 수술 및 진정에 쓰이는 마취제 의약품을 주요 사업으로 영위하고 있다. 마약류 및 마취제 의약품의 경우에는 시장의 진입장벽이 높으므로 매출 안정성이 무척 높다고 평가할 수 있다.

하나제약은 전문의약품 생산 및 판매를 주요 사업으로 영위하고 있습니다. 중증통증에 쓰이는 마약성 진통제와 마취제 부문의 오랜 강점을 살려 다년간 마취의약품 시장에서 선두를 달리고 있으며 350여 개의 다양한 의약품을 취급하고 있습니다.

하나제약의 사업보고서를 보면, 국내 주요 상장 제약사 매출 비교표가 나옵니다. 2018년부터 2020년까지 하나제약의 순위가 꾸준히 상승함을 알 수 있겠습니다.

이는 하나제약의 특수한 사업성의 결과라고 판단할 수 있겠습니다. 하나제약은 전국의 종합병원, 병원, 의원 등 요양기관을 주 거래

(단위 : 백만원)

효능군	매출액	매출비율	비고
순환기	31,090	32.30%	-
마약,마취	19,277	20.68%	-
소화기	10,149	10.89%	-
진통제	6,974	7.47%	-
기타	24,783	27.62%	-
상품	966	1.04%	-
합 계	93,239	100.00%	-

출처-DART 하나제약 2021 반기보고서

처로 전문의약품을 공급합니다. 크게 주사제와 경구용 의약품을 공급하는데, 주요 제품인 마취제는 병원내 진입이 어려우며 또한 한번 진입하는 경우에는 이탈이 적습니다. 반드시 의약품심의위원회를 통해서만 약품의 허가가 진행되기 때문입니다.

또한 마약류 의약품은 마약, 항정신성의약품 및 대마를 말합니다. 해당 의약품의 특성상 오남용의 위험이 높아 국가 차원에서도 관리가 엄격합니다. 따라서 실질적 독과점 상품으로 하나제약은 2018년 기준 약 56%의 독보적인 점유율 1위를 유지하고 있습니다.

이러한 특성화된 사업구조상 하나제약의 연간 매출액 및 영업이익은 꾸준히 증가될 것으로 생각됩니다. 2018년 10월 코스피에 상장된 하나제약은 아직 상장 당시 주가보다 하락한 상태입니다.

하나제약, 좀 생소한 이름이지만 재무제표를 살펴보겠습니다. 2020년 기준 재무상태표를 보니 하나제약의 자산총계는 2,765억 원입니다. 재무상태표의 항목들을 좀 쭉 살펴보니 현금이 205억 원,

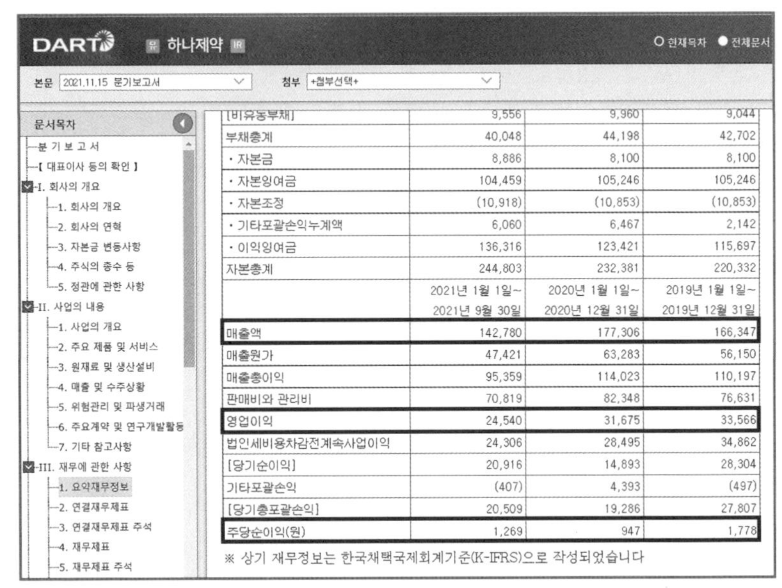
DART 하나제약

본문 2021.11.15 분기보고서 · 첨부 +첨부선택+

문서목차
- 분 기 보 고 서
- 【 대표이사 등의 확인 】
- I. 회사의 개요
  - 1. 회사의 개요
  - 2. 회사의 연혁
  - 3. 자본금 변동사항
  - 4. 주식의 총수 등
  - 5. 정관에 관한 사항
- II. 사업의 내용
  - 1. 사업의 개요
  - 2. 주요 제품 및 서비스
  - 3. 원재료 및 생산설비
  - 4. 매출 및 수주상황
  - 5. 위험관리 및 파생거래
  - 6. 주요계약 및 연구개발활동
  - 7. 기타 참고사항
- III. 재무에 관한 사항
  - 1. 요약재무정보
  - 2. 연결재무제표
  - 3. 연결재무제표 주석
  - 4. 재무제표
  - 5. 재무제표 주석

[비유동부채]	9,556	9,960	9,044
부채총계	40,048	44,198	42,702
・자본금	8,886	8,100	8,100
・자본잉여금	104,459	105,246	105,246
・자본조정	(10,918)	(10,853)	(10,853)
・기타포괄손익누계액	6,060	6,467	2,142
・이익잉여금	136,316	123,421	115,697
자본총계	244,803	232,381	220,332
	2021년 1월 1일~ 2021년 9월 30일	2020년 1월 1일~ 2020년 12월 31일	2019년 1월 1일~ 2019년 12월 31일
매출액	142,780	177,306	166,347
매출원가	47,421	63,283	56,150
매출총이익	95,359	114,023	110,197
판매비와 관리비	70,819	82,348	76,631
영업이익	24,540	31,675	33,566
법인세비용차감전계속사업이익	24,306	28,495	34,862
[당기순이익]	20,916	14,893	28,304
기타포괄손익	(407)	4,393	(497)
[당기총포괄손익]	20,509	19,286	27,807
주당순이익(원)	1,269	947	1,778

※ 상기 재무정보는 한국채택국제회계기준(K-IFRS)으로 작성되었습니다

출처-DART 하나제약 2021 3분기보고서

매출채권이 433억 원, 기타유동금융자산 529억 원, 유형자산 908억 원, 투자부동산 148억 원 등 보기 드물게 재무상태표의 자산항목들이 골고루 잘 구성돼 있습니다.

자산항목만 봐도 우량한 회사라는 것을 추측할 수 있습니다. 보통 느낌의 이름을 가진 제약회사는 되게 오래된 장수기업인 경우입니다. 하나제약 역시 재무제표 역시 43기 이상된 업력을 가지고 있습니다. 부채총계가 441억 원의 자본 2,323억 원이니 부채는 거의 볼 필요가 없을 상태입니다.

손익계산서를 살펴보니 의외입니다. 매출액이 생각보다 작습니다. 1,773억 원. 그런데 매출원가가 632억 원 즉 원가율이 35%밖에 안 됩니다. 적은 매출액을 감안해도 굉장히 낮은 원가율을 덕분에 높은 영업이익률이 기대됩니다. 역시 하나제약의 영업이익은 316억 원, 이익률 17% 높은 성과를 내고 있습니다.

2021년 3분기까지 매출액은 1,327억 원과 영업이익이 245억 원입니다. 당기순이익 209억 원을 기록하고 있습니다. 이런 수치를 내는 제약회사는 무슨 약을 파는 곳일까? 궁금합니다.

주력 상품이 무엇인지 알고 나니 숫자가 이해가 됩니다. 병원에 마약선 진통제와 마취제를 메인으로 공급하고 있는 회사라고 합니다. 즉 우리나라 대부분 병원들이 매번 써야 할 마취제를 제공하고 있는 회사입니다.

매출이 매우 안정적으로 유지될 수 있는 메리트가 있습니다. 하나제약 영업 부문 주석 사항을 살펴보니 국내에서 1,424억 원의 매출액과 해외 3억 원 정도로 생산량의 대부분을 국내에서 소화하고 있습니다. 국내 출액이 조금 늘어난 이유는 코로나 때문에 수입 물량이 줄어서라고 합니다.

하나제약의 주 상품의 성격상 매출이 갑자기 떨어지거나 갑자기 회사가 망할 일은 없습니다. 그 또한 43기나 되는 재무제표에서도 확인할 수 있습니다.

투자 팁

연예계의 프로포폴 뉴스를 접하다가 우연히 발굴하게 된 종목입니다. 바이든 정부에서는 마약성 제품에 대한 허가가 많이 늘어나고 있다던데 우리나라도 확대되지 않을까, 하는 생각이 듭니다. 어떤 제품이든 독점적인 사업자는 시장 메리트가 존재합니다. 특히 원가율이 낮을 경우에는 가격 결정력도 갖출 수 있습니다. 하나제약이 특별히 마케팅하지 않고도 오랜 시간 성과 유지할 수 있었던 점을 재무적으로도 느낄 수 있습니다.

회사 소개

(FY2021 3Q 기준)

- **회 사 명:** 하나제약
- **회사개요:** 1978년 전신인 우천제약으로 설립됐고, 1996년 하나제약으로 상호 변경됐다. 주력제품은 중증통증에 쓰이는 마약성진통제와 수술 및 진정에 쓰이는 마취제의약품으로 업계 시장점유율 1위 품목을 다수 보유하고 있다.
- **주주구성:** 조동훈 외 9인 58.85%, 소액주주 38.41%

재무제표에 경영진의 의지가 보이는

유유제약

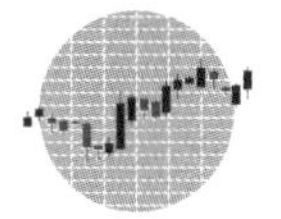

수익은 그렇게 자산변화를 따라오고 있지는 않지만, 2020년 자산총계 1,549억 원에서 2021년 3분기 1,956억 원으로 증가하면서 더욱 유유제약의 변화가 가속화되고 있다. 유유제약은 1941년 유한무역주식회사로 설립돼 의약품 및 판매를 하고 있는 전문의약품 주력 회사다.

유유제약은 1941년 유한무역주식회사로 출발했습니다. 그 사이 상호변경이 이뤄지며 2008년 지금의 (주)유유제약이 됐습니다. 특히 2006년 제천공장 설립 후 1987년 우수의약품제조관리 기준을 갖춘 KGMP(Korea Good Manufacturing Practice)시설을 완료하고 1989년 중앙연구소를 설립했습니다. 2011년 대표이사 유승필, 최정엽으로 변경됐으며, 2014년 말레이시아, 2016년 베트남에 지사를 설립했습니다. 2021년 3분기 기준 종속기업으로 건강기능식품 제조 판매사인 (주)유유헬스케어 45%, 의료기기판매 (주)유유메디컬스와 공동투자기업으로 산소발생기 랜탈 (주)유유테이진메디케

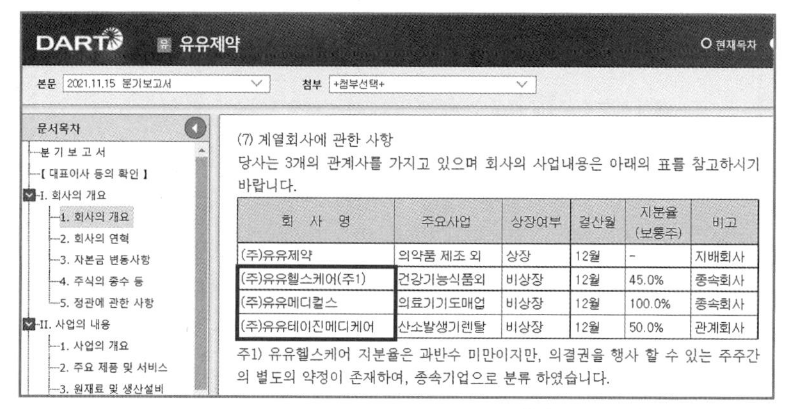
DART 유유제약 현재목차

본문 2021.11.15 분기보고서 첨부 +첨부선택+

문서목차
- 분 기 보 고 서
- 【 대표이사 등의 확인 】
- I. 회사의 개요
  - 1. 회사의 개요
  - 2. 회사의 연혁
  - 3. 자본금 변동사항
  - 4. 주식의 총수 등
  - 5. 정관에 관한 사항
- II. 사업의 내용
  - 1. 사업의 개요
  - 2. 주요 제품 및 서비스
  - 3. 원재료 및 생산설비

(7) 계열회사에 관한 사항

당사는 3개의 관계사를 가지고 있으며 회사의 사업내용은 아래의 표를 참고하시기 바랍니다.

회 사 명	주요사업	상장여부	결산월	지분율 (보통주)	비고
(주)유유제약	의약품 제조 외	상장	12월	-	지배회사
(주)유유헬스케어(주1)	건강기능식품외	비상장	12월	45.0%	종속회사
(주)유유메디컬스	의료기기도매업	비상장	12월	100.0%	종속회사
(주)유유테이진메디케어	산소발생기렌탈	비상장	12월	50.0%	관계회사

주1) 유유헬스케어 지분율은 과반수 미만이지만, 의결권을 행사 할 수 있는 주주간의 별도의 약정이 존재하여, 종속기업으로 분류 하였습니다.

출처 - DART 유유제약 2021 3분기 보고서

어 50%가 있습니다. 의약품 제조 및 판매가 주를 이루며, 신약/개량 신약/제네릭 의약품을 국내 병원에 공급하고 있습니다. 또한 국내 유수의 제약기업에 당사제품을 납품하는 수탁사업과 동남아시아 등에 완제전문의약품을 수출하고 있습니다.

유유제약은 홈페이지에 회사의 비전이 잘 설명돼 있습니다. 80년 전통의 제약 명가로 2020년에 3세 경영인 유원상 대표이사가 취임했습니다. CEO는 좋은 기업, 좋은 사람, 스타트업, 오픈이노베이션 등을 강조하며 기업의 새로운 변화를 진행하고 있는 것으로 보입니다. 직급체제 변화, ERP 도입, 다양한 인재채용, 주주환원정책 등 다양한 시도가 진행 중입니다. R&D 투자로 인한 이익 감소세가 우려되지만, 향후 꾸준한 매출액 증가와 더불어 유유제약만의 무형자산의 증대도 기대할 수 있겠습니다.

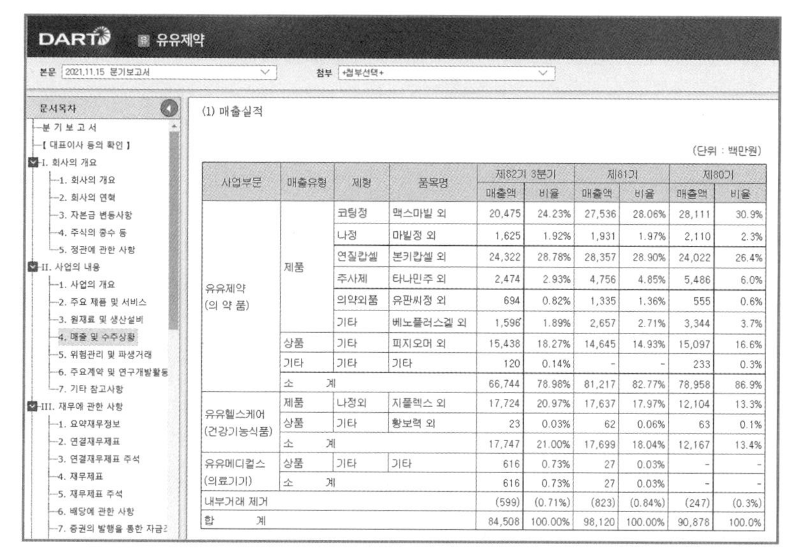

(1) 매출실적

(단위 : 백만원)

사업부문	매출유형	제형	품목명	제82기 3분기		제81기		제80기	
				매출액	비율	매출액	비율	매출액	비율
유유제약 (의 약 품)	제품	코팅정	맥스마빌 외	20,475	24.23%	27,536	28.06%	28,111	30.9%
		나정	마빌정 외	1,625	1.92%	1,931	1.97%	2,110	2.3%
		연질캅셀	본키캅셀 외	24,322	28.78%	28,357	28.90%	24,022	26.4%
		주사제	타나민주 외	2,474	2.93%	4,756	4.85%	5,486	6.0%
		의약외품	유판씨정 외	694	0.82%	1,335	1.36%	555	0.6%
		기타	베노플러스겔 외	1,596	1.89%	2,657	2.71%	3,344	3.7%
	상품	기타	피지오머 외	15,438	18.27%	14,645	14.93%	15,097	16.6%
	기타	기타	기타	120	0.14%	-	-	233	0.3%
	소 계			66,744	78.98%	81,217	82.77%	78,958	86.9%
유유헬스케어 (건강기능식품)	제품	나정외	지플렉스 외	17,724	20.97%	17,637	17.97%	12,104	13.3%
	상품	기타	황보력 외	23	0.03%	62	0.06%	63	0.1%
	소 계			17,747	21.00%	17,699	18.04%	12,167	13.4%
유유메디컬스 (의료기기)	상품	기타	기타	616	0.73%	27	0.03%	-	-
	소 계			616	0.73%	27	0.03%	-	-
내부거래 제거				(599)	(0.71%)	(823)	(0.84%)	(247)	(0.3%)
합 계				84,508	100.00%	98,120	100.00%	90,878	100.0%

출처 - DART 유유제약 2021 3분기 보고서

유유제약은 오랜 역사에서 느껴지듯이 안정적이고 보수적인 제약사입니다. 2021년 3분기기준 자산 1,956억 원, 부채 635억 원으로 부채비율이 최근 몇 년간 50%를 넘긴 적이 없습니다. 과거 4년간(2014-2017) 619억 원~715억 원까지 매출액에서 더딘 성장을 보이고 있으며, 영업이익도 37억 원까지 조금씩 나아지고 있는 모습입니다.

유유제약은 2017년부터 조금씩 변화를 보이고 있는데 가장 특징적으로 드러나는 부분은 현금흐름입니다. 2017년 바로 현금화할 수 있는 현금성 자산이 189억 원으로 여유로운 자금흐름을 보였습니다. 2020년 자산총계 1,549억 원→2021년 3분기 1,956억 원으로 증가하면서 더욱 유유제약의 변화가 가속화되고 있습니다. 전에 없

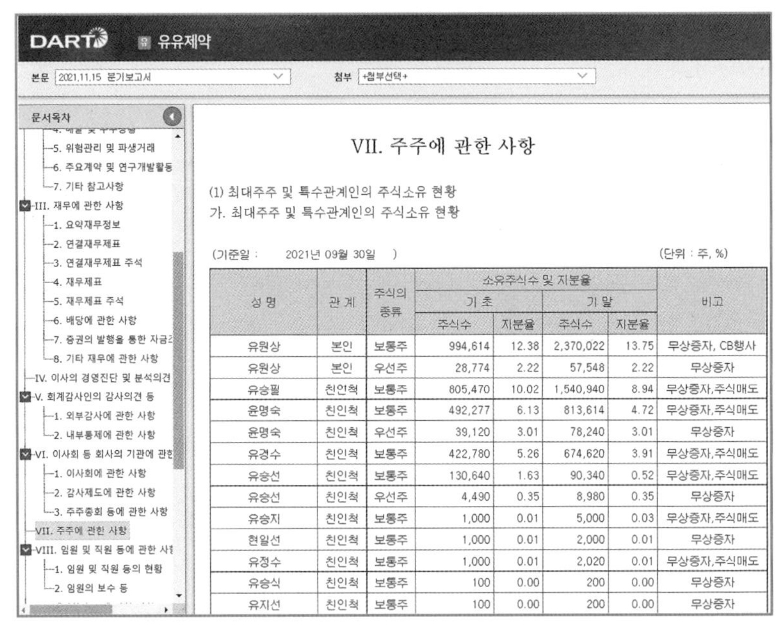
DART 유유제약

본문 2021.11.15 분기보고서

첨부 +첨부선택+

VII. 주주에 관한 사항

(1) 최대주주 및 특수관계인의 주식소유 현황

가. 최대주주 및 특수관계인의 주식소유 현황

(기준일 : 2021년 09월 30일) (단위 : 주, %)

성 명	관 계	주식의 종류	소유주식수 및 지분율				비고
			기 초		기 말		
			주식수	지분율	주식수	지분율	
유원상	본인	보통주	994,614	12.38	2,370,022	13.75	무상증자, CB행사
유원상	본인	우선주	28,774	2.22	57,548	2.22	무상증자
유승필	친인척	보통주	805,470	10.02	1,540,940	8.94	무상증자,주식매도
윤명숙	친인척	보통주	492,277	6.13	813,614	4.72	무상증자,주식매도
윤명숙	친인척	우선주	39,120	3.01	78,240	3.01	무상증자
유경수	친인척	보통주	422,780	5.26	674,620	3.91	무상증자,주식매도
유승선	친인척	보통주	130,640	1.63	90,340	0.52	무상증자,주식매도
유승선	친인척	우선주	4,490	0.35	8,980	0.35	무상증자
유승지	친인척	보통주	1,000	0.01	5,000	0.03	무상증자,주식매도
현일선	친인척	보통주	1,000	0.01	2,000	0.01	무상증자
유정수	친인척	보통주	1,000	0.01	2,020	0.01	무상증자,주식매도
유승식	친인척	보통주	100	0.00	200	0.00	무상증자
유지선	친인척	보통주	100	0.00	200	0.00	무상증자

출처 - DART 유유제약 2021 3분기 보고서

이 장기차입금 291억 원이 증가하거나, 기말의 현금성자산이 532억 원으로 높아지고 있습니다. 아직 수익은 그렇게 자산변화를 따라오고 있지는 않습니다.

유유제약은 2021년 유승필·유원상 2인 대표에서 유원상(47) 단독 대표체제로 전환합니다. 유원상 대표는 지분 13.75%로 최대주주이며 창업주의 손자입니다. 오래된 제약기업의 3세 경영이 기대된다고 하는데 충분한 자금력과 튼튼하 재무구조를 가진 유유제약이 변신하길 기대합니다.

투자 팁

라디오에서 익숙하게 들렸던 유유제약! 뇌졸증 치료제 신약개발 및 노바티스와 전문의약품 라미실정 및 테그레톨 등 5종 독점 판매, 충북 제천 공장 증설에 따른 생산력 증대로 외형 성장 및 수익 개선 기대됩니다. 취준생이 가장 취업하고 싶은 제약회사로 만들고 싶다는 CEO의 인사말이 인상깊었습니다.

회사 소개

(FY2021 3Q 기준)

- **회 사 명:** 유유제약
- **회사개요:** 신약/개량신약/제네릭 의약품을 공급하고 있으며, GMP 생산시설을 확보함으로써 국내 제약기업에 제품 납품과 동시에 동남아시아 등에 완전 전문의약품을 수출하고 있다. 종속기업을 통해 다양한 분야의 사업 확대가 기대된다.
- **주주구성:** 유원상 외 14인 33.14%, 소액주주 77.31%

기업 위기는 투자의 기회
메디톡스

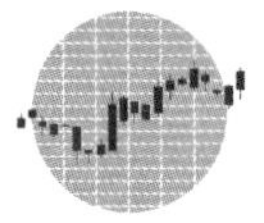

현재는 국내 보톡스 기업들의 가치가 많이 약화된 상황이지만, 메디톡스의 경우 2022년에는 견조한 실적 성장이 기대된다. 식약청 및 경쟁사와의 소송으로 2020년 대규모 적자를 기록했던 메디톡스, 지금은 어떤가? 바이오산업에서 일어나는 로열티 분쟁은 끊임없이 제기되는 사안이다. 메디톡스는 후발 주자가 아니기 때문에 늘 공격받는 위치다. 잘 견뎌낸다면, 폭발적인 성공이 보장된다. 톡신 매출이 정상화되는 과도기다.

메디톡스는 보톡스 관련 우리나라 1위 기업이었습니다. 2017년 900억 원 이상의 영업이익, 2018년 주가 70만 원 이상을 기록했던 메디톡스가 어려워진 가장 큰 이유는 2가지 소송 때문입니다. 메디톡스가 후발 주자인 대웅제약과 5년 이상 소송전을 펼치게 된 것은 '보톡스'라 불리는 균주가 가진 기원과 특성 때문입니다.

우리나라는 한국과학기술원에서 메디톡스 대표이사인 정현호 박사에 의하여 1986년부터 연구되기 시작했습니다. 국내시장에는 메디톡신주와 앨러간사의 보톡스 등 수입제품을 포함하여 현재 7개 종류의 제품이 사용되고 있으며 주름제거, 사각턱 교정 등의 피부미

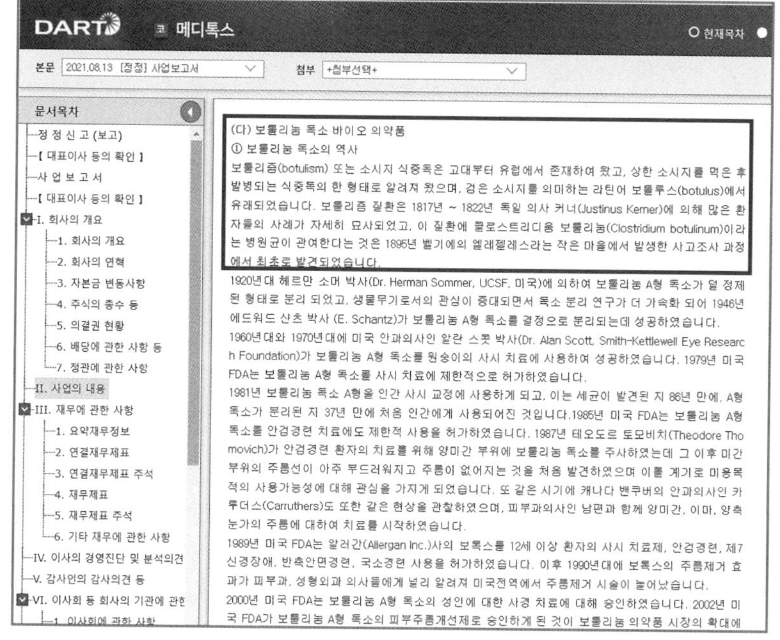

(다) 보툴리눔 독소 바이오 의약품

① 보툴리눔 독소의 역사

보툴리즘(botulism) 또는 소시지 식중독은 고대부터 유럽에서 존재하여 왔고, 상한 소시지를 먹은 후 발병되는 식중독의 한 형태로 알려져 왔으며, 검은 소시지를 의미하는 라틴어 보튤루스(botulus)에서 유래되었습니다. 보툴리즘 질환은 1817년 ~ 1822년 독일 의사 커너(Justinus Kerner)에 의해 많은 환자들의 사례가 자세히 묘사되었고, 이 질환에 클로스트리디움 보툴리눔(Clostridium botulinum)이라는 병원균이 관여한다는 것은 1895년 벨기에의 엘레젤레스라는 작은 마을에서 발생한 사고조사 과정에서 최초로 발견되었습니다.

1920년대 헤르만 소머 박사(Dr. Herman Sommer, UCSF, 미국)에 의하여 보툴리눔 A형 독소가 덜 정제된 형태로 분리 되었고, 생물무기로서의 관심이 증대되면서 독소 분리 연구가 더 가속화 되어 1946년 에드워드 샨츠 박사 (E. Schantz)가 보툴리눔 A형 독소를 결정으로 분리되는데 성공하였습니다.

1960년대와 1970년대에 미국 안과의사인 알란 스캇 박사(Dr. Alan Scott, Smith-Kettlewell Eye Research Foundation)가 보툴리눔 A형 독소를 원숭이의 사시 치료에 사용하여 성공하였습니다. 1979년 미국 FDA는 보툴리눔 A형 독소를 사시 치료에 제한적으로 허가하였습니다.

1981년 보툴리눔 독소 A형을 인간 사시 교정에 사용하게 되고, 이는 세균이 발견된 지 86년 만에, A형 독소가 분리된 지 37년 만에 처음 인간에게 사용되어진 것입니다.1985년 미국 FDA는 보툴리눔 A형 독소를 안검경련 치료에도 제한적 사용을 허가하였습니다. 1987년 테오도르 토모비치(Theodore Thomovich)가 안검경련 환자의 치료를 위해 양미간 부위에 보툴리눔 독소를 주사하였는데 그 이후 미간 부위의 주름선이 아주 부드러워지고 주름이 없어지는 것을 처음 발견하였으며 이를 계기로 미용목적의 사용가능성에 대해 관심을 가지게 되었습니다. 또 같은 시기에 캐나다 밴쿠버의 안과의사인 카루더스(Carruthers)도 또한 같은 현상을 관찰하였으며, 피부과의사인 남편과 함께 양미간, 이마, 양측 눈가의 주름에 대하여 치료를 시작하였습니다.

1989년 미국 FDA는 알러간(Allergan Inc.)사의 보톡스를 12세 이상 환자의 사시 치료제, 안검경련, 제7신경장애, 반측안면경련, 국소경련 사용을 허가하였습니다. 이후 1990년대에 보톡스의 주름제거 효과가 피부과, 성형외과 의사들에게 널리 알려져 미국전역에서 주름제거 시술이 늘어났습니다.

2000년 미국 FDA는 보툴리눔 A형 독소의 성인에 대한 사경 치료에 대해 승인하였습니다. 2002년 미국 FDA가 보툴리눔 A형 독소의 피부주름개선제로 승인하게 된 것이 보툴리눔 의약품 시장의 확대에

출처-DART 메디톡스 2020 사업보고서

용·성형외과 시장을 중심으로 그 사용이 증가되고 있습니다.

보툴리눔 독소 의약품[1] 시장은 전 세계적으로 소수의 회사만 경쟁하는 과점시장 형태입니다. 미국 앨러간사 및 솔스티스 뉴로사이언스사, 유럽 프랑스 보프 입센사 및 독일 머츠(Merz)사, 아시아 지역에서는 중국의 란주생물제품연구소가 있으며, 국내에는 (주)메디톡스와 휴젤, 대웅제약 등 17개 회사가 난립해 있습니다.

메디톡스는 A형 독소에 대하여 세계 4번째로 독자적으로 원천기

1 보툴리눔 독소나 생산 균주: 모두 생물무기금지협약의 대상 물질이므로, 제조신고, 보유신고 및 수출입허가신고(한국바이오산업협회 및 지식경제부)를 해야 한다. 해외는 더 심각 경우에도, 바이오테러 물질로 분류돼 있는 관계로 세계적인 균주 기탁 및 배포 협회인 ATCC도 보툴리눔 균주를 분양하지 않는다. 보툴리눔 독소는 1g으로 1,000만 명의 사람을 죽일 수 있다고 한다. 독성이 청산가리 20만~3,000만 배로, 인공적으로 합성된 독 중 가장 강한 VX가스(화학무기)보다 300~5만 배 강하다고 한다.

술 개발 및 보유한 회사입니다. 보톡스는 '맹독'이기 때문에 허가를 받지 못하면 시장에 진입할 수 없습니다. 또한 기술력이 없으면 만들거나 제조를 지속할 수 없습니다. 해외의 경우는 국가 단위로 생산시설과 인력에 대한 관리가 이뤄집니다. 반면에 국내는 허가제로 출발해 신규 회사가 좀 더 많은 편입니다. 그럼에도 불구하고 신생 기업이 시장에 진입하기 어려운 이유는 원재료를 구하기 힘들기 때문입니다.

균주 배양이 매우 힘든데 그리고 그걸 살 수 있는 방법이 전혀 없다면 신생 기업들은 어떻게 균주를 갖게 된 것일까요? 대웅제약과의 소송은 메디톡스의 균주가 불법적인 방법으로 도용당했다는 내용입니다. 소송의 결과가 양측에 막대한 피해가 되기 때문에 엄청난 소송비용에도 불구하고, 몇 년을 끌어오고 있는 상태입니다. 그런데 여기에 또 다른 소송이 더해집니다. 소송에 소송을 더하면 어떻게 될까요?

2020년 4월 식약처가 메디톡스를 제소합니다. 당시 항간에 들렸던 이야기로는 식약처 품목허가 취소는 메디톡스 전 직원의 공익제보에 의해 시작됐다고 합니다. 이 직원의 제보로 조사에 착수한 식약처는 메디톡스의 자료 조작 등을 일부 확인, 2019년 7월 검찰에 수사를 의뢰했습니다.

이는 대웅제약과의 분쟁과도 연관이 있습니다. 양사간에 오랜 소송전은 한국과 미국으로 전쟁터를 옮겨가고 있으며, 다소 감정의 골이 깊어지는 일도 발생하고 있습니다. 메디톡스 쪽에서는 불편한 감정을 숨기기 힘듭니다. 결과적으로 주력 상품의 국내 판매에 어려움이 생겼습니다.

그러나 제제 상품 중에는 메디톡신주 200단위는 빠져 있습니다. 50단위, 100단위 등 식약처 제재는 국내에 한정적입니다. 해외판매에 영향을 안 미칩니다. 후에 식약처에서 국가승인을 받지 않고 수출했다고 수출금지 행정처분을 내리기도 했는데 2021년 이 건은 잘 마무리가 됐습니다.

청주지방검찰청은 메디톡스사가 무허가 원액을 사용해 제품을 생산하고 약의 효능인 역가 정보를 조작해 국가출하승인을 취득했다고 공소장에 적시했습니다. 식약처는 메디톡신주 외에도 메디톡스사의 '액상형 주사제 보톡스' 이노톡스주에 대해서도 시험성적서 조작에 따른 제조업무정지 3개월 등의 행정처분도 추가했습니다.

메디톡스 측은 "식약처에서 제기한 제품 메디톡신주 50단위, 100단윈, 150단위는 2012~2015년 생산 제품으로 이미 오래 전에 소진됐고, 문제가 없었다." 하면서 이번 행정처분에 명령취소 소송을 제기한다고 공식입장을 내놓았습니다.

그 뒤로 메디톡스 관련 행정소송 내용은 메디톡스 재무제표 주석 33번에 자세히 언급돼 있습니다. 요약하자면 아직도 '행정소송 중이다….'입니다.

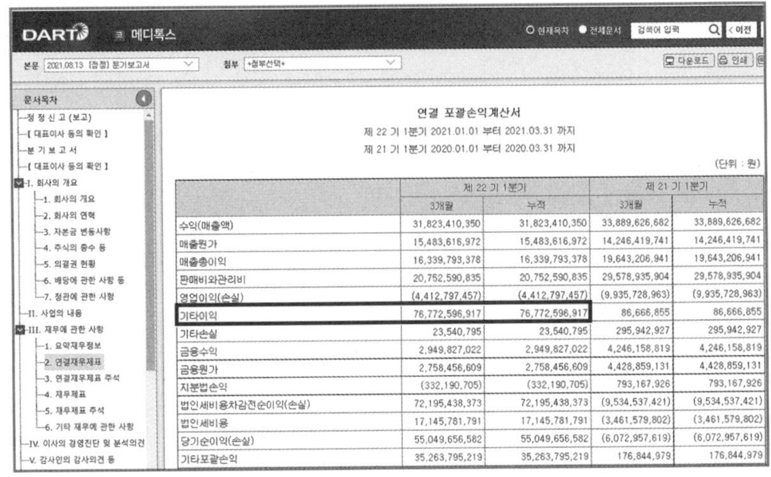

연결 포괄손익계산서

제 22 기 1분기 2021.01.01 부터 2021.03.31 까지

제 21 기 1분기 2020.01.01 부터 2020.03.31 까지

(단위 : 원)

	제 22 기 1분기		제 21 기 1분기	
	3개월	누적	3개월	누적
수익(매출액)	31,823,410,350	31,823,410,350	33,889,626,682	33,889,626,682
매출원가	15,483,616,972	15,483,616,972	14,246,419,741	14,246,419,741
매출총이익	16,339,793,378	16,339,793,378	19,643,206,941	19,643,206,941
판매비와관리비	20,752,590,835	20,752,590,835	29,578,935,904	29,578,935,904
영업이익(손실)	(4,412,797,457)	(4,412,797,457)	(9,935,728,963)	(9,935,728,963)
기타이익	76,772,596,917	76,772,596,917	86,666,855	86,666,855
기타손실	23,540,795	23,540,795	295,942,927	295,942,927
금융수익	2,949,827,022	2,949,827,022	4,246,158,819	4,246,158,819
금융원가	2,758,456,609	2,758,456,609	4,428,859,131	4,428,859,131
지분법손익	(332,190,705)	(332,190,705)	793,167,926	793,167,926
법인세비용차감전순이익(손실)	72,195,438,373	72,195,438,373	(9,534,537,421)	(9,534,537,421)
법인세비용	17,145,781,791	17,145,781,791	(3,461,579,802)	(3,461,579,802)
당기순이익(손실)	55,049,656,582	55,049,656,582	(6,072,957,619)	(6,072,957,619)
기타포괄손익	35,263,795,219	35,263,795,219	176,844,979	176,844,979

출처-DART 메디톡스 20211분기보고서

당장 망할 것 같더니만 분기순이익 550억 원

제약·바이오 회사에게 식약처 소송은 당연히 타격이 큽니다. 재무제표상 2020년 매출액은 줄고 2,059억 원→1,408억 원 그리고 영업적자 371억 원, 당기순손실 300억 원을 기록합니다. 2017년 900억 원의 영업이익을 찍었던 메디톡스가 매출액 순위도 2위인 휴젤에게 넘겨주게 됩니다.

2021년 1분기 재무제표는 좀 다른 양상을 보입니다. 안팎으로 어려울 거 같은 메디톡스가 금융자산을 1,094억 원을 갖게 됩니다. 자산규모가 늘어난 이유가 무엇일까요? 아직도 적자이고 매출은 지난해 감소했던 추이와 비슷한 그대로인데 당기순이익이 550억 원입니다. 놀랍죠? 뭐죠? 정답은 기타이익입니다. 로열티 수입이 한 번에

꽂혔습니다.

"당분기 중 EVOLUS와의 'Settlement and License Agreement' 계약에 따라, 소송의 합의와 라이선스 부여에 대한 대가로 인식한 금액입니다."

자그마치 767억 원이 일시에 들어왔습니다.

또한 공시에는 대웅제약 관계사인 이온(미국의 이온 바이오파마)과 라이선스 합의 계약을 체결했다는 내용도 발표했습니다. 공시 상으로 흥미로운 것은 지난 15년간의 라이선스 제품에 대한 로열티를 소급해서 지불한다고 했으며, 이온의 주식 20%를 메디톡스에 액면가로 발행한다고 나옵니다.

우선 이 정도면 그럼 앞으로 올해 메디톡스 영업이익이 적자가 나더라도 당기순이익은 급증할 것으로 예상됩니다. 메디톡스가 전략을 바꿨나요? 기본적으로 메디톡스 매출처는 국내보다 해외 비중이 높은 편입니다. 대웅제약과 소송전이 해외까지 연장된 이유는 해외에서 더 로열티를 인정해주기 때문이기도 하지만, 장기적으로 해외 매출을 증가시키기 위해서는 유사 경쟁 제품이 없어야 합니다.

두 번째로 식약처와 소송으로 국내 매출에는 당분간 한계가 발생할 것입니다. 이를 타계할 방법으로 수출과 로열티 집중을 선택할 수밖에 없습니다. 경쟁사인 휴젤의 경우 보톡스 관련 제품 '보톨렉스'가 전체 매출 중에 51%를 차지하며, 국내 49%, 수출 41% 비중입니다.

이에 반해 메디톡스는 보톡스 제품 메디톡신이 전체 매출의 80%에 달하며, 수출이 70%로 높습니다. 2020년 메디톡신의 해외 매출액은 897억 원이었고, 이전에는 1200억 원을 넘었습니다. 수출만 잘해도 어느 정도 버틸 수 있는 매출액이 나오는 회사입니다.

이가 없으면 잇몸으로?

메디톡스는 사업보고서에서 자신들의 경쟁력일 이렇게 언급하고 있습니다.

"당사 제품인 메디톡신(해외브랜드명 Neuronox)은 가격, 품질, 기술력의 여러 측면에서 전 세계에서 우수한 제품으로 평가받고 있습니다. 품질 면에서 당사의 메디톡신(뉴로녹스)은 효능, 안전성 등에서 선진국 제품과 대등한 경쟁력을 갖추었다고 할 수 있습니다."

또한 앞으로도 이 보톡스 분야에서 더 많은 수익을 내기 위해 신제품 개발에 박차를 가할 것이라고 밝히고 있습니다.

"톡신 내성 발현율을 감소시킨 코어톡스 100unit을 출시 함으로써, 메디톡신(분말형 제형), 이노톡스 (액상형 제형)과 함께 고객 선택의 폭을 넓혀 판매를 증대 시키고자 합니다. 아울러 주요제품인 메디톡신(수출명:뉴로녹스)과 더불어 조직수복용재료인 뉴라미스 시리즈를 성공적으로 출시하여 제품 다각화 및 판로 확대를 동시에 추진하고 있습니다. 조직수복용재료인 아띠에르는 점탄성을 높인 제품으로 제품의 다각화를 통해 시장의 확대 및 판매를 증대하고 있습니다. 조직수복용재료인 포텐필은 음경확대의 적응증 추가 임상을 진행하고 있으며, 적응증 확대를 통해 비뇨기과 시장에 판매를 증가시킬 계획입니다. 비뇨기과 시장에서 포텐필(음경확대)과 시너지를 낼 수 있는 국내 최초 발기부전치료 적응증을 KFDA로부터 획득한 의료기기인 케어웨이브(HNT 메디칼)의 국내 총판권(메디톡스 코리아)을 확보하여 매출을 확대시킬 계획입니다."

2020년 4월 식약청의 메디톡신주 품목 허가 취소 처분에 메디톡스는 위기를 맞게 됩니다. 주력 상품을 아예 못 팔게 될지도 모르니 회사는 심각한 타격을 입은 거죠. 그보다 이게 확정이 되면 제약·바이오 회사 입장에서는 신뢰도에 더 문제를 일으킬 것입니다. 당연히 주가는 하락했고요.

그렇지만 이후 메디톡스 회사의 대응(소송 등)이 투자자에는 흥미로운 전개였습니다. 식약처와의 소송도 굽히지 않습니다. 강하게 행정처분 정지 소송을 끌어 가는 등 '관이 쎈' 우리나라 정서에 좀 반하는 모습을 보이고 있습니다. 2위도 아닌 3위에 머물러 있는 대웅제약과의 소송도 전략적이나 절대 물러서지 않을 태도를 보여 왔습니다.

이번 대웅제약의 미국 파트너사와 합의는 그동안의 강공세에서 실리를 챙기는 쪽으로 선회를 한 것입니다. 사실 메디톡스와 대웅제약의 소송이 진행되는 사이에 반사이익을 얻은 회사는 2위였던 휴젤입니다.

시장을 잃어가는 것뿐만 아니라 해외 진출 역시 차질을 빚고 있습니다. 식약처와의 소송이 메디톡스의 생각을 변하게 만들었다고 봅니다. 협상 테이블에 나오자마자 에볼러스사와 이온 바이오파마 두 곳 모두 합의를 만들어 냅니다. 가뜩이나 코로나19 상황으로 시장 불확실성이 높습니다. 전환사채 발행 등 자금을 축적하고, 투자를 더 강화하는 등 현금흐름표의 투자활동현금흐름(411억 원 유형자산 취득)에서 메디톡스의 의지를 엿볼 수 있습니다.

"미국 국제무역위원회(ITC)는 7일(한국 시간) 예비판결에서 '대웅제약이 메디톡스의 보톡스 균주를 도용한 사실을 인정한다'면서 '대웅제약의 보톡스 제품인 '나보타'에 대한 미국내 수입을 10년간 금지한다'는 결정을 내렸다. 메디톡스는 지난 6월 전체 매출의 40%가 넘는 주력 보톡스 제품인 '메디톡신'에 대해 식약처로부터 허가취소라는 최악의 행정처분을 받으면서 존폐의 위기에 몰렸었다. 실제 메디톡스의 지난해 매출 2059억 원 가운데 메디톡신이 860억 원 가량을 차지할 정도로 절대적이었다. 메디톡스는 이번 ITC 판결에서의 승리를 발판으로 현재 국내외에서 진행 중인 민형사 소송에서도 유리한 구도를 마련한 것으로 자신하고 있다." (출처 - 뉴스워치 2021년 7월 7일)

소송 내내 어려워 보이던 메디톡스, 현재는 과거와 다른 양상이 펼쳐 지고 있습니다. 2021년도 마찬가지로 매출이 늘거나, 소송 관련 반전이 일어날 것 같지는 않습니다. 하지만 로열티 수입 등으로 전에 없이 기타이익 당기순이익을 견인할 것으로 예상됩니다. 바이오 산업에서 일어나는 로열티 분쟁은 끊임없이 제기되는 사안입니다. 메디톡스는 후발주자가 아니기 때문에 늘 공격받는 위치입니다. 잘 견뎌 낸다면, 폭발적인 성공이 보장됩니다.

투자 팁

해외 쪽 판매 전략이 대폭 수정되고 강화되지 않을까 싶습니다. 경쟁사인 휴젤은 곧 매각 절차를 밟고 있습니다. 인수가 진행되면, 당분간 회사를 이해하고 정리하는 데 시간이 걸릴 것입니다. 기업의 위기는 투자자에게 기회가 됩니다. 보톡스 회사들이 수백억 원의 40~50% 이익률을 내는 건 정말 낮은 원가 덕분입니다. 보톡스 시장은 매년 성장하고 있습니다. 미용뿐만 아니라 의료분야에서도 많이 사용이 증가합니다. 원래 좋은 회사, 높은 이익률을 가진 사업구조라면 일시적인 위기일 때 투자해야 높은 수익을 얻을 수 있습니다.

회사 소개

(FY2021 3Q 기준)

- **회 사 명:** (주)메디톡스
- **회사개요:** (주)메디톡스는 A형 · B형 보톨리늄 독소 단백질 치료제 생산업, 단일클론항체 생산업, 재조합 단백질 생산업, 연구개발 및 연구개발용역업 등을 목적으로 2000년 5월 2일에 설립됐다. 지배기업의 본사와 공장은 충북 청주시 청원구 오창읍 각리 1길 78 오창 과학산업단지에 소재하고 있다.
- **주주구성:** 정현호 외 특수관계인 17.86% 기타 62.72%.

주가가 여기서 더 낮아질 수 있을까?
일동제약

일동제약의 시가총액이 3,380억 원(2021.9.10 기준)이라는 점은 기억할 필요가 있다. '저평가'라기보다는 주가가 여기서 더 낮아질 수 있을까? 하는 관점에서 지켜볼 회사. 2016년 8월 舊일동제약 의 약품 부문을 분할하여 설립된 사업사, 기존 투자 부문은 일동홀딩스가, 바이오/건강기능식품 부문은 일동바이오사이언스, 히알루론산/필러는 일동히알테크로 분할됐다.

일동제약은 '아로나민 골드', '비오비타' 등으로 유명합니다. '비오비타'를 먼저 대는 분은 옛날사람 인증하신 셈입니다. 일동제약의 창업주 故윤용구 회장이 1942년 극동제약을 인수해 시작한 제약사업에서 집념으로 연구와 실험을 통해 만들어 낸 제품입니다.

유산균제인 비오비타는 50년대 전후 우리나라의 열악한 위생상태와 영영부족으로 설사와 변비에 고통받는 어린이를 위한 의약품이었습니다. 1969년에는 시장점유율 33.9%로 1위를 차지하기도 했답니다. 일동제약은 현재는 3세 경영으로 넘어간 상태입니다. 윤웅섭 사장은 창업 78년을 맡은 일동제약을 이끌고 있습니다. 특히

2016년 지주사 전환 이후 신약개발에 박차를 가합니다. 3세 경영이 안정화됐기 때문에 좀더 신규 사업에 집중하는 모습입니다.

그러나 우리나라 바이오산업 분위기에는 좀 늦은 감이 있습니다. 항암 쪽 9개, 간질환 5개, 중추신경계 5개 등 다각도로 시도하고 있으나, 대부분 Pre-Clinic 전임상단계입니다. 전임상단계란 신약을 '인간'에게 적용하여 임상시험을 진행하게 되는 그 이전 단계까지의 개발업무를 통틀어 일컫는 말입니다. 물론 그동안 일동제약이 전혀 신약개발 경험이 없는 것은 아닙니다.

이번에 무형자산 상각한 신약은 2015~2017년 시도했던 것들입니다. 여하튼 여러모로 일동제약도 다른 모습으로 변하려고 노력 중입니다. 2020년 일동제약이 오픈한 의료전문 사이트가 '후다닥'입니다. 이름이 좀 우습긴 하지만 그래도 단기간에 인지도 4위를 차지했다고 합니다.

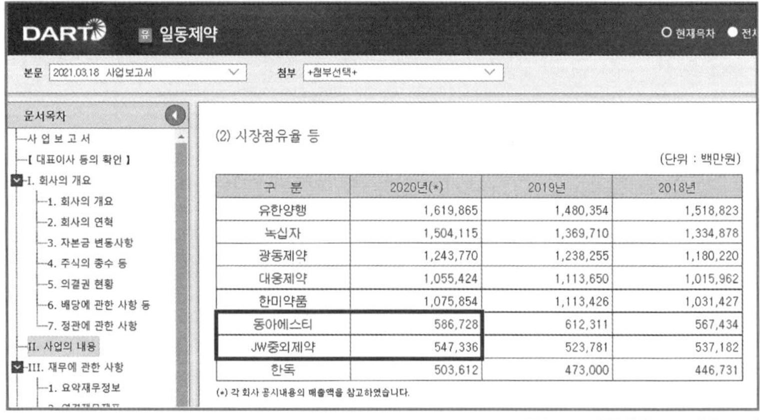
DART 일동제약 ○ 현재목차
본문 2021.03.18 사업보고서 첨부 +첨부선택+

문서목차
- 사 업 보 고 서
- 【 대표이사 등의 확인 】
- I. 회사의 개요
  - 1. 회사의 개요
  - 2. 회사의 연혁
  - 3. 자본금 변동사항
  - 4. 주식의 총수 등
  - 5. 의결권 현황
  - 6. 배당에 관한 사항 등
  - 7. 정관에 관한 사항
- II. 사업의 내용
- III. 재무에 관한 사항
  - 1. 요약재무정보

(2) 시장점유율 등

(단위 : 백만원)

구 분	2020년(*)	2019년	2018년
유한양행	1,619,865	1,480,354	1,518,823
녹십자	1,504,115	1,369,710	1,334,878
광동제약	1,243,770	1,238,255	1,180,220
대웅제약	1,055,424	1,113,650	1,015,962
한미약품	1,075,854	1,113,426	1,031,427
동아에스티	586,728	612,311	567,434
JW중외제약	547,336	523,781	537,182
한독	503,612	473,000	446,731

(*) 각 회사 공시내용의 매출액을 참고하였습니다.

출처-DART 일동제약 2020 사업보고서

우리나라 제약회사 점유율 자료를 살펴보면 일동제약은 매출액 5,000억 원 정도로 동아제약과 JW중외제약와 비교하면 될 듯싶습니다. 그런데 좀 인지도가 낮은 것으로 느껴집니다. 일반의약품보다는 전문의약품을 주로 다뤄서 그럴까요?

그동안엔 지배구조 개선에 집중

지주사 설립, 인적분할을 진행하는 회사는 보통 경영효율화를 첫 번째 목적으로 내걸 때가 많습니다. 하지만 대부분 지배구조 개선 즉 대주주의 지배력을 강화하기 위한 의도가 더 먼저입니다. 2009년부터 개인주주, 동종업계로 경영권을 위협받았던 일동제약은 2016년 지주사 전환을 통해 지배구조 안정화를 이룹니다.

2015년 일동제약 대주주(창업 2세 윤원형 대표)의 지분율은 6.42%에 불과했습니다. 물론 특수관계자 등의 지분 합은 높았지만 지속적인 경영권 공격에 일동제약은 지주사 전환을 통해 지배구조 강화를 이룹니다. 2016년 지주사 전환을 이룬 뒤 일동홀딩스를 통해서 일동제약은 안정적인 지배구조를 확보합니다.

3세 경영의 지배력도 일동홀딩스의 지분 17.02%를 가진 씨엠제이씨 회사를 윤웅섭 사장이 90% 지분을 갖고 있어 가능해졌습니다. 회사가 인적분할 등을 통해 재편되자 일동제약 매출액은 5,000억 원 대로 상승했습니다. 그러나 영업이익과 당기순이익은 하락 및 갈

피를 못 잡는듯 보입니다.

이유가 뭘 까요? 2021년 2분기 기준 재무제표를 살펴봅니다. 재고자산이 조금 늘어나는 추세입니다. 무형자산 상각에 오류가 있었다는 강조사항이 감사보고서 언급이 있습니다.

금융부채가 상승했습니다. 1,234억 원 규모입니다. 부채비율이 138%→176%로 증가합니다. 하지만 기말의 현금 1,524억 원과 높아진 부채비율은 괴리감이 듭니다. 3이익잉여금이 135억 원으로 그동안의 업력을 고려하면 많지 않습니다. 2019년 48억 원의 결손 기록도 있습니다. 2019~2020년 영업이익이 422억 원, 668억 원이었으나 130억 원 이상의 당기순손실을 기록합니다. 무형자산 손상차손을 반영하기 위해서입니다. 구체적인 이유는 주석 14 무형자산 (8)손상차손을 보면 자세히 나와 있는데, 요약하자면 '그동안 개발

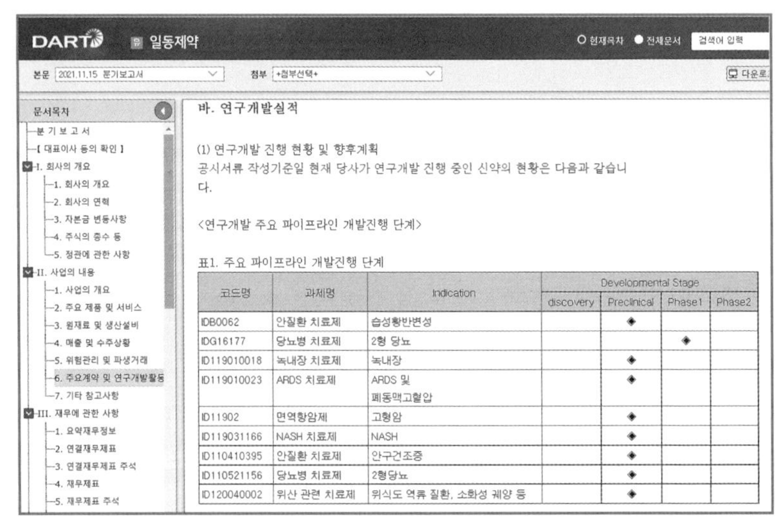

바. 연구개발실적

(1) 연구개발 진행 현황 및 향후계획
공시서류 작성기준일 현재 당사가 연구개발 진행 중인 신약의 현황은 다음과 같습니다.

<연구개발 주요 파이프라인 개발진행 단계>

표1. 주요 파이프라인 개발진행 단계

코드명	과제명	Indication	Developmental Stage			
			discovery	Preclinical	Phase1	Phase2
IDB0062	안질환 치료제	습성황반변성		◆		
IDG16177	당뇨병 치료제	2형 당뇨			◆	
ID119010018	녹내장 치료제	녹내장		◆		
ID119010023	ARDS 치료제	ARDS 및 폐동맥고혈압		◆		
ID11902	면역항암제	고형암		◆		
ID119031166	NASH 치료제	NASH		◆		
ID110410395	안질환 치료제	안구건조증		◆		
ID110521156	당뇨병 치료제	2형당뇨		◆		
ID120040002	위산 관련 치료제	위식도 역류 질환, 소화성 궤양 등		◆		

출처-DART 일동제약 201 3분기보고서

하던 신약 프로젝트가 실패해서 그동안 재무제표에 올려 두었던 개발비, 기타 무형자산의 감액'입니다.

연구개발 투자로 적자 지속

일동제약의 2020년 매출액 상승 주요 요인은 벨빅과 라니티딘 판매 중단에도 불구하고 GSK(영국의 제약회사) 품목군의 도입으로 큰 폭의 매출 상승이 기록했기 때문입니다.

매출액은 2019년 5,174억 원→2020년 5,618억 원으로 443억 원 늘었습니다. 매출이 늘어 난 만큼 이익도 증가하는 게 보통이나 일동제약은 우선 2019~2020년 당기순손실을 기록합니다. 위에서 설명했듯이 손상차손이 그 원인이고, 2021년부터는 다른 이유가 등장합니다. 무형자산의 손상차손이 발생했지만(기존 연구 중에 성공하지 못해서 일시에 비용처리) 일동제약은 연구개발에 대한 투자를 아끼지 않고 있습니다.

2021년 2분기까지 415억 원의 경상연구개발비를 사용하고 있습니다. 그 탓에 영업이익은 221억 원 적자로 돌아섰으며, 다만 금융수익 217억 원(파생금융평가이익) 덕분에 당기순손실은 12억 원뿐인 것으로 나옵니다. 그런데 현금흐름에 있어 특이한 점은 기말의 현금이 늘 800억 원 이상 유지했는데 2021년 반기 1,524억 원이 넘습니다. 전환사채 994억 원을 발행해서 나온 자금조달 결과입니다.

오픈마켓을 이용하겠다는 일동제약의 의지가 엿보이는 기록이 재무제표에도 기록돼 있습니다. 신약개발의 기술을 자체적으로만 연구하지 않고, 기술을 가진 회사들과 다각도로 제휴하겠다는 의지를 보이고 있습니다. 그렇다 보니 이번 전환사채 발행은 일동이 신약개발에 진심인 걸 느낄 수 있는 이벤트라고 봅니다.

신약개발 회사에 대한 투자와 공장설비 증설에 사용될 것으로 보이며, 적자가 지속되더라도 투자를 진행할 수 있는 여력을 미리 확보한 자금조달입니다.

신약개발 이벤트로 최근 크게 가격이 올랐습니다. 바이오 전체적인 분위기만 좋다면 당분간은 호재 뉴스를 충분히 누릴 수 있지 않을까 생각됩니다. 또한 일동제약의 시가총액이 3,380억 원(2021.9.10 기준)이라는 점은 기억해둘 필요가 있습니다. '저평가'라기보다는 주가가 여기서 더 낮아질 수 있을까? 하는 관점에서 지켜볼 회사입니다.

책을 마무리하는 과정에서 시가총액이 1조 727억 원(2022년 2월 22일 기준)으로 상승했습니다. 글을 쓰고 재무제표를 읽는 데 집중하느라 저자들이며, 이 책의 편집자며 투자하지 못했습니다. 역시나 바닥을 찍은 종목은 유심히 살펴봐야 합니다.

투자 팁

신약개발이 다 성공할 순 없지만 이렇게 기회를 만들어 가는 일동제약에 기대를 겁니다. 다만 투자자의 입장에서는 일동제약이 매력적인 종목은 아닌 것으로 시장에 비치고 있습니다. 지배 구조 개선을 위해서 지주사 일동홀딩스가 있으며, 일동제약과 2개 모두 상장돼 있습니다. 주가는 양쪽 다 1만 원대 초반인데 무엇보다 거래량이 매우 적습니다. 경영권 분쟁을 혹독하게 치른 경험이 있기에 더 센 이벤트가 나타나기 전까지는 투자자들의 이목을 끌기가 힘들 것입니다.

회사 소개

(FY2021 3Q 기준)

- **회 사 명:** 일동제약
- **회사개요:** 일동제약(주)는 2016년 8월 1일을 분할기준일로 하여 일동홀딩스 주식회사(구, 일동제약주식회사)에서 의약사업 부문이 인적 분할돼 의약품의 제조 및 판매 등을 목적으로 신규 설립됐으며, 2016년 8월 31일에 한국거래소가 개설하는 유가증권시장에 주권을 재상장했다.
- **주주구성:** 일동홀딩스 40.57%, 씨엠제이씨(주) 2.03%, 소액주주 46.18%

경영진 등 지배구조 정비
보령제약

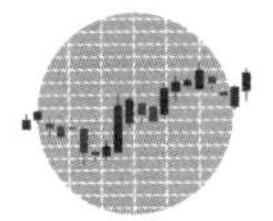

보령제약 하면, 겔포스와 용각산이 대표 제품이다. 1963년 설립해 제약업을 중심으로 제조업과 유통업으로 성장해온 정통 제약사다. 보령제약이 변하고 있다. 2021년 8월 17일 '겔포스'의 중국 독점판매 계약을 체결했다. 계약금액은 1,002억 원이다.

보령제약이 2021년 4월 19일 유무상증자 공시를 했습니다. 총 555만 주 1,001억 원 규모입니다. 유상증자로 유통수량이 늘어나기 때문에 주주들의 주식가치가 떨어집니다. 이에 대해서 보령제약은 1주당 0.2주를 무상증자하는 계획도 동시에 발표했습니다. 바이오 기업들이 잘 사용하는 주주 친화 정책입니다. '겔포스',' 용각'산의 '60년 가까이 된 전통적인 제약회사'답지 않습니다. 특히 이번이 처음이 아닙니다.

2020년 5월 제3자 배정 400억 원+6월 사채발행 780억 원 등 최근 대규모 자금을 모으고 있습니다. 왜? 왜 그럴까요? 유상증자 신고서를 통해 자금 사용 내역을 발표합니다. 유상증자로 조달된 자금 중 700억 원은 레거시 브랜드 인수(LBA)[1], 300억 원은 개량신약 개발에 투자한다고 합니다.

'60년 가까이 된 전통적인 제약회사' 이건 과거 이미지일 수 있습니다. 스텝 바이 스텝으로 성장해 가는 회사. 현재 고점 대비 30% 정도 하락한 상황이지만, 다양한 상품 판매로 인해 앞으로 기대된다. 1년 만에 2,000억 원 이상 자금을 모으는 등 보령의 경영 스타일이 달라지고 있다.

라이선스 인, 항암 치료제가 주력 제품으로

보령제약은 1963년 설립돼 의약품의 제조, 매매 및 소분업, 무역업, 무역대리업, 부동산 매매 및 임대업, 의약품의 제조, 매매 및 소분업, 원료의약품, 의약부외품 등의 제조, 매매 및 소분업 등을 영위 함으로서 의약품 및 생명공학과 관련한 제품을 제공하고 있습니다.

보령제약의 스토가, 뮤코미스트, 메이액트, 맥스핌, 부스파, 메게이스 등 라이선스 인을 통해 들여온 대표 전략 제품입니다. 제약사의 제품과 상품을 일반인이 잘 알기 힘듭니다. 유통돼서 소비자들이 직접 사용하는 제품이 아니고, 병원이나 약국을 통해서 판매되는 것

1 레거시 브랜드 인수 : 특허 만료 후에도 높은 브랜드 로열티를 가진 오리지널 의약품을 인수하는 것이다.

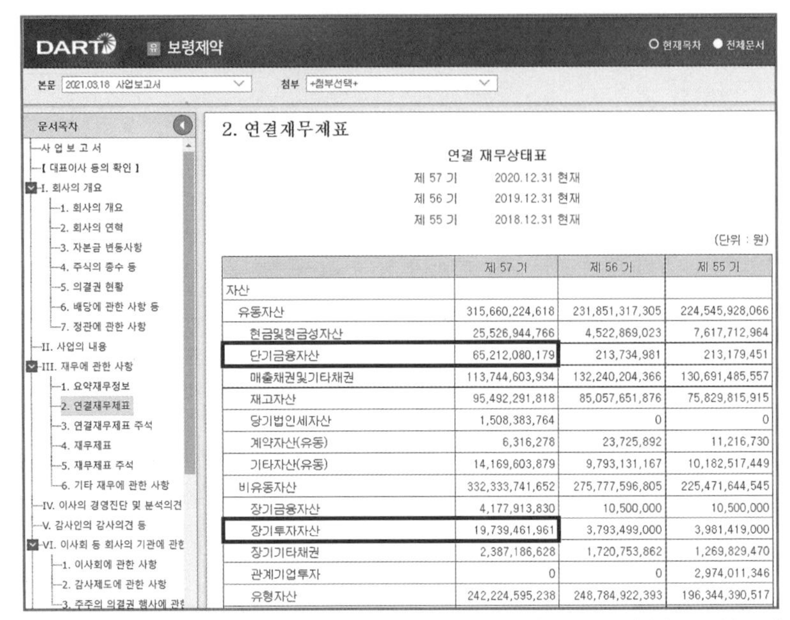

2. 연결재무제표

연결 재무상태표

제 57 기 2020.12.31 현재

제 56 기 2019.12.31 현재

제 55 기 2018.12.31 현재

(단위 : 원)

	제 57 기	제 56 기	제 55 기
자산			
유동자산	315,660,224,618	231,851,317,305	224,545,928,066
현금및현금성자산	25,526,944,766	4,522,869,023	7,617,712,964
단기금융자산	65,212,080,179	213,734,981	213,179,451
매출채권및기타채권	113,744,603,934	132,240,204,366	130,691,485,557
재고자산	95,492,291,818	85,057,651,876	75,829,815,915
당기법인세자산	1,508,383,764	0	0
계약자산(유동)	6,316,278	23,725,892	11,216,730
기타자산(유동)	14,169,603,879	9,793,131,167	10,182,517,449
비유동자산	332,333,741,652	275,777,596,805	225,471,644,545
장기금융자산	4,177,913,830	10,500,000	10,500,000
장기투자자산	19,739,461,961	3,793,499,000	3,981,419,000
장기기타채권	2,387,186,628	1,720,753,862	1,269,829,470
관계기업투자	0	0	2,974,011,346
유형자산	242,224,595,238	248,784,922,393	196,344,390,517

출처 - DART 보령제약 2020 사업보고서

이기에 어떨 때는 이름은 전혀 모를 경우가 많습니다.

그러나 보령제약의 주요 제품 중에 비중 1위는 카나브 패밀리라 불리는 고혈압 치료제입니다. 또한 상품군은 대부분 항암 치료제로 전체 매출의 42%입니다.

보령의 실질적인 변화를 느낄 수 있는 곳은 역시 재무제표 자산항목입니다. 2019년까지 없었던 금융자산이 증가합니다. 단기금융자산 652억 원, 장기투자자산 197억 원. 금융투자에 적극적으로 나섰다기보다는, 잠시 투자하기 전에 파킹된 자금으로 보입니다.

부채 쪽은 사채와 장기차입부채 증가로 부채비율이 79%→90%

로 증가했으며, 이렇게 모인 자금은 투자활동현금흐름 1,445억 원에서 알 수 있듯이 지난 3년(2018~2020)간 유형자산과 무형자산(무형자산 중 '기타의무형자산' 234억 원→629억 원으로 증가 의약품의 판매권 계약금액) 취득 등에 사용됐습니다. 구체적으로는 2017년에 착공했던 예산공장이 2019년에 완공했고, 생산가동이 되고 있습니다.

손익 부분은 매출액의 경우 2018년→2019년 증가폭이 높았으며, 2019~2020년 원가율 절감 등 7% 이상의 이익률을 유지하고 있습니다. 2020년 영업이익 400억 원 등 전에 없이 보령제약의 이익 수치가 높습니다.

보수적인 기업의 경우 차입과 증자를 싫어하는 편입니다. 보령제약 경우에도 확실한 사업이 아닌 경우에는 선뜻 투자하지 않을 것 같은 기업입니다. 최근 이전 보령제약이 가장 큰 수익을 냈을 때는 2017년 당기순이익 564억 원을 기록했을 때입니다. 이때는 제약분야가 아니라 3,000억 원 규모의 금정역세권 PF개발로 인한 이익이었습니다.

그 전 보령제약의 이익은 200억 원 선을 지속적으로 유지하는 편이었습니다. 보령이 과감하게 자금조달에 나선 것은 2가지로 해석될 수 있습니다. 첫째는 제약·바이오 산업이 자금조달이 용이한 시점에 최대한 향후 20~30년을 버틸 발판을 마련하는 용의주도함, 그리고 둘째는 주주가 늘어나는 부담감에도 불구하고, 신약개발 및 로열티 수입에 외부 자금을 활용한다는 '영리함'입니다. 만약 신약개발 등 실패가 있을 경우 투자자와 책임을 나눌 수 있기 때문입니다.

매출액 5,000억 원 대의 비슷한 동국제약, 일동제약과 달리 보수적이나, 발 빠른 체질 변모를 꾀하고 있습니다. 신약개발도 자체 역량+관계기업 투자로 병행 진행하고 있습니다. 보령제약은 2016년 재무적투자자로 바이젠셀의 30% 지분을 소유하고 있습니다. 바이젠셀은 면역세포치료제 전문기업입니다. 2021년 기술특례 IPO를 준비 중에 있습니다.

경영진 등 지배구조 정비

보령제약의 계열사 중에는 보령메디앙스㈜가 있습니다. 이 회사가 2020년 1월 1일부로 메디앙스㈜로 보령을 떼어 냈습니다. 보령은 창업자의 2세가 딸뿐인 관계로 장녀인 김은선 회장이 대주주입니다. 어느 정도 계열분리가 완성이 됐고, 이번 유상증자 이후에 지분구조를 보면 외아들이 김정균 상무에게 3세 경영권이 안정적으로 옮겨 진다는 것을 알 수 있습니다.

보령제약의 지주사격인 보령홀딩스 지분은 김은선 45%, 김정균 25%입니다. 신약 바이오 기업처럼 10년 이상 기다릴 필요가 없는 회사입니다. 사업보고서상의 전략 제품인 ETC 사업 부문 설명을 보면 보령이 잘 팔리는 약품의 판권 계약에 얼마나 공을 들이고 있으며, 이를 통해 성과를 내고 있는지 설명하고 있습니다.

다만 전체 매출액을 지역별로 나누면 대부분 국내에서 소화되고 있기에, 폭발적인 매출 증가를 전망하기 어려울 수 있습니다. 그러나 판로가 안정적인 제약회사인데 제품군이 다양해지고, 장기적인 판매가 보장된다면, 200억 원→400억 원+알파 이익을 유지할 수 있을 것입니다.

자체개발 고혈압 신약 카나브는 단일제뿐 아니라 다양한 복합제를 연달아 출시하고 있습니다. 2011년 3월 2일 발매된 고혈압 신약 카나브는 3년만인 2014년 1월 국내 고혈압의약품 시장에서 단일제 부분 월 매출 1위를 차지했고(Ubist자료 2014년 1월, IMS자료 2014년 2분기에 1위 차지) 현재 지속적으로 단일제 부분 매출 1위를 차지하고 있습니다.

2016년 8월에는 카나브와 암로디핀 복합제인 듀카브를 출시했고, 2016년 11월에는 카나브와 로수바스타틴 복합제인 투베로를 출시했습니다. 또한, 2020년 2월에는 듀카브와 로수바스타틴 복합제인 듀카로를 출시했습니다. 2020년 9월에는 카나브와 아토르바스타틴 복합제인 아카브도 출시했습니다. 이들은 모두 고지혈증 동반 혈압 환자를 치료할 수 있도록 이상지질혈증 성분인 스타틴을 담았습니다.

2020년 국내 원외처방기준 카나브 패밀리는 1,000억 원을 달성했습니다. 또한, 국내를 넘어 해외에서도 성과를 높이기 위해 노력하고 있습니다. 향후에는 글로벌 미팅을 확대 운영해 카나브패밀리의 브랜드 가치를 더욱 향상시키는 한편, 해외 시장에서의 성과를 더욱 높여 나갈 계획입니다.

또한 글로벌 제약사의 우수의약품 도입 및 유망 개량신약의 개발을 통해 매출증대를 계획하고 있습니다. 스토가(위궤양치료제), 뮤코미스트(흡입형 진해거담제), 메이액트(항생제), 맥스핌(항생제), 부스파(정신신경용제), 메게이스(항암보조제) 등은 라이선스 인을 통해 들여온 당사의 대표 전략품목입니다.

국내 항암제 시장에서 최고의 영업력을 바탕으로 시장점유율을 확대해 나가고 있습니다. 2014년 계약한 로슈의 '젤로다', 2015년 계약한 한국릴리의 '젬자', 2016년 계약한 삼양바이오팜의 '제넥솔' 등을 바탕으로 지속 성장하고 있습니다. 특히 한국릴리의 '젬자'의 경우 2020년에 국내 판권을 인수했습니다. 보령은 주주에 관한 적극적인 태도를 갖추었습니다. 사업보고서 내의 이사 및 경영진의 의견은 대부분 회사에 대한 문제점 등 앞으로 전망을 기술하고 있습니다. 보령 역시 최근 자금조달 및 향후 비전에 대해서 언급했습니다.

"또한, 어려운 환경 속에서도 유상증자, 회사채 발행을 통해 유동성을 확대하고 미래 지속 성장을 위한 투자자본을 확보했으며 항암제 브랜드인 '젬자'의 권리를 인수함으로써 중장기 성장동력을 강화하고, 항암제사업 부분의 포트폴리오를 확대하는 등 항암제 부문의 강자의 자리를 공고히 한 한해였습니다. 앞으로도 혈액암에 대한 투자와 마케팅 역량을 강화함으로써 항암제 사업 매출 1,000억 원을 달성하여 국내 항암제 부문의 독보적인 리딩기업으로 자리매김해 나갈 것입니다."

보령제약은 코로나19 영향에 따른 전반적인 의약품 수요 부진에도 대표 품목인 카나브 패밀리의 판매 증가와 위궤양치료제 스토가의 판매 증가로 전년 대비 매출이 성장했습니다. 그러나 원가율 상승으로 영업이익률은 전년 대비 소폭 하락(7.5%→7.1%), 당기순이익률도 4.8%로 하락했습니다. 2021년은 내수경기 개선과 카나브 패밀리, 스토가의 꾸준한 수요 증가세, 예산 신공장의 항암주사제 라인에 대한 GMP 적합인증 취득 등으로 외형 확대될 것으로 전망합니다.

스탭 바이 스탭으로 성장해 가는 회사입니다. 현재 고점 대비 30% 정도 하락한 상황이지만, 다양한 상품 판매로 인해 앞으로가 기대됩니다. 천천히 지켜볼만한 회사라고 생각합니다. 주주친화적인 회사의 달라진 분위기 또한 장기적인 투자 포인트로 판단됩니다.

투자 팁

지금까지 살펴본 보령의 최근 변화 모습은 아주 구체적이고, 효과적입니다. 우선 보령의 경영 스타일이 젊어졌습니다. 보령제약의 최근 나온 겔포스엠 유뷰트 광고 모델은 스윙스입니다. 이것만 봐도 보령의 스타일이 달라진 건 사실입니다. 이번 유상증자가 얼마나 흥행할 것인지 모르겠으나, 2019년 주가 15,000원에 불과했던 애널리스트 전망이 예측치를 이미 갈아치운 지 오래입니다. 이번은 2배가 될 정도로 스스로 업그레이드 계기를 만들었다고 봅니다.

회사 소개

(FY2021 3Q 기준)

- **회 사 명:** 보령제약(주)
- **회사개요:** : 보령제약 주식회사는 1963년 11월 11일에 의약품의 제조 및 판매를 목적으로 설립됐으며, 1988년 10월 24일 주식을 한국거래소가 개설한 KRX 유가증권시장에 상장했고 공장은 충청남도 예산군과 안산공업단지내에 위치하고 있다.
- **주주구성:** 보령홀딩스 37.10%, 김은선 10.41%, 소액주주 33.31%.

적자가 지속됐지만 좋아지고 있는

솔고바이오

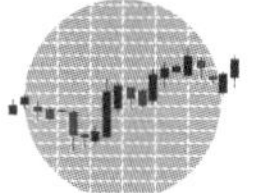

적자가 지속됐던 회사인데, 2020년부터 좋아지고 있는 모습이다. 주가도 마찬가지로 하락추세에서 살짝 반전하고 있다. 구조조정이 끝나고 신사업 부문 또한 매출 증대가 숫자로 나온다면 충분히 주가 상승은 가능한 회사다. 최대주주는 김일 외 3인 13.76% 자사주 0.02%로 구성돼 있다.

솔고바이오는 메디칼(Medical) 사업과 헬스케어(Healthcare) 사업을 하고 있습니다. 메디칼 사업 부문은 생체용금속, 외과용 수술기구 등의 사업군으로 구성돼 있고, 주력제품인 생체용금속(Implants임플란트)은 솔고바이오의 고부가가치 사업입니다. 이는 관절, 척추, 뼈 등의 손상시 치료를 위하여 인체내에 삽입하는 금속 고정재입니다.

임플란트의 국내 시장은 과거에는 외산 수입제품이 주류를 이루고 있었으나, 현재 국내 시장에서 솔고바이오 및 몇 개의 국산업체가 다국적기업과 시장 경쟁을 하고 있습니다. 또한 국산제품이 전무했던 1998년부터 한국인 체형에 맞는 제품을 개발, 서울대에서

임상시험을 거쳐 판매하기 시작했으며 현재는 미국, 일본, 유럽, 중동, 남미 등 전 세계로 수출하고 있습니다.

헬스케어 사업 부문의 주력제품은 온열매트 및 온열기능성 제품입니다. 국내 최초로 반도체를 이용한 발열방식을 활용해 그 우수성을 인정받고 있으며 이외에도 건강과 관련된 다양한 제품(나노콜로이드가 함유된 건강기능성제품, 산삼배양근 관련 제품 등)을 공급하고 있습니다.

2021년 3분기까지 솔고바이오의 매출액은 총 173억 원이며 그 중 메디칼 사업 부문 매출액은 106억 원(61%), 헬스케어 사업 부문의 매출액은 67억원 (39%)로 구성돼 있습니다. 제품매출액 92억 원(53%), 상품매출액은 81억 원(47%)이며, 내수 매출액은 139억 원

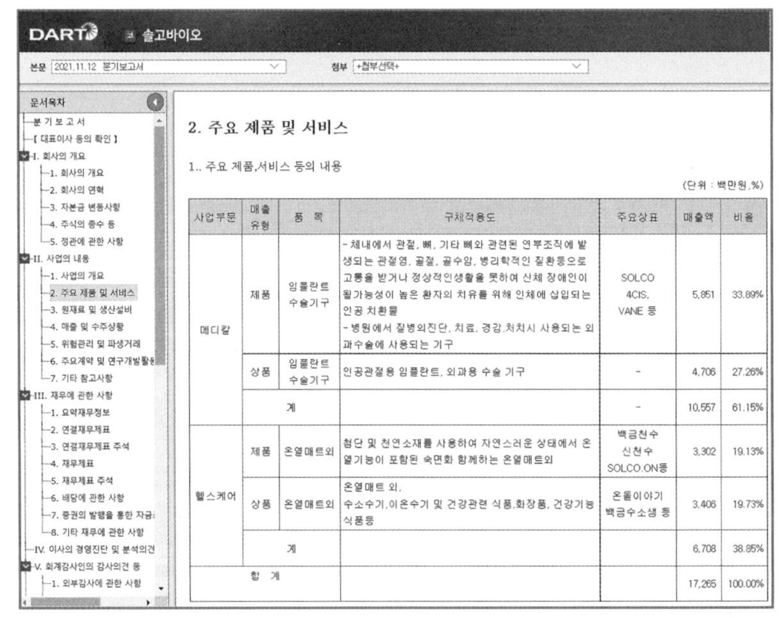

2. 주요 제품 및 서비스

1.. 주요 제품,서비스 등의 내용

(단위 : 백만원,%)

사업부문	매출유형	품 목	구체적용도	주요상표	매출액	비율
메디칼	제품	임플란트 수술기구	- 체내에서 관절, 뼈, 기타 뼈와 관련된 연부조직에 발생되는 관절염, 골절, 골수암, 병리학적인 질환등으로 고통을 받거나 정상적인생활을 못하여 신체 장애인이 될가능성이 높은 환자의 치유를 위해 인체에 삽입되는 인공 치환물 - 병원에서 질병의진단, 치료, 경감,처치시 사용되는 외과수술에 사용되는 기구	SOLCO 4CIS, VANE 등	5,851	33.89%
	상품	임플란트 수술기구	인공관절용 임플란트, 외과용 수술 기구	-	4,706	27.26%
	계			-	10,557	61.15%
헬스케어	제품	온열매트외	첨단 및 천연소재를 사용하여 자연스러운 상태에서 온열기능이 포함된 숙면화 함께하는 온열매트외	백금천수 신천수 SOLCO.ON등	3,302	19.13%
	상품	온열매트외	온열매트 외, 수소수기,이온수기 및 건강관련 식품,화장품, 건강기능식품등	온돌이야기 백금수소생 등	3,406	19.73%
	계				6,708	38.85%
합 계					17,265	100.00%

출처-DART 솔고바이오 2021 3분기보고서

(80%) 수출매출액은 34억 원(20%)으로 구성돼 있습니다.

메디칼(Medical) 사업 부문의 경우 시장진입 때 스테인리스, 티타늄 정밀 가공기술, 인체 공학을 기초로 한 제품 설계, 장기간의 연구기간 소요, 전문인력 부족, 전국병원의 유통망 구성 어려움 등으로 시장의 진입장벽은 매우 높다고 할 수 있습니다.

헬스케어(Healthcare) 사업 부문의 경우 주력제품인 온열매트 또한 일반적인 금속선을 이용한 제품은 제조과정이 단순하여 시장 진입장벽이 낮으나, 솔고바이오가 최근 적용한 SR선(탄소반도체형 발열시스템) 소재로한 온열매트 및 온열기능성 제품의 경우에는 특허관계, 제조노하우 등의 문제로 시장 진입장벽은 높다고 할 수 있습니다. 수소수기의 경우 수소 용해 등 제조 노하우의 문제로 시장 진입장벽이 높다고 할 수 있습니다.

2021년 11월 30일 솔고바이오는 보행 기반 디지털헬스케어 솔루션 전문기업 길온의 지분 37.87%를 인수했다고 공시했습니다. 이를 통해 그동안 만성 적자로 몸살을 앓고 있던 만큼 새로운 성장동력을 만들겠다는 계획이라고 합니다. 길온은 병원과 협력기관에 보행 분석 솔루션을 공급하고 있는 기업입니다. 낙상 검출과 예측 인공지능 솔루션, 체중 추정 AI 솔루션, 치매재활 통합 솔루션 등 다양한 솔루션을 제공하고 있습니다. 솔고바이오메디칼은 이번 투자로 정형외과, 신경외과 전문 임플란트 사업에 치중한 수익 구조를 개선하겠다는 방침입니다.

앞으로 사업 영역을 정형외과, 신경외과 임플란트 중심에서 사물인터넷, AI 등 빅데이터를 기반으로 한 의료 솔루션으로 확대할 것이라는 게 회사의 입장입니다.

적자가 지속됐던 회사인데, 새로운 분야로 사업을 확장하는 등의 움직임을 보이며 2020년부터 좋아지고 있는 모습입니다. 주가도 마찬가지로 하락추세에서 살짝 반전하고 있습니다. 구조조정이 끝나고 신사업 부문 또한 매출 증대가 숫자로 나온다면 충분히 주가 상승은 가능한 회사입니다

투자 팁

솔고바이오. 글로벌 경기 개선에 따른 의료기기 시장의 회복으로 인공관절 임플란트 및 외과용 수술기구의 수주가 증가한 가운데 헬스케어 부문의 온열매트 등의 판매 증가로 지난해 같은 기간보다 매출이 성장할 것으로 예상합니다.

회사 소개

(FY2021 3Q 기준)

- **회 사 명:** 솔고바이오
- **회사개요:** 의료용구 제조 및 판매업 등을 영위할 목적으로 1995년 7월 12일에 설립됐다. 또한 2000년 8월 8일 코스닥시장에 상장했다. 척추, 골절, 인공관절용 생체용금속(임플란트), 외과용 수술기구, 온열전위자극기 및 온열매트 등 헬스케어 제품의 사업을 진행하고 있다.
- **주주구성:** 김일 외 3인 13.76% 자사주 0.02%

시장 전망 - 로봇

삼성전자가 로봇 관련 사업부에 대한 투자에 적극적입니다. 로봇은 반도체, AI 등 우리나라가 주력으로 삼는 산업의 결정체입니다. 점점 자동화돼 가는 미래에 로봇기술은 어느 곳이나 사용될 수 있습니다. 무인 자동차와 무선청소기 역시 로봇의 일종입니다. 인간의 일을 대신해주는 기계이니까요.

반도체는 우리나라 핵심 산업입니다. 반도체가 쓰이지 않는 곳이 없습니다. 작은 소형 가전부터 핸드폰, 자동차까지 그 기술력의 집결지가 바로 '로봇'입니다. 무인화, 자동화는 우리 일상으로 점점 다가오고 있습니다.

각 분야에서 기술력을 키워오던 기업들을 주목해야 합니다. 특히 대기업의 자본투자가 가시화되고 있습니다. 코로나 19 이후 로봇 기업에 대한 M&A, 기술투자 등이 이뤄질 때, 투자자에게는 기회가 될 수 있습니다

로봇

ROBOT

이 회사의 진가를 투자자들이 알기 전에

알에스오토메이션

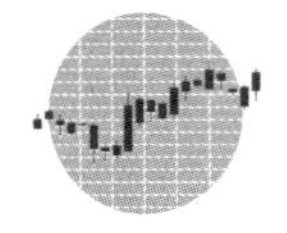

알에스오토메이션은 로봇모션, 에너지제어 전문 기업. 30년간 자동화 산업 한 분야만 팠던 회사가 2010년 현재의 알에스오토메이션으로 새롭게 출발했다. 2020년에는 RSAUTOMATION USA도 출범하면서 글로벌 시장에도 진출했다.

4차산업 혁명은 지금 이 시간에도 진행 중입니다. 반도체, 통신, AI, 디지털화 등등 여러 요소가 필요하겠지만 자동화라는 개념이 빠지지 않을 것입니다. 자동화는 로봇을 자연스럽게 떠올릴 수 있겠습니다. 우리에게 익숙한 트랜스포머와 같은 로봇도 있겠지만, 기업 입장에서는 스마트팩토리가 핵심일 것 같네요. 알에스오토메이션에서 개발, 제조, 판매되는 제품들은 생산 공정의 자동화는 물론 IoT, 로봇, 스마트팩토리, 나아서는 스마트 시티의 핵심 장치들입니다.

알에스오토메이션은 2009년 12월에 설립돼 로봇 모션 제어기, 드라이브 및 에너지 제어장치의 제조하고 판매합니다. 모션 컨트

롤러, 드라이브, 엔코더 등이고, 에너지 제어 부문의 주요 제품은 PCS, UPS, 인버터 등이 주요 제품입니다. 로봇 모션 제어 사업 부문에서 22bit급 광학식 엔코더를 독자 개발했으며, 이에 관련한 국내외 특허를 취득하는 등 경쟁력을 확보하고 있습니다. ESS용 PCS와 태양광용 PCS에 적용되는 에너지 제어장치의 수주가 호조를 보인 가운데 로봇 모션 제어기의 수주도 증가하며, 매출액이 성장하고 있습니다.

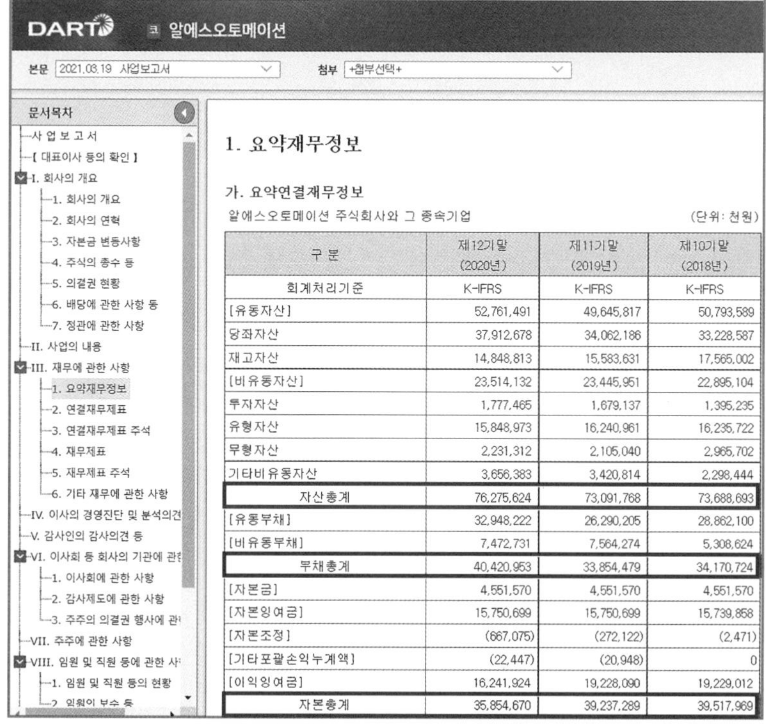

DART 알에스오토메이션

본문 2021.03.19 사업보고서 | 첨부 +첨부선택+

문서목차
- 사업보고서
- 【 대표이사 등의 확인 】
- I. 회사의 개요
  - 1. 회사의 개요
  - 2. 회사의 연혁
  - 3. 자본금 변동사항
  - 4. 주식의 총수 등
  - 5. 의결권 현황
  - 6. 배당에 관한 사항 등
  - 7. 정관에 관한 사항
- II. 사업의 내용
- III. 재무에 관한 사항
  - 1. 요약재무정보
  - 2. 연결재무제표
  - 3. 연결재무제표 주석
  - 4. 재무제표
  - 5. 재무제표 주석
  - 6. 기타 재무에 관한 사항
- IV. 이사의 경영진단 및 분석의견
- V. 감사인의 감사의견 등
- VI. 이사회 등 회사의 기관에 관한
  - 1. 이사회에 관한 사항
  - 2. 감사제도에 관한 사항
  - 3. 주주의 의결권 행사에 관한
- VII. 주주에 관한 사항
- VIII. 임원 및 직원 등에 관한 사항
  - 1. 임원 및 직원 등의 현황

1. 요약재무정보

가. 요약연결재무정보

알에스오토메이션 주식회사와 그 종속기업 (단위: 천원)

구 분	제12기말 (2020년)	제11기말 (2019년)	제10기말 (2018년)
회계처리기준	K-IFRS	K-IFRS	K-IFRS
[유동자산]	52,761,491	49,645,817	50,793,589
당좌자산	37,912,678	34,062,186	33,228,587
재고자산	14,848,813	15,583,631	17,565,002
[비유동자산]	23,514,132	23,445,951	22,895,104
투자자산	1,777,465	1,679,137	1,395,235
유형자산	15,848,973	16,240,961	16,235,722
무형자산	2,231,312	2,105,040	2,965,702
기타비유동자산	3,656,383	3,420,814	2,298,444
자산총계	76,275,624	73,091,768	73,688,693
[유동부채]	32,948,222	26,290,205	28,862,100
[비유동부채]	7,472,731	7,564,274	5,308,624
부채총계	40,420,953	33,854,479	34,170,724
[자본금]	4,551,570	4,551,570	4,551,570
[자본잉여금]	15,750,699	15,750,699	15,739,858
[자본조정]	(667,075)	(272,122)	(2,471)
[기타포괄손익누계액]	(22,447)	(20,948)	0
[이익잉여금]	16,241,924	19,228,090	19,229,012
자본총계	35,854,670	39,237,289	39,517,969

출처-DART 알에스오토메이션 2020 사업보고서

최근 4년간 알에스오토메이션의 재무제표를 살펴보면 그렇게 큰 변화를 찾을 수 없습니다. 자산총계 700억 원대, 부채는 400억 원 정도로 재무상태가 지난 4년 동안 비슷한 수치를 유지하고 있습니다. 손익계산서도 마찬가지로 2018년 986억 원에 매출액을 달성한 이후로 비슷한 수준을 유지하고 있으며, 다만 영업이익은 그다지 높지 않은 상태를 보이고 있습니다. 2018년부터 2020년까지는 거의 이익이 나지 않았다고 보는 게 맞을 것 같습니다.

현금흐름표 역시 회사의 조용함을 나타내고 있습니다. '영업활동현금흐름이 2019년 빼놓고는 다 마이너스로 오히려 '회사가 아직까지도 돈을 못 벌고 있네'라는 걱정이 들게 만듭니다. 이런 알에스오토메이션, 2021년 3분기를 기점으로 좀 달라진 모습을 볼 수 있습니다.

매출액이 2021년 3분기 기준 882억 원으로 2020년 3분기에 비해서 많이 늘어났습니다. 매출액이 느는 추세로 봐서는 2021년 약 1천억 원 이상의 매출액을 기대할 수 있습니다. 영업이익 23억 원, 단기순이익 19억 원으로 흑자전환했고, 기본적으로 현금흐름표 상에서도 영업활동현금흐름이 1년 만에 플러스 26억 원이 되는 성과를 보여줬습니다.

매출액 증가는 에너지 제어장치의 성장을 이유로 꼽을 수 있습니다. 매출액 비중이 이미 에너지 제어장치가 55% 이상으로 2020년부터 높아졌습니다. 최근 단일판매 공급계약 체결 공시(2021년 8월

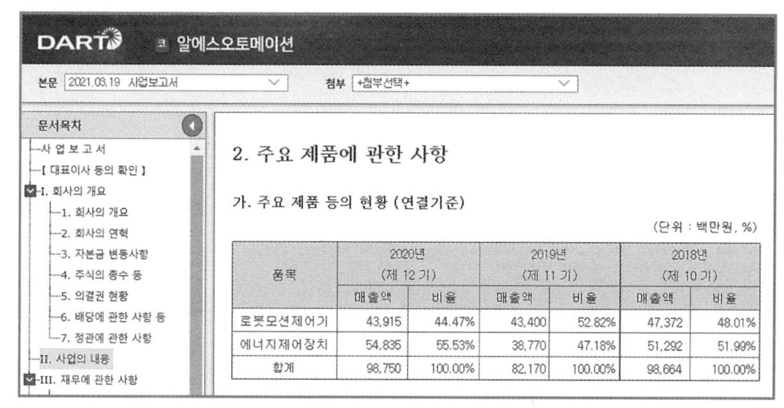
DART 코 알에스오토메이션

본문 2021.03.19 사업보고서 첨부 +첨부선택+

문서목차
- 사 업 보 고 서
- 【 대표이사 등의 확인 】
- I. 회사의 개요
  - 1. 회사의 개요
  - 2. 회사의 연혁
  - 3. 자본금 변동사항
  - 4. 주식의 총수 등
  - 5. 의결권 현황
  - 6. 배당에 관한 사항 등
  - 7. 정관에 관한 사항
- II. 사업의 내용
- III. 재무에 관한 사항

2. 주요 제품에 관한 사항

가. 주요 제품 등의 현황 (연결기준)

(단위 : 백만원, %)

품목	2020년 (제 12 기)		2019년 (제 11 기)		2018년 (제 10 기)	
	매출액	비율	매출액	비율	매출액	비율
로봇모션제어기	43,915	44.47%	43,400	52.82%	47,372	48.01%
에너지제어장치	54,835	55.53%	38,770	47.18%	51,292	51.99%
합계	98,750	100.00%	82,170	100.00%	98,664	100.00%

출처 - DART 알에스오토메이션 2020 사업보고서

12일)도 신재생에너지 전력변환장치 총 224억 원에 대한 공급 관련 내용입니다.

3분기까지 누적 실적은 전 사업 부문에서 호조세를 보이면서 전년보다 상승 폭이 더욱 커졌고, 특히 영업이익은 6배 이상 증가하면서 턴어라운드에 성공한 모습입니다. 매출은 창사 이래 최대치를 기록하고 있어 처음으로 연간 1,000억 원대를 넘어설 전망입니다.

이는 반도체 제조 공정과 물류 시스템의 혁신이 확산되면서 스마트팩토리와 관련된 전방시장에서 로봇모션 제어 제품의 수요가 늘어나고 있기 때문입니다. 알에스오토메이션은 미국과 중국 현지 법인 외에도 최근에는 아시아 최대 규모의 로봇모션 공급 기업과 동남아 시장 진출을 위한 구체적인 협업을 논의하면서 글로벌 사업의 시너지를 높이고 있습니다.

매출액이 느는 추세로 봐서는 2021년 약 1천억 원 이상의 매출액을 기대할 수 있습니다. 영업이익 23억 원, 단기순이익 19억 원으로 흑자전환했고, 기본적으로 현금흐름표 상에서도 영업활동현금흐름이 1년 만에 플러스 26억 원이 되는 성과를 보여줬습니다. 로봇과 에너지 저장, 미래 필요한 기술력은 다 갖춘 알에스오토메이션, 문제는 언제 이 회사의 진가를 투자자들이 알게 될 것인지입니다.

회사 소개 (FY2021 3Q 기준)

- **회 사 명:** 알에스오토메이션(주)
- **회사개요:** 알에스오토메이션은 2009년 12월에 설립됐으며, 2017년 코스닥에 상장했다. 로봇제어사업과 에너지제어사업의 2개의 부문으로 구분하여 사업을 영위해오고 있다.
- **주주구성:** 강덕현 29.35%, 자사주 1.55%, 소액주주 60.19%

상장 이후 주가 하락 폭이 큰 상황이지만

에브리봇

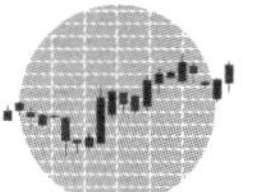

상장 이후 주가 하락폭이 큰 상황이다. 반등을 위해서는 신제품 출시 및 흥행, 다른 분야로의 로봇들도 출시가 돼야 할 것으로 2022년 이후의 회사의 로드맵이 기대되는 상황이다. 에브리봇은 가정용 로봇청소기 관련 제품 등의 제조 및 판매를 주된 목적으로 하는 회사. 2015년 1월 설립됐으며, 2017년 7월 24일 코넥스 시장에 상장했고, 2021년 7월 28일 코스닥에 상장했다.

에브리봇은 구동바퀴 없이 걸레 자체의 회전으로 주행과 청소를 동시에 수행하는 로보스핀(ROBOSPIN)방식이 적용된 물걸레 로봇청소기를 생산 판매하는 회사입니다. 로봇청소기에 바퀴가 없기 때문에 제품 무게의 100%를 꾹꾹 누르며 닦는 걸레질이 가능하다고 설명하고 있습니다.

GNK 2020 Annual Report에 따르면, 2020년 국내 판매 로봇청소기 모델 Top 10 중 3개의 제품이 에브리봇의 제품인 것으로 조사됐으며, 국내 로봇청소기 시장 점유율에서도 에브리봇이 가장 높은 것을 확인할 수 있습니다.

회사의 주요 제품으로는 물걸레 전용 로봇청소기 3종과 흡입/걸레 겸용 로봇청소기 2종이 있으며, 매출비중은 2021년 3분기 기준으로 물걸레 전용 로봇청소기 72.4%, 흡입/걸레 겸용 로봇청소기 27.6%로 구성되며, 물걸레 전용 로봇청소기는 직접 제조해서 판매하여 제품으로 분류했으며, 흡입/걸레 겸용 로봇청소기는 LDS센서 기업인 3irobotix와 협업으로 생산돼 상품으로 분류한 것으로 판단되며, 기존에 물걸레가 2개이던 것을 3개로 업그레이드한 신제품이 2021년 5월 출시됐으며, 주요 품목별 매출 현황에서 12.8%를 차지하고 있는 것을 확인할 수 있습니다. 또한 삼성전자에도 VR6000 모델을 납품하고 있으며, 2020년 연간 21억 원에서 2021년 1~3분기에 24.9억 원 매출로 증가했습니다.

2020년에 매출이 491억 원으로 2019년 161억 원에 비해 330억 원으로 205% 급격히 증가했는데, 주요 요인은 2019년 3월에 출시

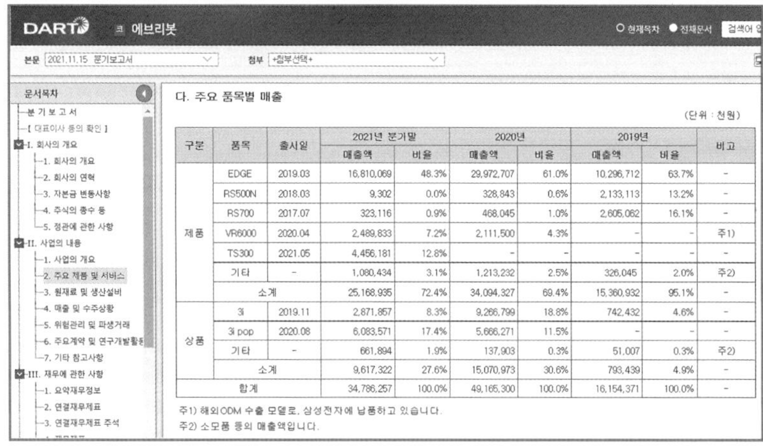
DART 에브리봇

본문 2021.11.15 분기보고서 첨부 +첨부선택+

문서목차
- 분기보고서
- 【대표이사 등의 확인】
- I. 회사의 개요
  - 1. 회사의 개요
  - 2. 회사의 연혁
  - 3. 자본금 변동사항
  - 4. 주식의 총수 등
  - 5. 정관에 관한 사항
- II. 사업의 내용
  - 1. 사업의 개요
  - 2. 주요 제품 및 서비스
  - 3. 원재료 및 생산설비
  - 4. 매출 및 수주상황
  - 5. 위험관리 및 파생거래
  - 6. 주요계약 및 연구개발활동
  - 7. 기타 참고사항
- III. 재무에 관한 사항
  - 1. 요약재무정보
  - 2. 연결재무제표
  - 3. 연결재무제표 주석

다. 주요 품목별 매출

(단위 : 천원)

구분	품목	출시일	2021년 분기말		2020년		2019년		비고
			매출액	비율	매출액	비율	매출액	비율	
제품	EDGE	2019.03	16,810,069	48.3%	29,972,707	61.0%	10,296,712	63.7%	-
	RS500N	2018.03	9,302	0.0%	328,843	0.6%	2,133,113	13.2%	-
	RS700	2017.07	323,116	0.9%	468,045	1.0%	2,605,062	16.1%	-
	VR6000	2020.04	2,489,833	7.2%	2,111,500	4.3%	-	-	주1)
	TS300	2021.05	4,456,181	12.8%	-	-	-	-	-
	기타	-	1,080,434	3.1%	1,213,232	2.5%	326,045	2.0%	주2)
	소계		25,168,935	72.4%	34,094,327	69.4%	15,360,932	95.1%	-
상품	3i	2019.11	2,871,857	8.3%	9,266,799	18.8%	742,432	4.6%	-
	3i pop	2020.08	6,083,571	17.4%	5,666,271	11.5%	-	-	-
	기타	-	661,894	1.9%	137,903	0.3%	51,007	0.3%	주2)
	소계		9,617,322	27.6%	15,070,973	30.6%	793,439	4.9%	-
합계			34,786,257	100.0%	49,165,300	100.0%	16,154,371	100.0%	-

주1) 해외ODM 수출 모델로, 삼성전자에 납품하고 있습니다.
주2) 소모품 등의 매출액입니다.

출처-DART 에브리봇 2021 3분기보고서

된 EDGE의 매출 증가 197억 원, 2019년 말부터 2020년 중순에 3i와 3i pop의 매출 증가 143억에 따른 영향입니다.

2020년 매출 증가에 힘입어 회사는 2021년 7월에 코스닥 상장했으며, 동시에 154억 원 유상증자를 했으며, 자금조달 목적은 채무상환자금 101원 억과 운영자금 53억 원이었습니다. 확정공모가격은 주당 36,700원이었습니다.

유상증자에 따른 자금조달 목적에 나오는 채무상환자금 101억 원은 2021년 2월 1일에 취득한 경기도 성남시 분당구 삼평동 680 에이치스퀘어 제에스동 제10층 (전부) 제1001호, 제1002호 취득자금 171억 원을 위해 차입한 장기차입금 상환을 위한 것으로 동 자산의 취득 목적은 사세 확정에 따른 연구 및 업무공간 확충을 위한 선제적 대비 차원에서 매입한 것이며, R&D 기반시설 확보 및 역량 강화, 사무공간 확보 및 우수인력을 확보에 사용될 예정입니다.

실제 동 자산의 취득에 따른 영향은 재무제표에서 확인할 수 있는데, 2021년 반기보고서에 따르면 재무제표와 주석에서 취득원가 기준으로 181억 원이 증가(취득세 등 포함)하고, 감가상각이 반영된 장부금액기준으로 179억 원이 증가한 것과 기업은행으로부터 135억 원을 차입했으며 유상증자 이후 장기차입금을 135억 원을 상환했다는 것을 확인할 수 있습니다.

다만, 회사의 사옥으로 쓸 예정인데 투자부동산으로 분류한 것이 의아할 수 있는데, 이는 전 소유자의 임차계약을 승계한 상태로, 임차인 퇴거 시에 사옥으로 사용할 예정으로, 현재 임차상태가 유지되

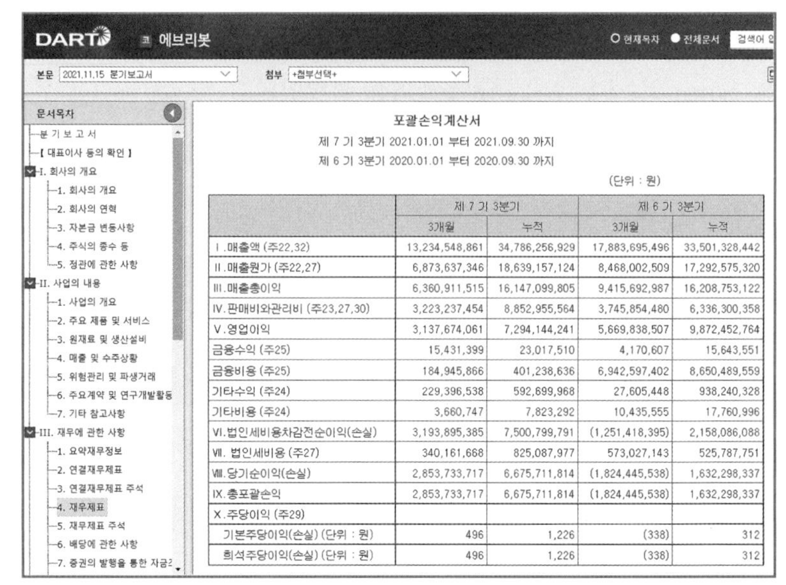

포괄손익계산서

제 7 기 3분기 2021.01.01 부터 2021.09.30 까지

제 6 기 3분기 2020.01.01 부터 2020.09.30 까지

(단위 : 원)

	제 7 기 3분기		제 6 기 3분기	
	3개월	누적	3개월	누적
Ⅰ.매출액 (주22,32)	13,234,548,861	34,786,256,929	17,883,695,496	33,501,328,442
Ⅱ.매출원가 (주22,27)	6,873,637,346	18,639,157,124	8,468,002,509	17,292,575,320
Ⅲ.매출총이익	6,360,911,515	16,147,099,805	9,415,692,987	16,208,753,122
Ⅳ.판매비와관리비 (주23,27,30)	3,223,237,454	8,852,955,564	3,745,854,480	6,336,300,358
Ⅴ.영업이익	3,137,674,061	7,294,144,241	5,669,838,507	9,872,452,764
금융수익 (주25)	15,431,399	23,017,510	4,170,607	15,643,551
금융비용 (주25)	184,945,866	401,238,636	6,942,597,402	8,650,489,559
기타수익 (주24)	229,396,538	592,699,968	27,605,448	938,240,328
기타비용 (주24)	3,660,747	7,823,292	10,435,555	17,760,996
Ⅵ.법인세비용차감전순이익(손실)	3,193,895,385	7,500,799,791	(1,251,418,395)	2,158,086,088
Ⅶ. 법인세비용 (주27)	340,161,668	825,087,977	573,027,143	525,787,751
Ⅷ.당기순이익(손실)	2,853,733,717	6,675,711,814	(1,824,445,538)	1,632,298,337
Ⅸ.총포괄손익	2,853,733,717	6,675,711,814	(1,824,445,538)	1,632,298,337
Ⅹ.주당이익 (주29)				
기본주당이익(손실) (단위 : 원)	496	1,226	(338)	312
희석주당이익(손실) (단위 : 원)	496	1,226	(338)	312

출처-DART 에브리봇 2021 3분기보고서

고 있어 투자부동산으로 분류한 것으로 공시돼 있습니다.

2021년 7월 코스닥 상장시 공모가격 36,700원에서 주가는 하락하여 24,000원에 머무르고 있으며, 2021년 5월 쓰리스핀 신제품 출시에도 불구하고 매출은 2021년 3분기 3개월 매출은 132억 원으로 2020년 3분기 3개월 매출 178억 원보다 46억 원 감소한 것을 확인할 수 있습니다.

상장 이후 주가 하락 폭이 큰 상황입니다. 반등을 위해서는 신제품 출시 및 흥행, 다른 분야로의 로봇들도 출시가 돼야 할 것으로 2022년 이후의 회사의 로드맵이 기대되는 상황입니다.

투자 팁

에브리봇은 물걸레 로봇청소기에 뛰어난 기술력을 보유하고 있으며, 대기업 제품에 비해 가격 경쟁력 또한 보유하고 있습니다. 2021년 코스닥 상장과 신제품 출시로 매출의 성장성을 보여주어야 하는 시점에 유상증자로 확보한 자금을 2021년 2월 171억 원, 2021년 11월 147억 원, 총 318억 원을 토지 및 건물의 취득에 사용했습니다. R&D 기반시설 확보에 따른 우수인력 유치에 긍정적인 영향을 미칠 것으로 보이지만 현재는 판촉활동에 집중하는 것이 시급해보이며, 2021년 하반기와 2022년 매출이 유의적으로 증가하여 성장하기를 기대합니다.

회사 소개

(FY2021 3Q 기준)

- **회 사 명:** 에브리봇(주)
- **회사개요:** 에브리봇(주)는 2015년 1월 6일에 설립됐으며, 가정용 로봇청소기 관련 제품 등의 제조 및 판매를 주요 사업목적으로 하고 있다. 경기도 성남시 분당구 운중로 판교공원로2길 11(판교동) 에브리봇빌딩에 소재하고 있으며, 2017년 7월 24일 코넥스 시장에 주식을 상장, 2021년 7월 28일에 한국거래소 코스닥시장에 상장됐다.
- **주주구성 :** 정우철(대표이사) 35.33%, (주)스마트앤그로스 7.26%, 형인우 6.54%, 기술보증기금벤처투자센터 4.79%, (주)지에스홈쇼핑 3.86%

중국 시장 진출로 매출 회복세 기대

로보로보

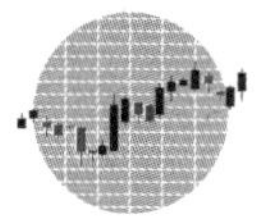

2차전지 산업도 풍문으로 시작해서 개화하기까지 10년이 넘게 걸렸다. 로봇산업이 언제 화려하게 개화될지는 아무도 모른다. 다만 그 산업이 숫자로 나타나는 상황이 되면 로보로보도 분명 주목받을 것이다. 로보로보는 교육용 로봇, 로봇용 학습소프트웨어 및 관련 교재 등 교육에 사용되는 로봇 및 부수제품을 제조·판매하는 회사다. 로보키트, 로보키즈, 유아로 등이 주요 제품으로 초등학생이 주타깃이다.

에듀테크(Edutech)는 교육(Education)과 기술(Technology)의 합성어로, 교육에 ICT기술을 접목해 새로운 교육 서비스를 제공합니다. 예를 들어 인공지능, AR/VR, 블록체인 등이 기존 교육에 적용되고 있는데 이러닝(E-Learning), 스마트 러닝(Smart Learning) 등과 비슷한 개념입니다.

이러닝은 디지털 교과서와 온라인 학습을 이끌어낸 개념이고 2010년 이후에는 스마트러닝 개념이 등장합니다. 스마트폰과 태블릿 등 '스마트기기'를 통해 교육 성과를 높이기 위한 스마트러닝이 주목을 받았습니다.

이러닝과 스마트러닝은 교육이 행해지는 학습수단(인터넷+데스크탑, 스마트폰, 태블릿 등)이 바뀌는 형태입니다. 에듀테크는 마찬가지로 학습수단에 대한 것(AR/VR)도 있지만, 인공지능, 빅데이터, 블록체인 등 데이터와 소프트웨어를 기반으로 학습자에 대한 분석과 의사소통, 정보관리를 쉽게 함으로써 학습 성과를 제고시키는 방향에 좀 더 무게중심이 실려 있습니다.

교육용 로봇이 '에듀테크'로 구분되는 이유는 교사보조 로봇을 통한 사용자와의 상호작용을 통한 창의교육을 실시하거나, 학생이 교구재 로봇을 제작하고 콘텐츠를 구성해 과학에 대한 관심과 창의력 향상을 돕기 때문입니다.

로보로보는 교육용 로봇 시장을 목표로 초등학생 및 유아를 위한 교육용 로봇을 생산·판매하고 있습니다. 제품은 교육용 로봇, 로봇용 학습소프트웨어, 관련 교재 등 교육에 사용되는 로봇 및 부수제품을 연구개발, 제조, 판매하고 있습니다. 종속기업인 과학샘(주)는 초등학교 '방과후학교' 교육용 생명과학 및 코딩 분야 교육재료, 컨텐츠 개발 및 공급 업체입니다.

2000년 설립한 로보로보는 2017년 교육용 로봇을 초등학교 방과 후 교실에 납품하면서, 성장하기 시작했습니다. 이때쯤 4차산업 등에 대한 정부 교육정책이 강조되면서, 코딩 교육과 교육용 로봇시장의 급성장합니다. 로보로보는 '교육용 로봇 KS인증'을 받는 등 전체 매출의 37% 학교에서 나왔습니다.

2017년 로보로보의 매출액의 52.6% 이상 차지하는 고객은 1개 사입니다. 수출 고객이 이 회사의 매출을 좌지우지하고 있는데 중국의 베이징 로보로보 테크놀로지 매출액이 91억 원이나 됐습니다.

2021년 1분기 물론 코로나19 상황에 따라 매출액은 급감하고 (2019년 132억 원→2020년 48억 원) 2020년은 26억 원의 영업적자를 기록합니다. 전반적으로 재무제표가 힘을 상실한 모습을 보이고 있습니다. 로보로보는 부채비율 5%로 재무적으로 아무 문제없어 보이지만 이는 112억 원의 주식발행초과금 덕분입니다.

2019~2021년 1분기까지 이익잉여금이 줄고 있다든지, 영업활동현금흐름 2년 연속 마이너스 상황 등 실제로는 좋지 않습니다. 자금이 많았을 때 쌓아 둔 금융자산(단기금융상품)을 헐어 자금을 조달하고 있으며, 향후 미래를 위한 사업 다각화 조짐은 보이지 않습니다.

4차 산업혁명 관련 정부 육성사업

특히 로보로보는 주식 투자자에게 아픈 기억을 준 회사입니다. 정부가 로봇관련 산업을 육성한다고 하니깐 테마주로 눈에 띈 회사입니다. '4차 산업혁명'이라는 말도 이제는 좀 철 지난 유행어 같습니다. 왜냐면 요즘은 ESG가 대세니까요. 당시에도 급등하는 종목마다 4차 산업 연관이라는 수식어가 붙곤 했습니다. 그러면 오히려 '4차 산업 그게 도대체 뭔데?'라는 생각이 들기도 합니다.

최영석 대표이사 지분 39.07%와 소액주주 56.99%(2021. 1Q 기준), 로보로보의 주주구성입니다. 최근 88억 원 규모의 유상증자를 진행했습니다. 로보로보는 2015년 하나머스트4호기업인수목적(상장을 목적으로 한 SPC)과 합병해서 상장한 회사입니다. 상장을 기점으로 터닝 포인트를 잡은 회사입니다. 상장을 통해 얻는 재무활동으로 그동안 투자를 진행해왔습니다. 자산은 몇 년간 큰 변화가 없는데 시가총액은 높게 유지되고 있습니다. 출발부터 로보로보는 향후 발전 가능성에 대한 시장평가가 높았습니다.

그에 비해 매출액 성과는 점점 나빠진 상태입니다. 국내에서는 코딩교육제품 400개교에 납품, '방과후 교실' 관련 로봇교육 비즈니스가 잘 될 것으로 기대됐고, 특히 정부 정책기조와 맞닿은 점이 투자자들에게 긍정적인 요소가 됐습니다. 더욱 기대감을 준 것은 중국이나 동남아 지역에 대한 수출물량이었습니다.

그런데 이 대부분이 현재는 잘 작동하지 않고 있습니다. 그럼에도 지금 형성된 주가는 오히려 로보로보가 실제로 사업의지를 갖고 새로운 활로는 찾고 있는지 의심스럽게 만듭니다.

투자 팁 ...

초등학교 방과 후 수업 재계, 코딩교육의 활성화, 비대면 온라인 방과 후 수업 프로그램 론칭 등으로 국내 매출이 증가했습니다. 그리고 중국 시장 진출로 매출 회복세가 기대됩니다. 그러나 그것으로는 부족하지 않을까, 하는 생각이 듭니다. 새로운 활로를 모색해야 할 때입니다.

회사 소개

(FY2021 3Q 기준)

- **회 사 명:** (주)로보로보
- **회사개요:** 로보로보는 2000년 5월 22일 교육용 로봇 개발 및 제조업을 주사업목적으로 설립됐으며, 코스닥시장 상장을 위해 하나머스트4호기업인수목적 주식회사와 2017년 12월 1일 합병을 완료했다.
- **주주구성:** 최영석 및 특수관계인 35.88%, 소액주주 57.10%.

신사업 속도 지켜보며 관심 가질 종목

로보티즈

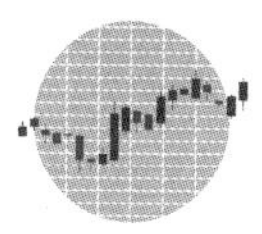

상장 이후로 재차 저점 수준까지 내려온 주가와 LG전자가 보유하고 있는 지분, 향후 LG의 로봇 사업 본격화에 따른 동사의 역할 등을 고려했을 때 관심을 가질 회사다.

로보티즈는 1999년 설립된 로봇솔루션 전문 기업입니다. 핵심 기술(제품)은 서비스 로봇 구축 솔루션이며 크게는 로봇 전용 액츄에이터(제품명:Dynamixel-다이나믹셀)와 이를 효과적으로 활용할 수 있는 지능형 소프트웨어로 구성돼 있습니다. 또한 신성장 동력사업으로 시스템 통합기술과 인공지능 기술의 강점을 이용하여 자율주행 로봇을 기획 및 추진하고 있습니다.

로봇전용 액츄에이터와 이를 효과적으로 활용할 수 있는 응용제품 생산이 주요 사업이며 신규사업으로는 자율주행 로봇(신규사업)으로 구분할 수 있겠습니다.

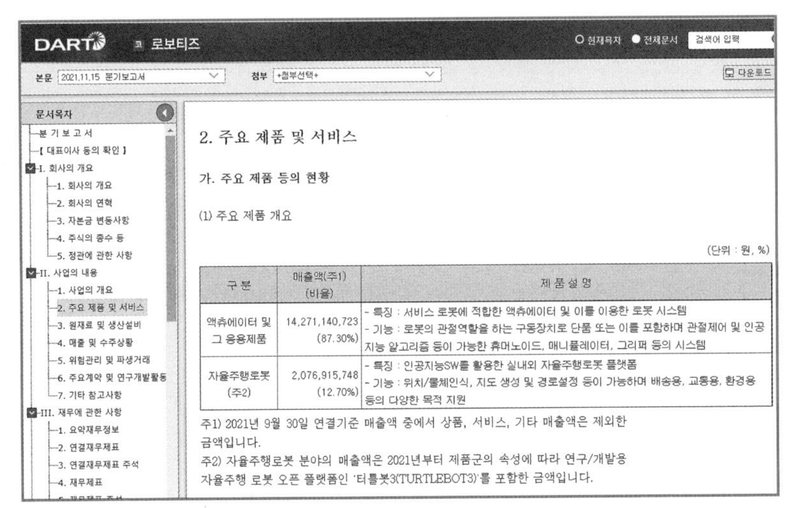

2. 주요 제품 및 서비스

가. 주요 제품 등의 현황

(1) 주요 제품 개요

(단위 : 원, %)

구분	매출액(주1) (비율)	제품설명
액츄에이터 및 그 응용제품	14,271,140,723 (87.30%)	- 특징 : 서비스 로봇에 적합한 액츄에이터 및 이를 이용한 로봇 시스템 - 기능 : 로봇의 관절역할을 하는 구동장치로 단품 또는 이를 포함하며 관절제어 및 인공지능 알고리즘 등이 가능한 휴머노이드, 매니퓰레이터, 그리퍼 등의 시스템
자율주행로봇 (주2)	2,076,915,748 (12.70%)	- 특징 : 인공지능SW를 활용한 실내외 자율주행로봇 플랫폼 - 기능 : 위치/물체인식, 지도 생성 및 경로설정 등이 가능하며 배송용, 교통용, 환경용 등의 다양한 목적 지원

주1) 2021년 9월 30일 연결기준 매출액 중에서 상품, 서비스, 기타 매출액은 제외한 금액입니다.
주2) 자율주행로봇 분야의 매출액은 2021년부터 제품군의 속성에 따라 연구/개발용 자율주행 로봇 오픈 플랫폼인 '터틀봇3(TURTLEBOT3)'를 포함한 금액입니다.

출처-DART 로보티즈 2021 3분기보고서

로보티즈는 당장은 크게 실적 모멘텀과 성장성이 확 눈에 띄는 종목은 아닌 것 같습니다. 다만 상장 이후로 재차 저점 수준까지 내려온 주가와 LG전자가 보유하고 있는 지분, 향후 LG의 로봇 사업 본격화에 따른 동사의 역할 등을 고려했을 때 관심 가져볼 만한 회사라고 생각됩니다. 신사업 진척 속도에 따라 관심 가져도 될 종목으로 추천합니다.

투자 팁

로봇의 동작에 가장 중요한 부품인 로봇 전용 액츄에이터와 액츄에이터를 효과적으로 구동할 수 있는 인공지능형(AI) 소프트웨어 등의 핵심 기술을 보유하고 있어 지금의 매출액보다, 어느 회사에 기술력을 제공할지 기대되는 회사입니다.

회사 소개

(FY2021 3Q 기준)

- **회 사 명:** 로보티즈
- **회사개요:** 1999년 3월 설립돼 서비스로봇 솔루션 및 로봇부품을 연구 개발, 생산 및 판매하고 있다.
- **주주구성:** 김병수 외 3인 43.15% LG전자 8.55% 자사주 0.07%,

기타 저평가 유망주

UNDERVALUED
PROMISING STOCKS

스마트폰 카메라 늘어나면 올라간다

하이비젼시스템

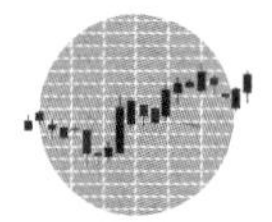

최근 최신 스마트폰은 카메라 렌즈가 보통 2~3개 달리는데, 카메라 렌즈 관련 회사니 앞으로 더 많은 매출이 기대할 수 있다. 스마트폰에 탑재되는 카메라 모듈 및 스마트 부품에 대한 공정 및 검사 자동화 장비를 개발 및 제조를 주 사업으로 영위는 회사다.

2구, 3구 가스레인지 이야기가 아닙니다. 스마트폰에 달린 카메라 개수입니다. 최근에 출시된 신제품 카메라는 기존 포커싱(Focusing) 방식에 센서와 렌즈의 Tilt(상, 하, 좌, 우) 정도를 영상으로 확인하면서 해상력을 조절하는 액티브 얼라인(Active Align) 방식이라고 합니다. 한전면 후면에 각 1개씩 카메라 렌즈가 있는 모델은 구형입니다. 이제 보통 2개~3개의 렌즈가 달려 있습니다.

최근 출시된 아이폰 역시 3개의 렌즈를 달고 있습니다. 스마트폰의 카메라 성능이 이미 일반 소형 카메라를 능가합니다. 스마트폰 제조사는 더 정밀한 카메라 렌즈를 스마트폰에 달고 있습니다. 그럴수록 카메라 성능과 품질을 검사하는 검사장비의 수요도 증가할 것입니다. '아직 저평가된 고화소 카메라 모듈 회사가 어디지?' 카메라 검사장비 회사에 투자할 때라는 '아이디어'가 생겼습니다. 관련된 회사를 구글링하면, 하이비젼시스템 등의 회사 이름이 나옵니다.

2020년 3분기까지는 재무제표를 보면 이 회사가 제가 전망했던 거랑 다른 숫자를 보여줍니다. 기본적으로 자산총계 1,801억 원, 부채비율 36% 낮은 차입금 구조에 스마트폰 관련 장비 기업이라고 하지만 안정적인 경영 스타일의 제조업 냄새가 물씬 납니다. 매출액은 2019년 1,342억 원에 영업이익 32억 원을 기록했습니다. 2018년 201억 원의 영업이익에 비해 2019년은 낮은 실적으로 냈습니다. 그런 2020년은 1,831억 원으로 점점 상승세를 타고 있습니다.

이 회사를 평가한 2020년 초의 애널리스트 보고서를 보면, 하이비젼시스템은 2020년 상반기는 이렇다 할 실적을 내지 못하더라도 하반기 그리고 2021년 기대된다는 전망을 확인할 수 있습니다.

첫 번째 기대 요소는 현재는 스마트폰 신상품에만 적용되는 3구 카메라가 스마트폰 이외의 제품에도 확대되는 것입니다. 가장 손쉽게 태블릿 PC 등 유사한 제품에도 트리플 카메라 모듈 기술이 들어가고, 타 산업으로는 자동차에 탑재되는 카메라가 1개가 아니라 여러 개가 될 수도 있습니다. 후방주차시, 운전 졸음방지를 위한 센서용으로 자동차 한 대에 들어가는 카메라 수가 증가할 수 있습니다.

이와 연관돼 하이비젼시스템의 ToF방식의 3D센싱모듈(Time of

Flight 후면센서)이 더 많이 팔릴 거라는 말입니다. 이런 시그널을 캐치한다면 투자 시기를 잡아 낼 수 있을 것입니다. 그러면 어떻게? 매출이 발생하기 이전에 현재 465억 원의 유형자산에 더 투자하거나, 투자활동현금흐름이 늘어나는 것을 주의 깊게 봐야 할 사항입니다.

두 번째 기대 요소는 매출처 확대입니다. 국내에는 LG이노텍, 폭스콘, 삼성전자 협력사들이 하이비젼시스템 외에도 카메라 모듈 관련 매출을 내고 있습니다. 전체 인력의 70% 이상이 연구개발이고 연구개발투자가 많다고 해도(기술력이 있다 해도) 경쟁자가 즐비한 경우라, 매출처 확대가 관건입니다.

아직까지 전 세계 스마트폰 중에 트리플(3구) 카메라는 10% 내외로 보급됐습니다. 향후 중국이나 베트남 시장에서 매출에 폭발적인 증가가 이뤄지길 기대해봅니다. 지금도 하이비젼시스템의 전체 매출의 40%가 중국 지역에서 발생합니다.

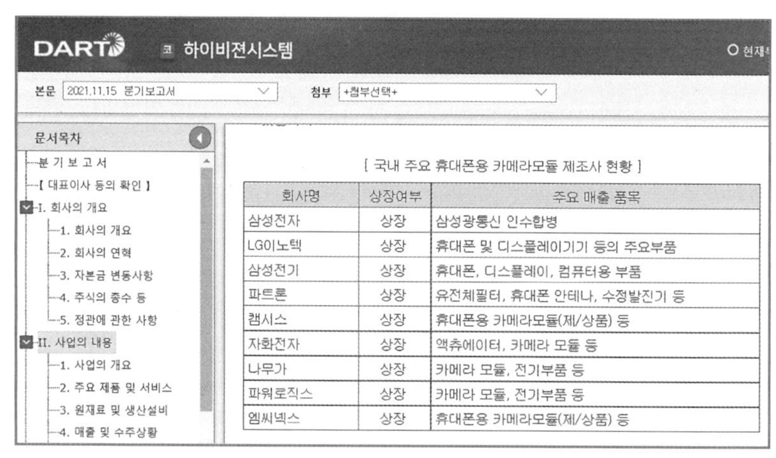

[국내 주요 휴대폰용 카메라모듈 제조사 현황]

회사명	상장여부	주요 매출 품목
삼성전자	상장	삼성광통신 인수합병
LG이노텍	상장	휴대폰 및 디스플레이기기 등의 주요부품
삼성전기	상장	휴대폰, 디스플레이, 컴퓨터용 부품
파트론	상장	유전체필터, 휴대폰 안테나, 수정발진기 등
캠시스	상장	휴대폰용 카메라모듈(제/상품) 등
자화전자	상장	액츄에이터, 카메라 모듈 등
나무가	상장	카메라 모듈, 전기부품 등
파워로직스	상장	카메라 모듈, 전기부품 등
엠씨넥스	상장	휴대폰용 카메라모듈(제/상품) 등

출처-DART 하이비젼시스템 2021 3분기보고서

향후 성장 가능성은 검사장비 쪽

하이비젼시스템의 5년 주가 추이를 보면 2018년 22,150원이 최고 가격입니다. 15,300원으로 시가총액 2,286억 원을 기록하고 있습니다(2021년 10월 8일 기준). 2018년 1,830억 원의 최고 매출액을 기록한 해입니다. 영업이익도 201억 원이었습니다. 2017년과 2018년은 멀티카메라와 센서가 탑재된 모듈이 확대되기 시작할 때입니다. 이때 연간 최고 매출을 기록한 것입니다.

3구 스마트폰이 대세가 되고 있습니다. 스마트폰 제조사 외에도 카메라 렌즈를 기본 2~3개 달리는 시장 분위기가 보이면 이 회사가 더 기회를 갖게 될 것입니다. 스마트폰 부품주 중에 작은 회사이고, 사람들에게 알려지지 않아서 주가도 낮게 형성돼 있습니다. 결국, 시장은 매력도가 다시 높아졌는데 누가 더 확장할지는 모르는 형국입니다. 하이비젼시스템이 기회를 잡으리라 생각합니다. 2021년 2분기 기준 매출채권 1,093억 원과 매입채무 732억 원이 향후 실적을 기대하게 하는 증거입니다.

지금의 상황으로 봐서는 스마트폰 카메라 렌즈가 점점 느는 것에 대비해 카메라 모듈을 최종 스마트폰 제조사에 납품하는 업체들이 하이비젼시스템의 검사장비를 많이 주문하면 매출은 상승할 것입니다.

투자 팁 ···

카메라 모듈 자동화 검사장비 시장은 최근 3년간 급속히 성장하고 있습니다. 올해 매출액도 사상 최고치를 기록할 것으로 전망하고 있습니다. 다만 전방 시장에 따라 하이비젼시스템의 주가 움직임도 크게 좌지우지되고 있는 상황입니다. 카메라 시장의 향후 성장성은 이 책에서도 몇 번을 언급했지만 매우 높다고 생각합니다. 믿어 의심치 않습니다. 하이비젼시스템의 주가도 충분히 더 오를 여지가 분명 있습니다.

회사 소개

(FY2021 3Q 기준)

- **회 사 명:** (주)하이비젼시스템
- **회사개요:** 지배기업인 주식회사 하이비젼시스템은 종속기업인 주식회사 퓨런티어, HYVISION VINA, 주식회사 큐비콘, HYVISION TECHNOLOGY 및 주식회사 하이라이프에프에스를 연결대상으로 지배하고 있다. (주)하이비젼시스템은 2002년 5월 14일 설립돼 Camera Module Auto Test System 및 디지털 영상처리 응용분야의 디지털 영상제품군의 개발, 판매를 주요 영업으로 하고 있다. 지배기업은 코스닥시장 상장을 위하여 이트레이드1호기업인수목적주식회사와 2012년 1월 26일을 합병기일로 하여 합병했다.
- **주주구성:** 최두원 15.23% 기타 소액주주 63.02%.

꾸준한 실적 성장, 22년이 더 기대되는
코웰패션

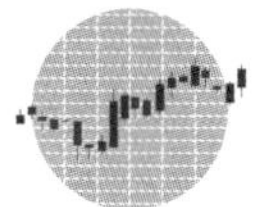

최근의 실적 성장을 바탕으로 주가가 한번 점프했는데, 전자사업 부문의 성장, 골프웨어 유행, 화장품 사업 확장, 그리고 기본적인 코웰패션 자체의 다양한 브랜드가 더 늘어난다면 주가도 그만큼 상승 가능할 것으로 보인다. 코웰패션은 전자사업(전자부품)과 패션사업으로 분류된다. 전자부품 제조 및 판매업을, 패션사업은 내의류, 양말, 잡화 등의 제조 및 판매업 등을 영위하고 있다.

코웰패션의 전자사업부 주요 제품은 콘덴서이며, 해당 제품의 전방산업은 크게 가전제품 시장과 자동차 시장으로 볼 수 있습니다. 올해 반기 기준 전자사업부의 콘덴서 매출액은 약 223억 원으로 전자사업부 전체 매출액 대비 96.5%의 매출 비중을 차지하고 있습니다. 매출액의 90%를 차지하는 패션사업부는 주요 제품인 내의, 의류와 더불어 잡화, 화장품 상품을 유통하고 있습니다.

코웰패션 패션사업부는 자체 제조공장을 소유하고 있지 않습니다. 원재료 구입 후 생산과 관련하여 국내 및 베트남, 인도네시아 등 임가공업체와의 계약을 체결하고, 임가공 후 고객사를 통해 판매하

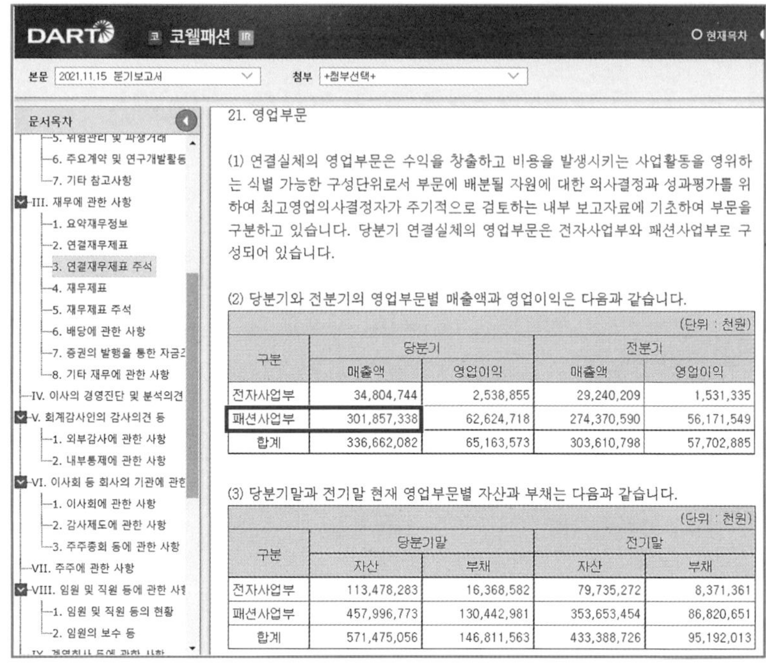

DART 코웰패션

본문 2021.11.15 분기보고서 첨부 +첨부선택+

21. 영업부문

(1) 연결실체의 영업부문은 수익을 창출하고 비용을 발생시키는 사업활동을 영위하는 식별 가능한 구성단위로서 부문에 배분될 자원에 대한 의사결정과 성과평가를 위하여 최고영업의사결정자가 주기적으로 검토하는 내부 보고자료에 기초하여 부문을 구분하고 있습니다. 당분기 연결실체의 영업부문은 전자사업부와 패션사업부로 구성되어 있습니다.

(2) 당분기와 전분기의 영업부문별 매출액과 영업이익은 다음과 같습니다.

(단위 : 천원)

구분	당분기		전분기	
	매출액	영업이익	매출액	영업이익
전자사업부	34,804,744	2,538,855	29,240,209	1,531,335
패션사업부	301,857,338	62,624,718	274,370,590	56,171,549
합계	336,662,082	65,163,573	303,610,798	57,702,885

(3) 당분기말과 전기말 현재 영업부문별 자산과 부채는 다음과 같습니다.

(단위 : 천원)

구분	당분기말		전기말	
	자산	부채	자산	부채
전자사업부	113,478,283	16,368,582	79,735,272	8,371,361
패션사업부	457,996,773	130,442,981	353,653,454	86,820,651
합계	571,475,056	146,811,563	433,388,726	95,192,013

출처-DART 코웰패션 2021 3분기보고서

고 있습니다. 제품판매 방법은 홈쇼핑 및 인터넷 판매, 자사 운영 쇼핑몰을 통한 판매로 이루어지고 있습니다.

주로 취급하고 있는 내의류 산업은 필수의복과 패션의류로의 특성을 동시에 지니고 있어 안정적인 성장을 보일 것으로 예상되며, 동사의 판매 방법인 홈쇼핑 및 온라인, 모바일 등 무점포 유통망도 높은 증가 추세가 유지되고 있습니다. 주로 1분, 3분기가 비수기며 2분기와 4분기가 성수기의 형태를 보입니다.

코웰패션의 종속회사들은 다음과 같습니다. 다양한 회사 중에 특히 엘엔피브랜즈(주)와 윌패션(주)의 실적이 눈에 띕니다. 코스메틱

연결 포괄손익계산서

제 48 기 3분기 2021.01.01 부터 2021.09.30 까지

제 47 기 3분기 2020.01.01 부터 2020.09.30 까지

(단위 : 원)

	제 48 기 3분기		제 47 기 3분기	
	3개월	누적	3개월	누적
수익(매출액)	109,598,020,585	336,662,082,207	88,031,466,284	303,610,798,115
제품매출액	43,557,967,173	137,605,053,871	42,329,909,250	136,872,359,397
상품매출액	64,742,420,300	195,059,510,669	44,432,513,203	162,784,628,953
용역매출액	4,224,171	123,532,949	18,670,890	220,109,648
기타수익(매출액)	1,293,408,941	3,873,984,718	1,250,372,941	3,733,700,117
매출원가	55,493,726,191	159,633,338,069	41,351,962,687	136,991,486,043
제품매출원가	24,570,844,232	72,475,571,571	16,535,732,610	60,323,474,322
상품매출원가	30,859,368,640	86,903,227,773	24,816,230,077	76,668,011,721
기타매출원가	63,513,319	254,538,725	0	0
매출총이익	54,104,294,394	177,028,744,138	46,679,503,597	166,619,312,072
판매비와관리비	35,375,796,137	111,865,170,759	31,148,487,309	108,916,427,376
급여	5,589,886,954	15,589,457,199	5,036,530,810	14,998,861,278
퇴직급여	362,145,761	1,086,022,886	388,920,928	1,061,633,524
복리후생비	699,329,856	1,961,049,605	693,115,422	2,044,924,515
여비교통비	83,170,599	235,696,176	78,262,075	213,676,170
통신비	18,385,058	54,972,888	19,881,014	52,949,150

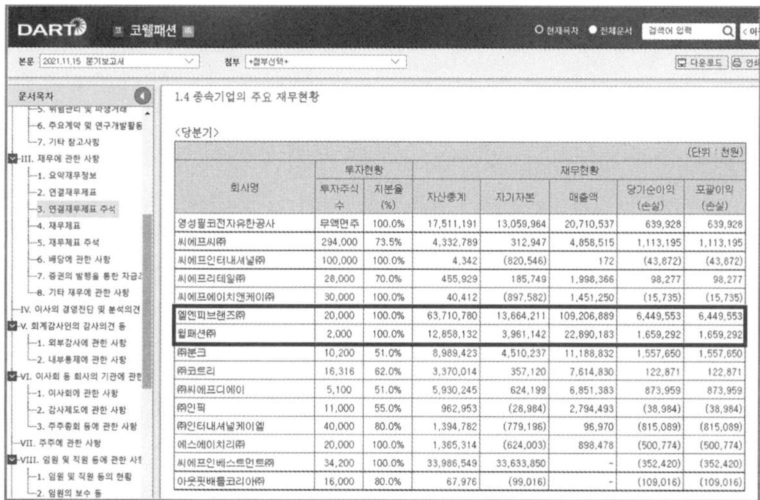

1.4 종속기업의 주요 재무현황

<당분기>

(단위 : 천원)

회사명	투자현황		재무현황				
	투자주식수	지분율(%)	자산총계	자기자본	매출액	당기순이익(손실)	포괄이익(손실)
영성필코전자유한공사	무액면주	100.0%	17,511,191	13,059,964	20,710,537	639,928	639,928
씨에프씨㈜	294,000	73.5%	4,332,789	312,947	4,858,515	1,113,195	1,113,195
씨에프인터내셔널㈜	100,000	100.0%	4,342	(820,546)	172	(43,872)	(43,872)
씨에프리테일㈜	28,000	70.0%	455,929	185,749	1,998,366	98,277	98,277
씨에프에이치앤케이㈜	30,000	100.0%	40,412	(897,582)	1,451,250	(15,735)	(15,735)
엘엔피브랜즈㈜	20,000	100.0%	63,710,780	13,664,211	109,206,889	6,449,553	6,449,553
웰패션㈜	2,000	100.0%	12,858,132	3,961,142	22,890,183	1,659,292	1,659,292
㈜분크	10,200	51.0%	8,989,423	4,510,237	11,188,832	1,557,650	1,557,650
㈜코트리	16,316	62.0%	3,370,014	357,120	7,614,830	122,871	122,871
㈜씨에프디에이	5,100	51.0%	5,930,245	624,199	6,851,383	873,959	873,959
㈜인픽	11,000	55.0%	962,953	(28,984)	2,794,493	(38,984)	(38,984)
㈜인터내셔널케이엘	40,000	80.0%	1,394,782	(779,196)	96,970	(815,089)	(815,089)
에스에이치리㈜	20,000	100.0%	1,365,314	(624,003)	898,478	(500,774)	(500,774)
씨에프인베스트먼트㈜	34,200	100.0%	33,986,549	33,633,850	-	(352,420)	(352,420)
아웃핏배틀코리아㈜	16,000	80.0%	67,976	(99,016)	-	(109,016)	(109,016)

출처 - DART 코웰패션 2021 3분기 보고서

사업의 확장성과 최근 유행이 되고 있는 골프용품의 성장도 코웰패션의 투자 포인트가 될 수 있어 보입니다.

코웰패션의 2021년 3분기 누적 매출액은 3,366억 원입니다. 이는 전년 동기 3,036억 원보다 약 300억 원 정도 늘어난 수준입니다. 패션 쪽 역시 코로나 상황에 영향을 받지 않을 수 없습니다. 견고한 성장과 매출액이 유지됐다는 점도 훌륭한데 코웰패션의 영업이익은 651억 원으로 같은 기간 대비 12% 상승이며, 2020년 800억 원의 영업이익을 넘기거나 비슷한 수준을 유지할 것으로 예상됩니다.

필름콘덴서, 고정저항기 등을 생산하는 전자부품 업체였으나, 2015년 4월 코웰패션을 합병한 후 의류, 잡화 및 내의 등 패션사업으로 주력사업을 변경했습니다. 의류 및 신발 제조업체인 엘엔피브랜즈, 화장품 업체인 코트리, 필름콘덴서 제조업체인 중국 소재의 영성필코전자유한회사 등을 종속기업으로 보유하고 있습니다. 다양한 산업부문을 갖고 있은데 우선은 패션 부분이 골프웨어의 판매 호조, 언더웨어의 안정적인 수요 증가, 기존 브랜드 복종 다각화 등으로 패션사업 부문이 성장한 가운데 전자사업부 매출 역시 증가한 바 전년 동기 대비 외형 성장해 오고 있습니다.

투자 팁

코웰패션이라고 하면 생소합니다. 의류도 속옷이 주력인 것처럼 돼 있는데 코웰패션이 맡아서 제조, 판매하는 브랜드를 보면 이 회사의 패션사업부의 매출액이 약 3,867억 원인 것이 이해가 됩니다. 코웰패션은 리복, 카파, 컬럼비아, FTV, 푸마, 아디다스, 아식스, 엘르키즈, 켈빈클라인, 엘르, 엠포리오아르마니, 비젼나이키, 콩당세파리, 살소마찌오레, 파시마, 푸마(대만), 아.테스토니, 엠리밋, 밀레, 아다바트, JDX, 노티카, 센터폴 등을 맡고 있습니다.

회사 소개

(FY2021 3Q 기준)

- **회 사 명:** 코웰패션
- **회사개요:** 당사는 1974년 6월 외국법인인 필립스코리아(주)로 설립돼 사업을 영위하다가 1994년 2월 상호를 필코전자(주)로 내국법인화했다. 이후 2015년 3월 코웰패션(주)로 사명을 변경하여 현재까지 사업을 영위하고 있다. 전자사업(전자부품)과 패션사업으로 분류되며 매출의 90%는 패션사업에서 나오고 있다.
- **주주구성:** 대명화학 외 2인 70.85% 자사주 3.58%

코로나 때문에 현재 저평가 종목

슈프리마에치큐

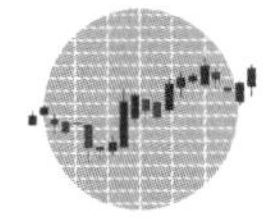

2021년 3분기 매출액은 226억 원. 안정적인 재무상태를 바탕으로 해외 포함 다양한 국가 및 공공기관 프로젝트가 정상화된다면 보다 높은 주가를 볼 수 있을 것이다. 슈프리마에이치큐는 2000년 설립돼 인적분할, 물적분할을 했으며, 현재는 바이오인식 기술을 이용한 보안 시스템 ODM사업과 ID솔루션 사업이 주 사업이다.

슈프리마에이치큐의 ODM사업은 바이오인식 기술이 필요시되는 출입보안, 근태관리와 관련된 시스템 및 제품들을 공급하고 있습니다. 무인경비의 수요가 증가함에 따라 산업의 성장이 이루어지고 있다고 보입니다.

ID 솔루션 사업은 국내외 공공 부분 사업에 지문인식 관련 기술 및 제품을 공급하고 있습니다. 각국의 정부 주요기관 및 출입국 심사에 바이오인식 기술을 이용한 National ID구축, 자동출입국심사, 차세대전자여권발행, 전자투표용 유권자확인카드 발급 등의 공공사업에 적극적으로 참여하고 있습니다.

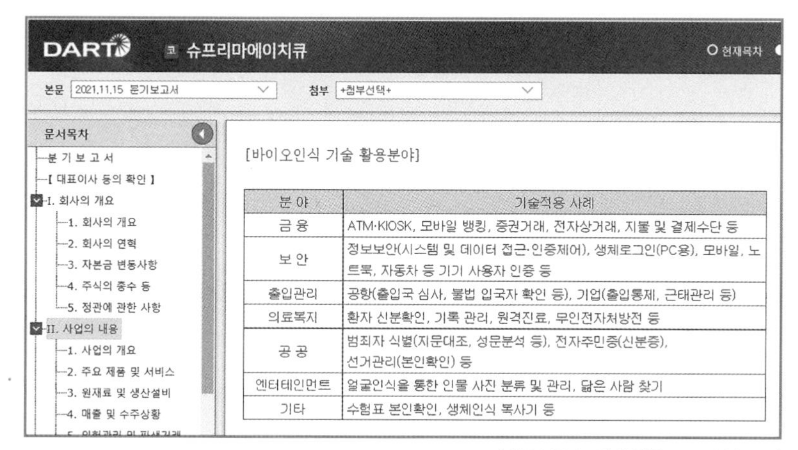

DART 코 슈프리마에이치큐 현재목차

본문 2021.11.15 분기보고서 첨부 +첨부선택+

문서목차
- 분 기 보 고 서
- 【 대표이사 등의 확인 】
- I. 회사의 개요
  - 1. 회사의 개요
  - 2. 회사의 연혁
  - 3. 자본금 변동사항
  - 4. 주식의 총수 등
  - 5. 정관에 관한 사항
- II. 사업의 내용
  - 1. 사업의 개요
  - 2. 주요 제품 및 서비스
  - 3. 원재료 및 생산설비
  - 4. 매출 및 수주상황

[바이오인식 기술 활용분야]

분 야	기술적용 사례
금 융	ATM·KIOSK, 모바일 뱅킹, 증권거래, 전자상거래, 지불 및 결제수단 등
보 안	정보보안(시스템 및 데이터 접근·인증제어), 생체로그인(PC용), 모바일, 노트북, 자동차 등 기기 사용자 인증 등
출입관리	공항(출입국 심사, 불법 입국자 확인 등), 기업(출입통제, 근태관리 등)
의료복지	환자 신분확인, 기록 관리, 원격진료, 무인전자처방전 등
공 공	범죄자 식별(지문대조, 성문분석 등), 전자주민증(신분증), 선거관리(본인확인) 등
엔터테인먼트	얼굴인식을 통한 인물 사진 분류 및 관리, 닮은 사람 찾기
기타	수험표 본인확인, 생체인식 복사기 등

출처-DART 슈프리마에이치큐 2021 3분기보고서

바이오인식 기술이 각국의 정부 주요기관과 출입국 심사 등에도 적용되면서 판매처가 다양해지는 모습입니다. 특히 슈프리마에이치큐는 공공사업에 적극적으로 참여하고 있으나, 2019년, 2020년은 코로나로 인해 지연된 사업으로 매출이 하락하는 모습을 보입니다.

하지만 향후 반등의 기회가 충분하다고 판단됩니다. 다양한 바이오인식 기술이 어느 분야로 확대 적용될지 아무도 모르기 때문입니다. 다음은 슈프리마에이치큐에 나온 바이오인식 기술의 다방면 활용 분야입니다.

회사 주력 사업을 좀더 자세히 설명하자면 출입보안, 근태관리에 사용되는 바이오인식 시스템과 노트북, 도어록, ATM 등 다양한 응용분야를 가진 바이오인식 솔루션이 전문입니다. 특히 얼굴 인식 생체 인증 방법 및 장치, 얼굴 인식 서비스 제공 방법 등 다수의 특허

취득을 통한 바이오인식과 관련한 기술력 확보하고 있습니다.

FY2020 3Q 기준 자산총계는 1,547억 원이며, 2018년 이후 금융자산이 점점 증가하는 추세입니다. 2020년에 좀 더 증가했지만 기본적으로 벌어들인 현금을 투자 전에 파킹해 둔 것으로 보입니다.

코로나 경기침체로 매출 하락의 영향을 받았습니다. 2021.2.4 공시를 보면 577억 원 매출액 전년 대비 19.9% 하락에 영업이익 106억 원(-56.7% 하락)을 기록합니다. 이익 하락의 원인은 전반적인 매출액의 하락과 더불어 원가와 판매관리비 상승 때문입니다. 당기순이익도 2019년 259억 원→92억 원이니 잘 나가던 기세가 한풀 꺾이는 형국입니다.

현금흐름표 상으로도 투자 활동 현금흐름이 최근 3년 동안 적극적이던 것이 2020년 3분기에는 줄며, 대신 기말의 현금 보유량이 늘어난 것을 알 수 있습니다. 그런데 세부적으로 보면 2019년부터는 금융자산 취득이 늘어났습니다. 바이오인식 시스템은 성격상 연구개발이 중요합니다. 슈프리마 무형자산 개발비가 꾸준히 증가하고 있습니다.

해외 쪽 종속회사에 대한 투자도 최근 몇 년간 슈프리마가 공들여 온 실적입니다. 지역별 매출액을 보면 아시아(222억 원), 아메리카(164억 원), 유럽(153억 원), 국내(102억 원), 중동아프리카(77억 원)입니다. 수출에 더 주력하고 있습니다. 판매관리비도 해외시장개척비가 10억 원 정도 쓰이고 있습니다.

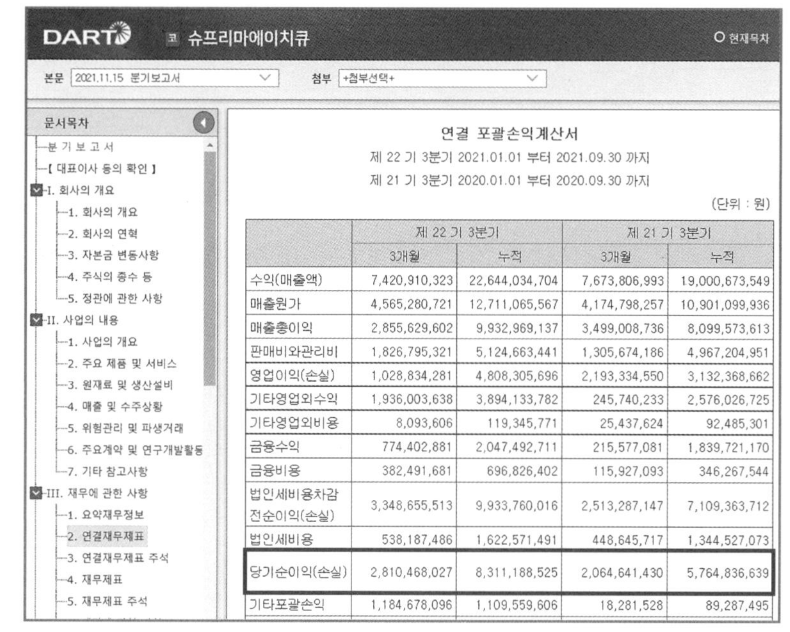

연결 포괄손익계산서

제 22 기 3분기 2021.01.01 부터 2021.09.30 까지

제 21 기 3분기 2020.01.01 부터 2020.09.30 까지

(단위 : 원)

	제 22 기 3분기		제 21 기 3분기	
	3개월	누적	3개월	누적
수익(매출액)	7,420,910,323	22,644,034,704	7,673,806,993	19,000,673,549
매출원가	4,565,280,721	12,711,065,567	4,174,798,257	10,901,099,936
매출총이익	2,855,629,602	9,932,969,137	3,499,008,736	8,099,573,613
판매비와관리비	1,826,795,321	5,124,663,441	1,305,674,186	4,967,204,951
영업이익(손실)	1,028,834,281	4,808,305,696	2,193,334,550	3,132,368,662
기타영업외수익	1,936,003,638	3,894,133,782	245,740,233	2,576,026,725
기타영업외비용	8,093,606	119,345,771	25,437,624	92,485,301
금융수익	774,402,881	2,047,492,711	215,577,081	1,839,721,170
금융비용	382,491,681	696,826,402	115,927,093	346,267,544
법인세비용차감전순이익(손실)	3,348,655,513	9,933,760,016	2,513,287,147	7,109,363,712
법인세비용	538,187,486	1,622,571,491	448,645,717	1,344,527,073
당기순이익(손실)	2,810,468,027	8,311,188,525	2,064,641,430	5,764,836,639
기타포괄손익	1,184,678,096	1,109,559,606	18,281,528	89,287,495

출처 - DART 슈프리마에이치큐 2021 3분기 보고서

바이오인식 시스템의 국내 판매 증가했으나, 팬데믹으로 아시아, 미주, 유럽, 중동 등 해외 판매 부진하며 전년 동기 대비 매출 규모 축소됐습니다. 바이오인식 시스템 시장의 확대와 스마트폰용 알고리즘 수요 증가에도 코로나19 장기화에 따른 경기침체로 수출 시장 회복이 지연되며 매출 성장 제한적입니다. 2021년 3분기 매출액은 226억 원입니다.

안정적인 재무상태를 바탕으로 해외 포함 다양한 국가 및 공공기관 프로젝트가 정상화된다면 보다 높은 주가를 볼 수 있을 것입니다.

투자 팁

우선 이 회사는 해외 판로로 개척하며 열심히 사업을 진행해 왔습니다. 아쉽게도 코로나 때문에 해외영업이 여의치가 않은 모습입니다. 그렇지만 글로벌 1~2위를 다투는 기업입니다. 바이오인식 시스템 시장은 확대되고 있습니다. 지금보다 더 높은 주가를 볼 수 있을 것입니다.

회사 소개

(FY2021 3Q 기준)

- **회 사 명:** 슈프리마에이치큐
- **회사개요:** 당사는 2015년 12월 31일 슈프리마에이치큐와 슈프리마로 인적분할 했다. 아이디솔루션 사업과 융합보안사업 이외에 지주사업 등을 영위하는 지주회사로 전환했고, 현재는 바이오인식 기술을 이용한 보안 시스템 ODM사업과 ID솔루션 사업을 주요사업으로 영위하고 있다.
- **주주구성:** 이재원 31.58%, 신동목 8.05% 소액주주 42.14%

매출 1조 원 클럽 굳히기 가능할까?

솔루엠

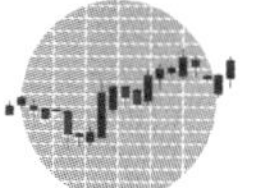

2021년 1월 상장한 이후 등락을 반복하고 있는 종목. ESL 사업 등의 훈풍으로 실적을 지속 성장이 가능하다. 2015년 7월 설립된 전자부품 전문 제조기업으로, 파워모듈(TV용 SMPS, 모바일용 아답터, 서버용, LED 조명용)과 3IN1 보드, ESL 등을 생산한다. 특히 ESL은 액정표시장치를 활용해 제품 가격과 할인 정보 등을 보여주는 장치이며, 세계 시장 점유율 3위를 확보하고 있다.

2021년 1월 IPO에 성공한 솔루엠은 유상증자를 통해 재무구조 개선과 원자재 구입으로 조달된 자금을 쓴다고 밝혔습니다. FY2021 2분기 기준 부채비율은 290% →143%로 낮춰졌고, 이를 통해 반기 금융비용이 주는 등 재무구조 전반에 긍정적인 영향을 주고 있습니다.

풍부한 현금은 향후 재투자를 위한 재원으로 사용됩니다. 솔루엠은 기존 파워모듈뿐만 아니라 ESL 신규사업으로 2018년과 2019년 각각 30%, 29%의 매출성장을 이루었으며, 2020년 코로나19 영향에도 불구하고 1조 원을 넘는 매출액(1조 764억 원)을 달성했습니다. 회사는 신규사업(3in1보드, ESL) 부문의 지속적인 성장 전망으로 향후 3개년간 10% 이상의 성장을 거듭할 수 있을 것으로 판단하고 있습니다.

2021년 이후 '매출 1조 원 클럽' 굳히기 바라보고 있습니다. 솔루엠은 삼성전자와 삼성전기에 각종 전자기계 파워 및 기타 부품을 제공하는 회사입니다. 한국뿐만 아니라 해외 종속회사(중국 동관 및 베트남 하노이)를 통하여 주요 제품의 생산하며 주력 사업 부문은 TV용 파워모듈/3in1보드, 모바일용 아답터 등을 생산/판매하는 전자부품 사업 부문과 ESL, IoT 등을 생산/판매하는 ICT 사업 부문으로 구성돼 있습니다.

솔루엠은 삼성전자에 자체 개발한 3IN1보드의 채택을 제안했고, 삼성전자는 2017년 보급형 TV에서부터 당사의 제품을 채택하여 현재는 중/고가형 대형 TV까지 3IN1보드의 채택을 늘리고 있다고 합니다. 또한 삼성전기(주)부터 장기간에 걸쳐 SMPS공급을 수행함에 따라 장기간 긴밀한 공동 기술 개발 및 협력관계를 유지하고, 안정적이고 지속적인 수요를 창출하며 다채널 LED 제어기술, 자성체 자동화 기술, 차별화 IC로 경쟁업체에 기술적으로 우위에 있으며 TV 크기별 전체 제품 라인업을 보유하고 있습니다.

솔루엠이 야심 차게 앞으로 경쟁사 대비 높은 기술력을 보유한다고 자랑하는 제품은 ESL[1]입니다. 전자가격표라고 불리는 사물인터

---

1 ESL: 종이로 표시된 상품 가격을 전자적으로 대체하는 작업이다. 종이 작업에서 발생하는 오류, 시간과 노동력의 사용을 줄이기 위해서 시장의 관심을 받고 있다. 중앙에서 가격 정보를 관리하기 때문에 가격 변동에 효율적이고 신속하게 대응할 수 있다.

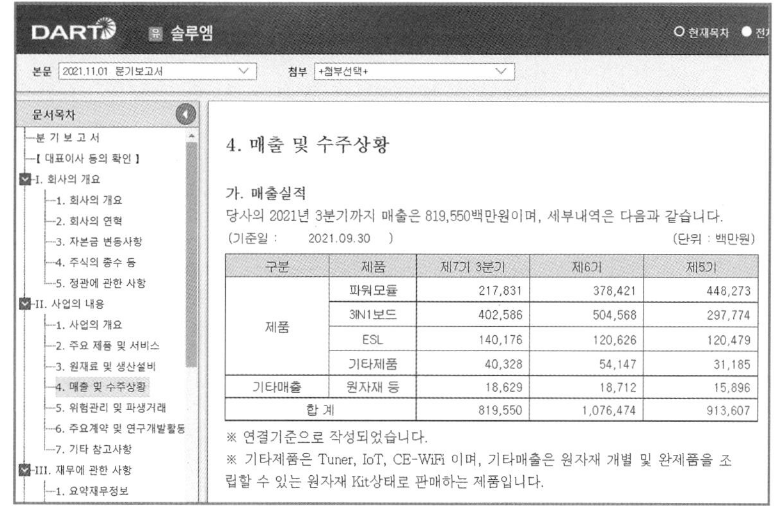
DART 솔루엠

본문 2021.11.01 분기보고서 첨부 +첨부선택+

문서목차

- 분 기 보 고 서
- 【 대표이사 등의 확인 】
- I. 회사의 개요
  - 1. 회사의 개요
  - 2. 회사의 연혁
  - 3. 자본금 변동사항
  - 4. 주식의 총수 등
  - 5. 정관에 관한 사항
- II. 사업의 내용
  - 1. 사업의 개요
  - 2. 주요 제품 및 서비스
  - 3. 원재료 및 생산설비
  - 4. 매출 및 수주상황
  - 5. 위험관리 및 파생거래
  - 6. 주요계약 및 연구개발활동
  - 7. 기타 참고사항
- III. 재무에 관한 사항
  - 1. 요약재무정보

4. 매출 및 수주상황

가. 매출실적

당사의 2021년 3분기까지 매출은 819,550백만원이며, 세부내역은 다음과 같습니다.

(기준일 : 2021.09.30) (단위 : 백만원)

구분	제품	제7기 3분기	제6기	제5기
제품	파워모듈	217,831	378,421	448,273
	3IN1보드	402,586	504,568	297,774
	ESL	140,176	120,626	120,479
	기타제품	40,328	54,147	31,185
기타매출	원자재 등	18,629	18,712	15,896
합 계		819,550	1,076,474	913,607

※ 연결기준으로 작성되었습니다.

※ 기타제품은 Tuner, IoT, CE-WiFi 이며, 기타매출은 원자재 개별 및 완제품을 조립할 수 있는 원자재 Kit상태로 판매하는 제품입니다.

출처-DART 솔루엠 2021 3분기보고서

넷 기술을 적용한 전자가격 표시기입니다.

2020년 매출액 1조 764억 원에 영업이익 565억 원입니다. 영업이익률 5.2%로 IPO를 기점으로 발표된 실적이 매우 좋습니다. 하지만 조금만 거슬러 2017~2018년 과거를 보면 적자였습니다. 2018년 당기순손실 169억 원을 기록합니다.

솔루엠의 재무제표상 문제점은 부채입니다. 2018년에는 부채비율 1270%까지 올라 갔습니다. 단기차입금 1,135억 원+유동성장기차입금 129억 원+장기차입금 174억 원까지. 그러니 부채비율은 300%에 육박합니다.

흥미로운 점은 단기차입금 1,135억 원입니다. IPO를 감안하고 빌렸겠죠? 기술력이나 납품처에 대해서 믿는 구석이 있는지 현금흐름표를 보면 지난 4년간 투자활동현금흐름 합산이 1,253억 원으로 꽤나 공격적인 투자가 이뤄진 것을 알 수 있습니다. 그 결과로 2019년은 흑자를 이뤄낸 첫해입니다. 주요 납품처는 삼성 쪽입니다. 임직원 경력을 보시면 바로 눈치채셨겠지만 대부분 삼성전기 출신입니다. 게다가 삼성전기가 이 회사의 11% 지분을 갖고 있을 정도입니다. 끈끈한 관계죠.

하지만 이는 매출처 편중이라는 위험도 발생할 수 있습니다. 삼성전자 등 글로벌 대기업과의 지속적인 거래를 통한 안정적 매출처를 확보했다는 점은 긍정적으로 볼 수 있으나, 2020년 매출액의 70% 이상을 특정 업체에 공급하는 등 매출처 편중에 따른 위험 역시 상존합니다.

3in1 Board 매출처 확대 및 ESL 사업확장에 따라 특정 매출처에 대한 편중 위험은 감소할 것으로 판단되나, 특정 매출처에 대한 집중에 따라 벤더 수 조정 등에 따른 납품 물량 축소 또는 매출처 단절 등이 발생하거나, 주 거래처의 매출 및 영업 성과가 부진할 경우 당사의 실적 및 경영 안정성에 부정적인 영향을 미칠 수 있습니다.

2021년 1월 상장한 이후 등락을 반복하고 있는 종목입니다. ESL 사업 등의 훈풍으로 실적을 지속 성장이 가능하다고 봅니다. 다만 상장 이후 시장에서의 관심이 떨어지다 보니 거래량이 확 줄었습니다. 그러나 준비 중인 신사업(2차전지, 반도체 센서)의 성장성이 향후 주가 방향을 결정지을 것으로 생각합니다.

투자 팁

솔루엠의 부채비율은 매우 높았습니다만 IPO를 통해 해소가 됐습니다. 향후 1~2년간 지속적인 흑자를 낸다면 우량한 재무구조도 가질 수 있을 것으로 보입니다. 2021년 반기 기준 재고자산의 증가는 영업활동현금흐름 -939억 원은 '이 회사 모 아니면 도'라는 생각이 들게 만듭니다.

회사 소개

(FY2021 3Q 기준)

- **회 사 명:** 솔루엠
- **회사개요:** 2015년 7월 2일에 자본금 100백만 원으로 설립해 각종 전자부품의 제조 · 판매업을 영위하고 있다. 경기도 용인시에 본사를 두고 있으며 국내에 1개, 해외에 5개의 종속회사를 두고 있다.
- **주주구성:** 전성호 외 특수관계자 23.91%, 기타 72.14%.

코로나 이후 사람들은 어디로 놀러갈까?
강원랜드

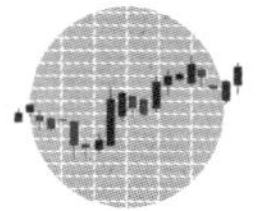

국내에는 17개 카지노가 영업 중이다. 그중에 유일한 국내 전용 카지노가 강원랜드다. 외국인 전용이 매출액이 더 많을 줄 알았다. 그런데 아니다. 내국인 전용 강원랜드 혼자 1.5조 원의 매출액을 낸다. 외국인 전용 16개를 다 합쳐도 1.3~1.4조 원이니 상대가 안 된다. 그럼 2021년에 코로나 이후 가장 반등이 빨리 반등할 곳이 외국인 전용일까? 아님 강원랜드일까?

국내 카지노 사업체는 총 17개이며, 이중 외국인 전용 카지노가 16개, 내국인 대상 카지노가 1개입니다. 이들은 독과점 형태로 정부 인가를 통해 사업을 영위하고 있습니다. 국내인이 갈 수 있는 카지노는 강원도 남부 폐광지역 경제회생을 위해 1988년 설립된 강원랜드가 유일합니다.

강원랜드는 한국광해관리공단과 정선군이 주주입니다. 나라에서 운영하는 카지노입니다. 그 외 나머지 외국인 전용 카지노로는 파라다이스, 세븐럭, 마제스타, 로얄팰리스 등이 있습니다. 숫자로 보면 카지노산업 대부분이 외국인이 국내 여행 왔을 때 사용하는 레저

시설로 생각됩니다만, 매출액을 보면 약간 생각이 달라집니다. 1개밖에 없는 국내 전용 카지노인 강원랜드 매출액이 2019년 기준 1조 4,000억 원으로 16개 외국인 전용 다 합친 1조 3,000억 원보다 많습니다.

카지노는 국가가 운영하거나 정부가 허가권을 내줘야 오픈할 수 있는 사업체입니다. 현재 우리나라는 관광진흥법을 통하여 카지노업의 허가요건과 카지노 사업자의 자격요건 등을 구체적으로 명시하고, 문화체육관광부장관이 허가권한을 가지고 있어 수요보다는 공급을 통한 규제 정책을 추진하고 있습니다.

현재 외국인 전용 카지노에 대한 신규허가는 '관광진흥법 시행령 제27조 제3항'에 따라 최근 신규허가를 한 날 이후에 외래 관광객이 60만 명 증가한 경우에 한하여 행할 수 있습니다. 외국인 관광객이 늘어야 카지노가 허가될 수 있다고 명시하고 있습니다.

최근 카지노는 점점 복합 리조트 형태로 변하고 있습니다. 카지노 운영 사업자는 카지노만 있는 게 아니라 호텔 사업, 기타 부대사업(스파 등)을 같이 운영합니다. 대부분 매출은 역시 카지노에서 발생합니다. 복합 리조트화는 국내외를 벗어나 세계적인 추세입니다.

카지노 시장은 카지노의 고급화, 대형화, 고급 리조트 시설을 포함하는 복합리조트 형태로 확장되고 있습니다. 일본, 마카오 등 아시아 국가들의 카지노 역시 신규 복합리조트 형식을 변하고 있으며, 미국의 라스베이거스 카지노산업은 주요 고객인 중국의 경제성장 둔화와 동아시아 지역의 카지노산업 성장에 따라 상대적으로 성장

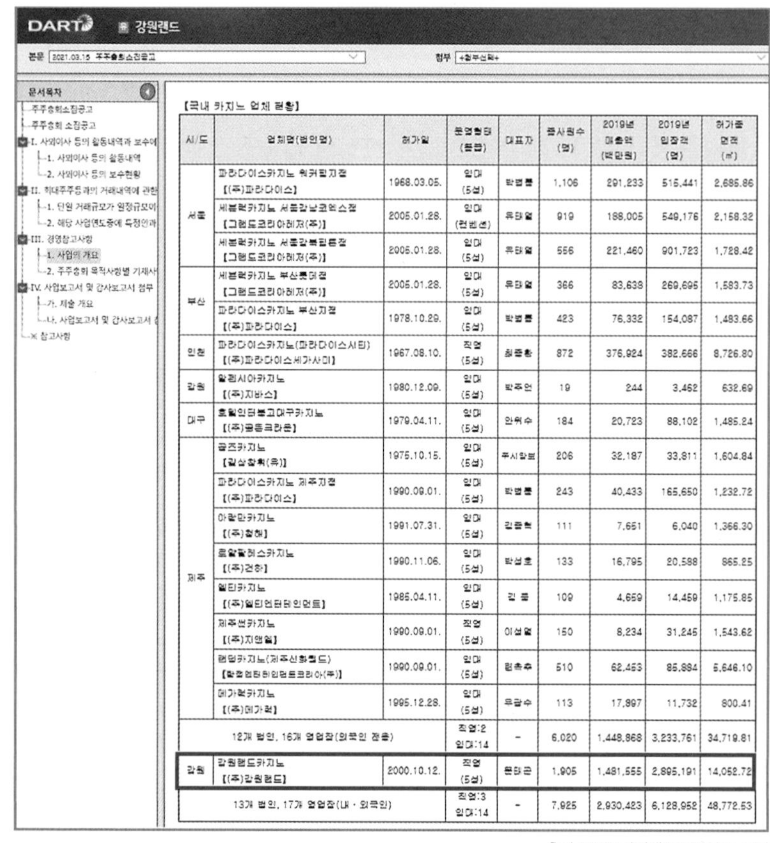

DART 강원랜드

【국내 카지노 업체 현황】

시/도	업체명(법인명)	허가일	운영형태(등급)	대표자	종사원수(명)	2019년 매출액(백만원)	2019년 입장객(명)	허가증 면적(㎡)
서울	파라다이스카지노 워커힐지점 【(주)파라다이스】	1968.03.05.	임대(5성)	박병룡	1,106	291,233	515,441	2,685.86
	세븐럭카지노 서울강남코엑스점 【그랜드코리아레저(주)】	2005.01.28.	임대(컨벤션)	유태열	919	188,005	549,176	2,158.32
	세븐럭카지노 서울강북힐튼점 【그랜드코리아레저(주)】	2005.01.28.	임대(5성)	유태열	556	221,460	901,723	1,728.42
부산	세븐럭카지노 부산롯데점 【그랜드코리아레저(주)】	2005.01.28.	임대(5성)	유태열	366	83,638	269,695	1,583.73
	파라다이스카지노 부산지점 【(주)파라다이스】	1978.10.29.	임대(5성)	박병룡	423	76,332	154,087	1,483.66
인천	파라다이스카지노(파라다이스시티) 【(주)파라다이스세가사미】	1967.08.10.	직영(5성)	최종환	872	376,924	382,666	8,726.80
강원	알펜시아카지노 【(주)지바스】	1980.12.09.	임대(5성)	박주언	19	244	3,462	632.69
대구	호텔인터불고대구카지노 【(주)골든크라운】	1979.04.11.	임대(5성)	안위수	184	20,723	88,102	1,485.24
제주	공즈카지노 【길상창휘(유)】	1975.10.15.	임대(5성)	후시앙보	206	32,187	33,811	1,604.84
	파라다이스카지노 제주지점 【(주)파라다이스】	1990.09.01.	임대(5성)	박병룡	243	40,433	165,650	1,232.72
	아람만카지노 【(주)청해】	1991.07.31.	임대(5성)	김준혁	111	7,651	6,040	1,366.30
	로얄팔레스카지노 【(주)건하】	1990.11.06.	임대(5성)	박성호	133	16,795	20,588	865.25
	엘티카지노 【(주)엘티엔터테인먼트】	1985.04.11.	임대(5성)	김 용	109	4,659	14,459	1,175.85
	제주썬카지노 【(주)지앤엘】	1990.09.01.	직영(5성)	이성열	150	8,234	31,245	1,543.62
	랜딩카지노(제주신화월드) 【람정엔터테인먼트코리아(주)】	1990.09.01.	임대(5성)	린촉추	510	62,453	85,884	5,646.10
	메가럭카지노 【(주)메가럭】	1995.12.28.	임대(5성)	우광수	113	17,897	11,732	800.41
12개 법인, 16개 영업장(외국인 전용)			직영:2 임대:14	-	6,020	1,448,868	3,233,761	34,719.81
강원	강원랜드카지노 【(주)강원랜드】	2000.10.12.	직영(5성)	문태곤	1,905	1,481,555	2,895,191	14,052.72
13개 법인, 17개 영업장(내·외국인)			직영:3 임대:14	-	7,925	2,930,423	6,128,952	48,772.53

출처-DART 강원랜드 2021.12.1 공시

세가 둔화됐다고 합니다. 물론 2020년 코로나19 확산은 국내뿐만 아니라 전 세계적으로도 카지노 시장에 큰 타격을 입혔습니다.

2019년 기준 우리나라 카지노 시장 규모는 2조 9,000억 원입니다. 강원랜드를 빼고 외국인 전용 카지노는 제주도에 8개 업체로 가장 많으며, 서울에 3개 업체, 부산에 2개 업체, 인천, 강원, 대구에 각

1개 업체가 있습니다.

외국인 전용 카지노는 국내 유입 외국인 관광객이 98% 줄었다고 합니다. 카지노에서 큰돈을 쓰는 VIP는 중국과 일본 관광객이라고 합니다. 카지노 관련 회사 사업보고서상의 드랍액(카지노에서 돈을 칩으로 바꾸는 통계)를 보면 알 수 있습니다. 결과적으로 2020년 외국인 전용 카지노는 매출액이 반 토막 나서 50~60% 줄었습니다. 하지만 이들은 꽤 괜찮은 호텔과 부대시설 등의 리조트가 있습니다.

그에 반해 강원랜드는 1조 5,000억 원→4,785억 원으로 1/3 정도 줄었습니다. 영업적자가 4,315억 원으로 매출액 숫자와 비슷할 정도로 났지만, 당기순손실은 폭을 줄입니다. 2,758억 원. 금융수익 570억 원과 법인세 수익 1,286억 원으로 조정이 돼서입니다. 다른 카지노와 달리 강원랜드는 국가가 운영합니다.

그럼에도 채용비리 등으로 한 번 시끄러웠던 곳이죠. 청탁 없이는 입사가 불가능한 회사로 유명했습니다. 부채비율 12%. 코로나 직전 2019년 금융자산 1조 6,000억 원이 있었습니다.

코로나 이후, 카지노는?

카지노는 외국인 관광객이 주 고객층입니다. 2019년 초만 해도 "한국과 중국의 해빙 모드로 2019년 상반기 국내 중국인 관광객이 사드 사태 이전으로 회복하며, 국내 카지노 매출 역시 동반 회복세 진입 중입니다. 또한 홍콩 반정부 시위로 인해 마카오의 지정학적 리스크가 부각돼 더욱 중국 VIP 수요가 국내로 유입되고, 일본인 관광객 역시 늘어 날 것으로…" 긍정적인 전망이 우세했습니다. 코로나19가 백신 접종 등으로 완결될 기미가 보이면 가장 빠르게 회복할 섹터로 카지노 관련 주식이 손꼽히었습니다.

그러나 2020년 실적이 공개되고 재무제표 등 숫자와 함께 객관적인 사실에 직면하면 또 다른 생각이 듭니다. 우선 국내 카지노는 관련 주식은 파라다이스, GKL, 강원랜드. 세 곳이 있습니다. 이 중에 강원랜드는 내수 전용이고, 국내 카지노 기업 중에 가장 많은 매출을 기록하지만 내수라는 한계점을 가지고 있습니다. GKL은 한국관광공사가 50% 지분을 가진 사실상 공기업이며, 2020년 1,884억 원으로 매출액이 전년 대비 62%가 감소했으며, 880억 원의 영업적자를 기록합니다. 코엑스 매장과 밀레니엄 힐튼 매장에서 세븐럭 카지노를 운영 중이지만 시내 카지노입니다. 강원랜드는 매출 4,785억 원으로 거의 1/3 수준으로 매출액이 줄었고, 영업적자가 4,315억 원입니다.

그러나 코로나 사태가 나아진다면 점진적 회복세가 눈에 띄게 가능할 회사라고 생각합니다. 사계절 가능한 레포츠센터, 여가 활동을 중시여기는 MZ 세대들의 증가, 전년도 부진에 대한 기저효과 등이 나타난다면 주가 상승은 필연적이라고 생각합니다. 다만 단기간 상승이 아닌 중장기적인 투자 방식으로 접근해야 할 것이며, 지역경제 활성화라는 정부 정책과 더불어 진행될 것으로 판단됩니다.

투자 팁

2020년 2월 이후 코로나19 확산 방지를 위해서 휴장 및 제한 영업을 했습니다. 올해도 마찬가지로 실적은 크게 기대하기 힘들 듯싶습니다. “이 시국에 도박은 어디 감히.” 이런 분위기죠. 그럼에도 다시 영업이 개재되면 가장 폭발적으로 늘지 않을까요? 여하튼 외국인 전용 카지노는 항공, 국내외 출입 등 제한 요소가 풀리기 더 힘들지 않겠나 싶습니다. 흥미로운 건 현금흐름표의 재무활동현금흐름입니다. 매년 연차 배당이 1,800억 원 정도입니다. 2020년에도 배당은 가져갔네요.

회사 소개

(FY2021 3Q 기준)

- **회 사 명:** 강원랜드
- **회사개요:** (주)강원랜드는 1998년 6월 29일 강원도 남부 폐광지역의 경제회생과 국내관광사업의 활성화를 위해 카지노업, 관광호텔업, 스키장 · 골프장을 비롯한 체육시설업 등을 영위할 목적으로 설립됐다. 지배기업은 강원도 정선군 사북읍 하이원길 265에 본사를 두고 카지노를 주된 영업으로 하는 관광호텔과 스키장, 콘도미니엄, 골프장, 워터파크 등의 종합 휴양단지를 운영 중이다.
- **대주주:** 현재 주요 주주는 한국광해관리공단(36.27%), 정선군(5.02%) 등.

실적은 살짝 저조, 돌파구는 기술력
톱텍

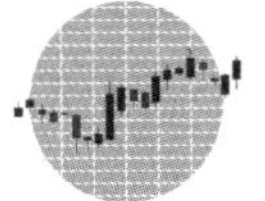

주가가 많이 하락한 종목. 실적 개선이 이뤄지고 난 후에 반등이 가능할 것이다. 1996년 설립된 톱텍의 사업 분야는 자동화, 나노, 태양광, 2차전지, OLED설비 등 다양하다. 이중에 가장 먼저 터진 것은 삼성디스플레이 쪽 납품했던 OLED설비. 그런데 원래 이 회사의 중심 사업은 자동화 설비다.

디스플레이 시장은 2019년과 2020년에 양극화가 지속될 것으로 전망하고 있습니다. LCD는 이미 공급과잉으로 포화상태가 될 것으로 보이는 데 비해, OLED는 당분간 성장세를 이어갈 것으로 전망하고 있습니다.

특히 Edge(곡면)를 비롯해 Foldable, Flexible 등 다양한 형태의 디스플레이를 적용할 차세대 스마트폰의 개발이 이뤄지고 있으며, OLED는 TV, 스마트폰, 웨어러블기기 등 완제품에 적용되는 추세로 자율주행차 등 신성장 동력에도 OLED 채택이 확대되고 있습니다.

여러 가지 형태를 구현할 수 있는 Flexible OLED를 활용한

Folderble 스마트폰의 등장으로 시장성장과 국내외 기업들의 투자도 증가할 것이며, OLED 장비산업도 함께 성장할 것으로 예상하고 있습니다.

톱텍에게 하이라이트와 같은 시절은 2017년입니다. 2017년 매출액은 1조 1,000억 원으로 2016년 약 4,000억 원이었던 것에 비교하면 대단합니다. 물론 이듬해 3,087억 원으로 롤러코스터를 탄 듯한 하락도 또 대단합니다. 위에 언급한 삼성과의 트러블과 OLED 수혜가 급랭했던 탓입니다.

우리나라 디스플레이 회사들이 공통으로 겪었던 중국의 추격. LCD→OLED로 넘어가는 시점에 톱텍은 엄청난 이익을 봅니다. 하지만 그게 독이 된 것은 이후 시장의 급랭. 그리고 그 여파로 중국에 제품을 판 것이 큰 문제를 일으켰기 때문입니다. 감사보고서 강조사항에는 삼성과의 소송으로 재고자산 120억 원이 압류돼 있으며, 평가손실충당금을 이미 쌓아 두었다고 합니다.

2017년 톱텍이 벌어들인 이익은 2,117억 원. 지난 5년 치를 한 방에 벌어들입니다. 2018년 영업이익 82억 원. 당기순이익 197억 원. 그해 기타이익이 많아서 영업이익은 뚝 떨어졌으나 그나마 당기순이익은 쏠쏠합니다. 기타이익은 외화환산이익, 잡이익 등입니다.

매출액은 2019년 더 악화됩니다. 1,671억 원. 이거 뭐 거의 2017년의 10분의 1로 줄어듭니다. 66억 원 영업 손실입니다. 삼성의 물량이 전혀 없어지고, 소송 중이니 디스플레이 설비 쪽은 실적이 사라집니다.

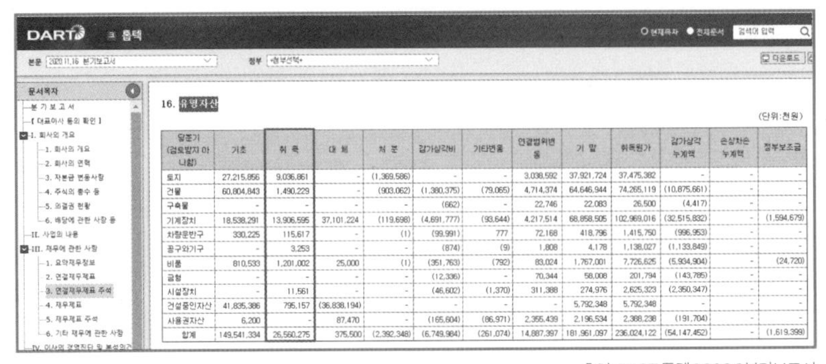

16. 유형자산

(단위:천원)

당분기 (검토받지 아니함)	기초	취 득	대 체	처 분	감가상각비	기타변동	연결범위변동	기 말	취득원가	감가상각누계액	손상차손누계액	정부보조금
토지	27,215,856	9,036,861	-	(1,369,586)	-	-	3,038,592	37,921,724	37,475,382	-	-	-
건물	60,804,843	1,490,229	-	(903,062)	(1,380,375)	(79,065)	4,714,374	64,646,944	74,265,119	(10,875,661)	-	-
구축물	-	-	-	-	(662)	-	22,746	22,083	26,500	(4,417)	-	-
기계장치	18,538,291	13,906,595	37,101,224	(119,698)	(4,691,777)	(93,644)	4,217,514	68,858,505	102,969,016	(32,515,832)	-	(1,594,679)
차량운반구	330,225	115,617	-	(1)	(99,991)	777	72,168	418,796	1,415,750	(996,953)	-	-
공구와기구	-	3,253	-	-	(874)	(9)	1,808	4,178	1,138,027	(1,133,849)	-	-
비품	810,533	1,201,002	25,000	(1)	(351,763)	(792)	83,024	1,767,001	7,726,625	(5,934,904)	-	(24,720)
금형	-	-	-	-	(12,336)	-	70,344	58,008	201,794	(143,785)	-	-
시설장치	-	11,561	-	-	(46,602)	(1,370)	311,388	274,976	2,625,323	(2,350,347)	-	-
건설중인자산	41,835,386	795,157	(36,838,194)	-	-	-	-	5,792,348	5,792,348	-	-	-
사용권자산	6,200	-	87,470	-	(165,604)	(86,971)	2,355,439	2,196,534	2,388,238	(191,704)	-	-
합계	149,541,334	26,560,275	375,500	(2,392,348)	(6,749,984)	(261,074)	14,887,397	181,961,097	236,024,122	(54,147,452)	-	(1,619,399)

출처-DART 톱텍 2020 3분기보고서

그러나 톱텍이 그사이 손가락만 빨고 있지는 않았습니다. 종속회사인 (주)레몬의 IPO를 성공적으로 이룹니다. 이게 가능했던 것은 우선 2017년에 엄청나게 무시무시하게 벌어서 쌓아 둔 현금 덕분입니다.

현금흐름표의 기말현금 잔고는 2019년 줄어서 1,472억 원입니다. 웬만한 코스닥 회사 인수 자금으로도 충분합니다. 톱텍은 종속회사로 레몬과 티앤솔라 톱텍비나, 파이 4곳을 가지고 있었습니다. 태양광모듈 제조 티앤솔라와 자동화설비제작 파이는 청산절차가 진행중입니다. 회사 구조를 톱텍과 레몬 양사로 집중시키고 있습니다.

톱텍의 주가가 아주 높았을 때 매각을 진행한 적이 있습니다. 자동화설비제작 부문에 관심을 가졌던 SK와 지분 매각이 진행되다가 불발됐습니다. 이 회사의 주력사업 부문은 크게 3개입니다. FA사업(AMOLED 패널)으로 2017년만 해도 수주금액의 90% 이상이었습니다. 그 외 태양광사업과 나노사업 부문을 갖고 있었습니다. 삼성디스플레이와 틀어지고 나서 나노 부문이 81%, 전자부품 부품 관련이 19%입니다. 최근 몇 년간 태양광사업도 부진한 것으로 보면 톱텍은 설 자리를 잃어버린 회사처럼 보입니다.

그런데 반전은 2020년에 일어납니다. 2020. 3분기 기준 유형자산 1,819억 원으로 토지, 건물, 공장설비 등의 투자가 가장 많아졌습니다. 재고자산도 869억 원으로 제품, 제공품, 원재료 등 늘었습니다. 매출액은 2,706억 원에 불과하지만 영업이익 468억 원 16.9%의 높은 이익률을 기록하고 있습니다.

종속회사 레몬의 역할이 크긴 합니다. 당기순이익 203억 원을 냈습니다. 마스크가 그만큼 실적에 기여했습니다. 나노기술을 갖고 있었던 것이 코로나 상황 속에서 빛이 났습니다. 톱텍은 장비를 판매하는 회사입니다. 나노기술이 구현한 장비를 만들었지만, 그동안 해당 장비를 통해서 실제적인 제품을 만드는 확실한 파트너를 만나지 못했습니다. 디스플레이 기술을 구현할 장비를 양산했고, 디스플레이 산업이 호황이었을 때 톱텍이 최고의 실적을 냈습니다. 나노기술을 이용할 회사를 지속해서 개발하려고 합니다.

나노사업에 대한 전망

나노산업의 경우, 기술 개발 및 양산기술 확립에 따라서 시장이 형성되는 기술주도형 시장이므로, 앞으로 얼마간 대체제 위협이 높지 않을 것으로 업계에서는 전망하고 있습니다. 특히 나노섬유는 현재까지도 수요업체의 요구성능(가격 및 공급능력 포함)을 충족시키고 있지 못하고 있으나, 기술개발의 완성도에 따라 수요가 창출되는 시장 특성을 가지고 있습니다.

톱텍은 여성용 위생용품, 호흡기 마스크, 도전 원단과 도전Tape 제품(전자파 차폐소재), 나노섬유 멤브레인 (Nano Fiber Membrane) 등 톱텍은 나노사업 관련해 세계 최대의 생산역량(Capacity)과 최첨단 생산 설비를 구축하여 Nano 관련 사업을 진행하고 있습니다.

아웃도어용 나노섬유는 아웃도어 브랜드 The North FaceTM을 소유하고 있는 VF Group(美)와 2019년에 3년간 아웃도어용 제품에 대하여 나노섬유 멤브레인을 독점 공급하기로 계약을 체결했고, 여성 위생용품은 2019년 4월에 자체 브랜드인 AirQeenTM으로 출시하여 국내외에 판매 진행 중입니다. 가장 많이 팔린 것은 코로나 19 관련 마스크 제작용 소재를 공급하고 있습니다. 또한 전자파 차폐용 박막 원단 '도전Tape원단'은 2014년부터 최초 삼성 무선사업부로 납품을 시작했으며, 주요 적용 모델로는 삼성전자 Galaxy S8, Galaxy Note 8, Galaxy S9, Galaxy Note 9, Galaxy S10, Galaxy Note10, Galaxy S20용 Shield Can 부품입니다.

이후 삼성과의 기술분쟁 등 매출액이 크게 떨어지는 상황에 맞이 합니다. 이를 타개할 톱텍의 복안은 디스플레이 영역이 아닌 나노와 자동화 쪽의 사업 강화입니다. 예전에도 나노소재, 전자파 차폐부품으로 앞으로 기대되는 회사라고 평가를 받고 있고, 실제로 지금 잘 팔리는 나노 쪽도 10년 전부터 쭉 연구해 온 분야입니다. 역시 기술이 좋은 기업은 벼랑 끝에서도 살아 남습니다.

투자 팁

회사 매각 이슈가 있던 뒤, 마치 정신 차린 듯 실적이 좋아지는 걸 넥슨코리아 경우에서도 보았습니다. 톱텍 역시 벼랑 끝에 선 기분이었을 것입니다. 기존의 기술력을 담은 설비만 파는 게 아니라 지금은 직접 생산에도 참여합니다. 2017년 성과가 좋으니 기저효과로 아무리 실적이 좋아도 톱텍에 대한 기대치가 더 높습니다. 2021년 1분기 실적은 살짝 주춤한 상태입니다. 새로운 돌파구(나노 쪽)에서 큰 매출액이 나오지 않기 때문입니다. 그럼에도 이 회사의 기술력은 항상 잠재력으로 남아 있습니다.

회사 소개

(FY2021 3Q 기준)

- **회 사 명:** 톱텍
- **회사개요:** 주식회사 톱텍(이하 '회사')는 1996년 6월에 설립돼 자동화설비, ESS사업, 제품판매 등을 영위하고 있다. 회사는 전기 중 본사를 경상북도 구미시 산동면 첨단기업5로 140-22으로 이전했으며, 충청남도 아산시 둔포면 아산밸리로122에 공장을 두고 있다.
- **최대주주:** 이재환 27.66%, 소액주주 50.35%

세계가 공급망 붕괴로 고통 받는 상황
엠로

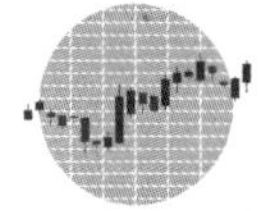

엠로는 기업 고객을 대상으로 기업의 주요 관리 영역 중에서 SCM(, SRM 및 PSM 등의 영역과 관련하여 자체 개발한 솔루션 기반의 시스템 구축 및 전문 컨설팅을 제공하고 있다. 코로나 이후 전 세계가 공급망 붕괴로 고통받는 상황. SCM의 중요성은 나날이 증대될 것이다. 따라서 엠로의 주가를 눈여겨봐야 한다.

SCM[1]은 제품 생산에서 유통에 이르는 전체 프로세스에 걸쳐 협력업체와의 정보공유, 협업을 통한 적기 납품, 재고관리, 원가절감 등과 관련된 의사결정의 최적화를 추구하는 경영 기법입니다.

즉 기업의 물자, 재정, 정보 등이 공급자로부터 생산자, 도소매업자 및 소비자에게 이동하는 전 과정을 관리 감독하는 것으로서 부품조달에서 생산계획, 납품, 재고관리 등을 효율적으로 수행해 낼 수

1 SCM: 공급망 관리(供給網管理, supply chain management). 부품 제공업자로부터 생산자, 배포자, 고객에 이르는 물류의 흐름을 하나의 가치사슬 관점에서 파악하고 필요한 정보가 원활히 흐르도록 지원하는 시스템을 말한다.

있는 관리 시스템입니다. SCM은 크게 생산, 구매, 물류 등의 영역으로 세분화되며, 엠로는 그중에서 특히 구매 SCM 영역에 중점을 두고 사업을 영위하고 있습니다.

엠로의 주요 사업인 SCM, 특히 구매 SCM은 구매 조달의 모든 과정으로 협력사 발굴, 선정, 계약, 납품, 입고, 정산에 이르는 구매행위의 전 과정을 최적화하는 것이며, 이와 함께 영업, R&D, 설계, 생산, 협력사 등 기업망 내의 다양한 이해관계자들의 가치망을 최적화시키는 시스템입니다.

최근의 구매 SCM 솔루션은 생산, 영업 등 기업 내부 공급망을 최적화하는 것뿐만 아니라 대체품 관리체계 운영, 부품 최적화 체계 구축, 협력사와의 상품기획과 개발 및 협력사 육성까지 그 운영 폭은 점점 더 넓어지고 있습니다.

공급망 경쟁력 향상을 위해서는 원자재 공급자에서 고객에 이르는 모든 거래 파트너(Partner) 즉, 내·외부 파트너와 SCM 프로세스 상에서 발생하는 다양한 협업 정보들을 실시간으로 공유하고 정보를 동기화하여 필요한 업무를 즉시 처리함으로써 쌍방향 커뮤니케이션에 의한 업무 생산성과 효율성을 획기적으로 개선하고 있습니다.

2000년대초 구매 SCM 솔루션을 이미 구축한 삼성, 포스코와 같은 기업들은 현재 최신 시스템을 구축하고 있으며, SK하이닉스, LG전자, LG 디스플레이, KT, SKT, 대우조선해양 등 여러 대기업과 대

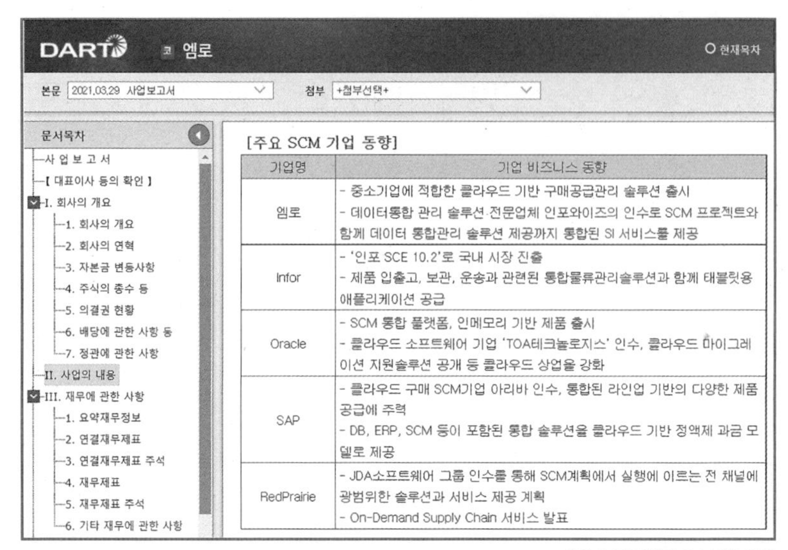

DART 코 엠로 ○ 현재목차

본문 2021.03.29 사업보고서 첨부 +첨부선택+

문서목차
- 사 업 보 고 서
- 【 대표이사 등의 확인 】
- I. 회사의 개요
  - 1. 회사의 개요
  - 2. 회사의 연혁
  - 3. 자본금 변동사항
  - 4. 주식의 총수 등
  - 5. 의결권 현황
  - 6. 배당에 관한 사항 등
  - 7. 정관에 관한 사항
- II. 사업의 내용
- III. 재무에 관한 사항
  - 1. 요약재무정보
  - 2. 연결재무제표
  - 3. 연결재무제표 주석
  - 4. 재무제표
  - 5. 재무제표 주석
  - 6. 기타 재무에 관한 사항

[주요 SCM 기업 동향]

기업명	기업 비즈니스 동향
엠로	- 중소기업에 적합한 클라우드 기반 구매공급관리 솔루션 출시 - 데이터통합 관리 솔루션 전문업체 인포와이즈의 인수로 SCM 프로젝트와 함께 데이터 통합관리 솔루션 제공까지 통합된 SI 서비스를 제공
Infor	- '인포 SCE 10.2'로 국내 시장 진출 - 제품 입출고, 보관, 운송과 관련된 통합물류관리솔루션과 함께 태블릿용 애플리케이션 공급
Oracle	- SCM 통합 플랫폼, 인메모리 기반 제품 출시 - 클라우드 소프트웨어 기업 'TOA테크놀로지스' 인수, 클라우드 마이그레이션 지원솔루션 공개 등 클라우드 상업을 강화
SAP	- 클라우드 구매 SCM기업 아리바 인수, 통합된 라인업 기반의 다양한 제품 공급에 주력 - DB, ERP, SCM 등이 포함된 통합 솔루션을 클라우드 기반 정액제 과금 모델로 제공
RedPrairie	- JDA소프트웨어 그룹 인수를 통해 SCM계획에서 실행에 이르는 전 채널에 광범위한 솔루션과 서비스 제공 계획 - On-Demand Supply Chain 서비스 발표

출처-DART 엠로 2020 사업보고서

기업 계열사를 비롯하여 서울의료원, 한국전력공사, 한국수력원자력 등 공공기관, 글로벌 법인, 중견 기업으로까지 시스템 구축이 확대되고 있습니다.

코로나 이후 전 세계가 공급망 붕괴로 고통받는 상황. SCM의 중요성은 나날이 증대될 것으로 생각됩니다. 특히 엠로의 다양한 영업망, AI와 클라우드를 활용한 사업의 확장성은 분명 매출 증대와 기업 성장으로 이어질 것으로 판단됩니다.

투자 팁 ···

구매 SCM 솔루션 수주가 감소했으나 라이선스와 기술료, 클라우드 사용료 증가에 힘입어 매출 규모는 전년 동기 대비 소폭 확대될 것입니다.

회사 소개

(FY2021 3Q 기준)

- **회 사 명:** 엠로
- **회사개요:** 2000년 설립돼 2016년 코넥스 시장에 상장했다. SCM, SRM, PSM 부문 솔루션과 컨설팅 등을 제공하는 것을 주요 사업으로 영위하는 업체임. 인공지능, 사물인터넷 등의 시장에도 진출해 있다
- **주주구성:** 송재민 외 12인 38.52% 에셋플러스자산운용 5.22%

저평가된 친환경 에너지 1등 회사
두산퓨얼셀

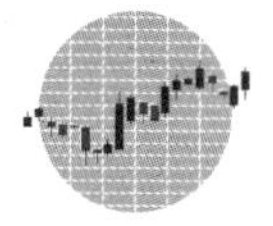

저평가된 종목 중에 하나. 친환경, 에너지 고효율 니즈는 증가할 수밖에 없다. 탄소에너지를 전기로 만들어 쓰는 시대의 한계점이 다가왔다. 연료전지 제조 판매 및 장기 유지 보수 서비스, 수소생산 시설 설치 및 운영, 수소차 및 전기차 충전사업 등을 사업목적으로 하는 회사다.

연료전지는 수소와 산소의 전기화학 반응을 통해, 전기와 열을 생산하는 친환경 수소 발전 기술입니다. 이러한 연료전지 기술은 수소를 생산하고 활용가능하게 합니다. 두산퓨얼셀은 발전용 연료전지 시장의 잠재적 기회를 적기에 극대화하고 미래 성장 사업의 원활한 투자 유치를 위하여 (주)두산 연료전지 사업 부문을 인적분할해 2019년 10월에 설립됐습니다.

발전용 연료전지 사업을 단일 사업으로 영위하고 있으며, 주요 사업 내용은 발전용 연료전지 기자재 공급 및 연료전지 발전소에 대한 장기 유지보수 서비스 제공 등입니다.

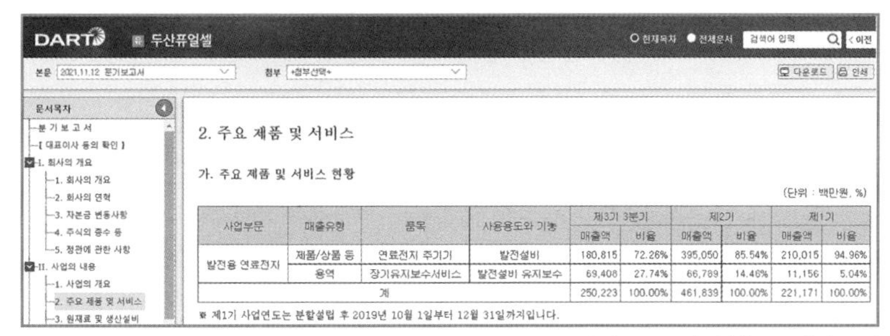

2. 주요 제품 및 서비스

가. 주요 제품 및 서비스 현황

(단위 : 백만원, %)

사업부문	매출유형	품목	사용용도와 기능	제3기 3분기		제2기		제1기	
				매출액	비율	매출액	비율	매출액	비율
발전용 연료전지	제품/상품 등	연료전지 주기기	발전설비	180,815	72.26%	395,050	85.54%	210,015	94.96%
	용역	장기유지보수서비스	발전설비 유지보수	69,408	27.74%	66,789	14.46%	11,156	5.04%
계				250,223	100.00%	461,839	100.00%	221,171	100.00%

※ 제1기 사업연도는 분할설립 후 2019년 10월 1일부터 12월 31일까지입니다.

출처-DART 두산퓨얼셀 2021 3분기보고서

두산퓨얼셀의 주력 시장인 한국은, 연료전지 글로벌 보급량의 약 40%를 점유하며, 세계 최대의 연료전지 발전시장으로 성장했습니다. 이는 연료전지 사업 육성을 위한 정부의 정책적 지원과 설치면적이 작고 기상조건과 무관하게 안정적인 가동이 가능한 연료전지의 특성에 기인합니다. 또한 한국은 완비된 LNG 망을 활용할 수 있으며, 향후에도 국내 시장은 단가 하락을 통한 경제성 확보와 전후방 연계사업 성장 등을 기대할 수 있습니다.

두산퓨얼셀이 주목 받기 시작한 이유는 정부의 신재생에너지 보급 및 수소경제 활성화 정책 덕분입니다만, 전 세계적인 ESG 바람 등 친환경적인 '연료전지'가 필수 인프라도 뜨고 있습니다.

인적분할 이후에 두산퓨얼셀의 재무제표를 살펴보면 자산총계가 급증하고 있습니다. 2019년 4,957억 원→2020년 7,901억 원으로 1년 사이 1.5배 증가합니다. 손익계산서 상으로 출범 초기에는 좋은 실적(영업이익 195억 원 영업이익율 8.8%) 보여줬습니다.

그렇지만 2021년 3분기까지는 다른 면도 보입니다. 두산퓨얼셀의 자산 증가 추이 중에 구성비가 높은 자산은 단기투자증권 3,554

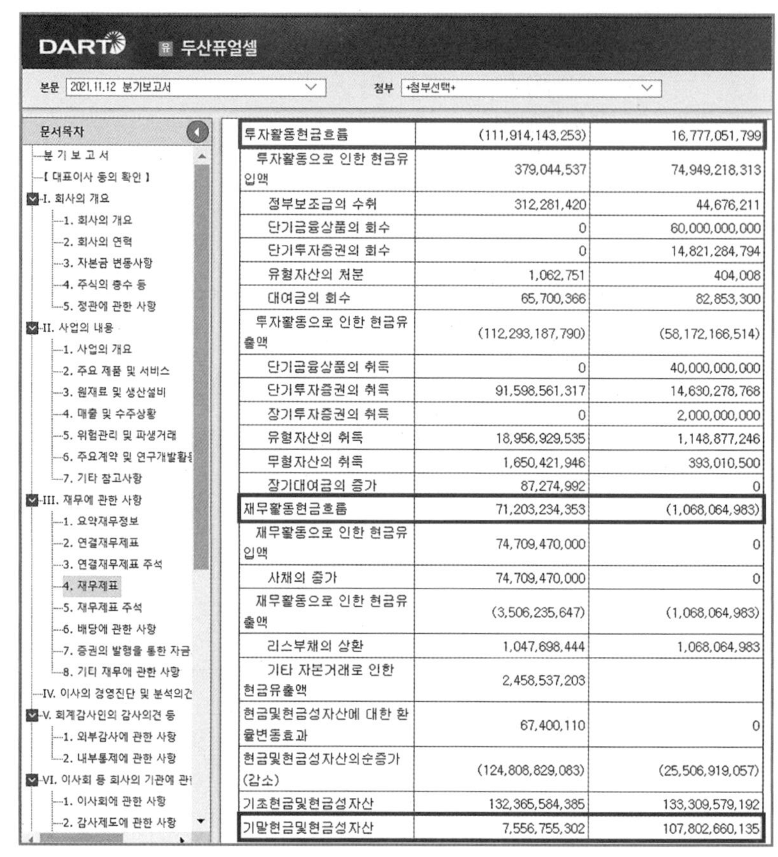

투자활동현금흐름	(111,914,143,253)	16,777,051,799
투자활동으로 인한 현금유입액	379,044,537	74,949,218,313
정부보조금의 수취	312,281,420	44,676,211
단기금융상품의 회수	0	60,000,000,000
단기투자증권의 회수	0	14,821,284,794
유형자산의 처분	1,062,751	404,008
대여금의 회수	65,700,366	82,853,300
투자활동으로 인한 현금유출액	(112,293,187,790)	(58,172,166,514)
단기금융상품의 취득	0	40,000,000,000
단기투자증권의 취득	91,598,561,317	14,630,278,768
장기투자증권의 취득	0	2,000,000,000
유형자산의 취득	18,956,929,535	1,148,877,246
무형자산의 취득	1,650,421,946	393,010,500
장기대여금의 증가	87,274,992	0
재무활동현금흐름	71,203,234,353	(1,068,064,983)
재무활동으로 인한 현금유입액	74,709,470,000	0
사채의 증가	74,709,470,000	0
재무활동으로 인한 현금유출액	(3,506,235,647)	(1,068,064,983)
리스부채의 상환	1,047,698,444	1,068,064,983
기타 자본거래로 인한 현금유출액	2,458,537,203	
현금및현금성자산에 대한 환율변동효과	67,400,110	0
현금및현금성자산의순증가(감소)	(124,808,829,083)	(25,506,919,057)
기초현금및현금성자산	132,365,584,385	133,309,579,192
기말현금및현금성자산	7,556,755,302	107,802,660,135

출처-DART 두산퓨얼셀 2021 3분기보고서

억 원과 재고자산 1,742억 원이 눈에 많이 띄게 증가했습니다. 금융자산은 핵심 영업자산이 아니며, 특히 재고가 누적되고 있다는 점은 주의 깊게 살펴봐야 합니다.

두산퓨얼셀의 영업이익도 2021년에 들어와서는 조금 정체되는 느낌입니다. 매출액이 감소했습니다. 그리고 영업이익은 90억 원, 당기순이익 28억 원으로 감소한 상태입니다.

흥미로운 부분은 투자활동현금흐름입니다. 1,000억 원에 가까운 현금 유출입이 기록돼 있는데 '사채'를 통해서 자금을 조달하고 그리고 현재로서는 단기투자증권에 자금을 '파킹'하고 있는 모양입니다. 왜 더 시설투자를 하지 않을까요? 두산퓨얼셀의 주요 주주는 두산중공업으로서 지분율 19.49%를 갖고 있으며, ㈜두산 역시 15.29%를 소유하고 있습니다. 두산그룹의 새로운 핵심 기업입니다. 그렇다면 향후 획기적이고, 과감한 투자를 위해 자금을 모으고 있는 게 아닐까 추측합니다.

저평가된 종목 중에 하나라고 봅니다. 전 세계적으로 친환경, 에너지 고효율에 대한 니즈는 증가할 수밖에 없습니다. 수소산업이라는 점이 아직은 투자자들에게 낯설 수 있는 분야지만 그 안에서 성장성이 가장 높은 회사 중에 하나라고 생각합니다.

투자 팁

두산퓨얼셀은 정부 수소경제 로드맵 등 정책 수혜주 성격이 질습니다. 그런데 그보다는 다른 관점에서 접근해야 할 지점이 있습니다. 석탄에너지를 전기로 만들어 쓰는 시대의 한계점을 느끼는 시점입니다. 두산퓨얼셀은 그 대안 중 한 곳에 투자하는 기업이다.

회사 소개

(FY2021 3Q 기준)

- **회 사 명:** 두산퓨얼셀(주)
- **회사개요:** 두산퓨얼셀(주)는 연료전지 및 신재생에너지 사업, 설비의 개발, 제조, 판매 및 관련된 기타 설치, 유지보수 서비스 제공 등을 주 사업목적으로 2019년 10월 1일을 분할기일로 하여 (주)두산에서 인적분할돼 신규 설립됐다. 분할 이후 2019년 10월 18일에 한국거래소 유가증권시장에 상장됐다.
- **주주구성:** 두산중공업(주) 19.45%, (주)두산 15.29% 기타 60.74%

※ 우선주는 (주)두산이 12.4% 및 최대주주의 특수관계인이 22.0%, 그 외 나머지가 65.6%의 지분을 보유하고 있습니다.

매출액 상승 있으면 큰 이익으로 돌아올

네오팜

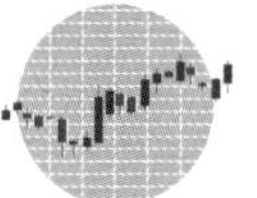

외형성장이 이뤄지고 있지만 다소 더디다고 시장에서는 바라보고 있는 듯하다. 현재의 과도한 주가의 하락이 나중에는 좋은 투자 포인트가 될 수 있다. 2000년 설립돼 민감피부 전문 화장품, 의료기기, 건강기능식품 등으로 사업 분야가 구분된다. 주력사업은 민감피부 전문 스킨케어 화장품. 대표 브랜드로는 '아토팜', 피부장벽 전문 더모코스메틱 '리얼베리어', 생활보습 바디 전문 '더마비', 자연주의 컨셉의 '티엘스' 가 있다.

2년째 마스크를 온종일 쓰고 삽니다. 남자들은 전혀 못 느낄 거 같은데 화장을 하는 여성들은 변화가 있을 것입니다. 마스크 때문에 입술화장은 줄고, 눈 화장이 강조된다고 합니다.

코로나19 후엔 피부 보호를 위해 화장하는 여성의 비중이 137%나 증가했다. 여성의 화장 목적이 여성미 추구에서 코로나19 후엔 마스크 착용으로 인해 생긴 피부 트러블 완화 목적으로 바뀐 것이라고 합니다.

화장품 산업은 소비재 산업으로서 고객의 주목을 받기 위한 차별적인 신상품 개발과 마케팅이 중요합니다. 패션 트렌드에 민감하며,

계절적 수요 변동과 개인별 선호 차이로 인해 상품의 종류가 매우 다양한 특성을 가지고 있습니다.

코로나19 전후로 주소비자(여성)들의 화장 행태가 바뀌는 것도 중요한 변화지만, 그럼에도 최근 국내 화장품 산업에 가장 치명적인 부분은 해외수출 즉 중국 시장입니다. 전 세계 팬데믹으로 경기침체, 외부활동이 금지된 것 등 그동안 닦아 놓은 유통망이 무용지물이 됐습니다. 코로나 이후 화장품 산업에 가장 큰 변화는 유통채널의 중심이 디지털 쪽으로 확 변한다는 게 시장재편의 계기가 될 것으로 생각됩니다.

코로나19 확산으로 국내외 화장품 시장 및 소비 행태에도 영향을 끼쳤습니다. 색조 화장품에 대비해 스킨케어 화장품의 수요가 증가했습니다. 게다가 마스크 때문에 피부 트러블이 많이 생깁니다.

피부 관련 화장품 회사가 영향을 받을까요? 떠오르는 데는 네오팜입니다. 네오팜은 보습제 등 민감성 스킨케어 제품 등을 생산, 국제특허 피부장벽기술MLE(Multi-Lamellar Emulsion) 보유 등 기술력을 확보하고 있는 회사입니다. 대표 브랜드는 '아토팜'으로 스킨케어 중 보습 부문에 독보적인 경쟁력을 갖추고 있습니다.

네오팜의 매출이 급증했을까? 재무제표에 변화는 있습니다. 그러나 오히려 화장품 산업을 이해할 수 있는 흥미로운 부분도 보입니다. 2015년부터 재무제표를 살펴보니 2019년부터 자산은 급증하고, 매출액도 2018년에 비해 25% 상승한 변화를 보입니다. 그

전까지는 매년 조금씩 늘고 영업이익도 62억 원(2015)→95억 원(2016)→140억 원(2017) 정도였습니다.

역시나 화장품 쪽은 원가율이 낮습니다. 25~28%밖에 안 되니 매출액이 662억 원인 2018년 영업이익이 192억 원, 2020년 영업이익 219억 원에 영업이익률 26.8%, 당기순이익율 22.2%. 매출액이 1,000억 원이 안 넘는 네오팜이지만 이익은 수천억 원 제조업 회사 부럽지 않습니다.

특징적으로 최근 네오팜의 단기금융자산이 확 늘었습니다. 2021

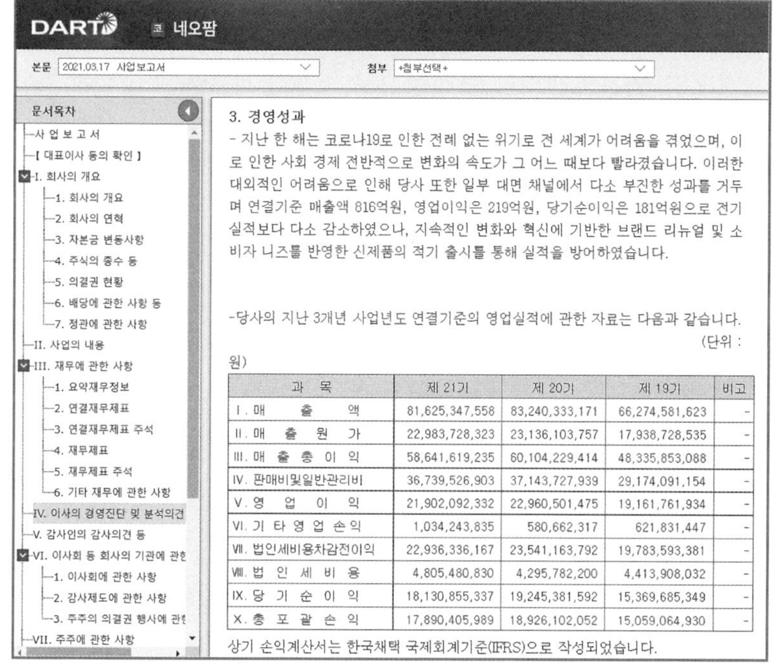

DART 네오팜

본문 2021.03.17 사업보고서 　 첨부 +첨부선택+

문서목차

3. 경영성과

- 지난 한 해는 코로나19로 인한 전례 없는 위기로 전 세계가 어려움을 겪었으며, 이로 인한 사회 경제 전반적으로 변화의 속도가 그 어느 때보다 빨라졌습니다. 이러한 대외적인 어려움으로 인해 당사 또한 일부 대면 채널에서 다소 부진한 성과를 거두며 연결기준 매출액 816억원, 영업이익은 219억원, 당기순이익은 181억원으로 전기 실적보다 다소 감소하였으나, 지속적인 변화와 혁신에 기반한 브랜드 리뉴얼 및 소비자 니즈를 반영한 신제품의 적기 출시를 통해 실적을 방어하였습니다.

-당사의 지난 3개년 사업년도 연결기준의 영업실적에 관한 자료는 다음과 같습니다.

(단위 : 원)

과 목	제 21기	제 20기	제 19기	비고
Ⅰ. 매출액	81,625,347,558	83,240,333,171	66,274,581,623	-
Ⅱ. 매출원가	22,983,728,323	23,136,103,757	17,938,728,535	-
Ⅲ. 매출총이익	58,641,619,235	60,104,229,414	48,335,853,088	-
Ⅳ. 판매비및일반관리비	36,739,526,903	37,143,727,939	29,174,091,154	-
Ⅴ. 영업이익	21,902,092,332	22,960,501,475	19,161,761,934	-
Ⅵ. 기타영업손익	1,034,243,835	580,662,317	621,831,447	-
Ⅶ. 법인세비용차감전이익	22,936,336,167	23,541,163,792	19,783,593,381	-
Ⅷ. 법인세비용	4,805,480,830	4,295,782,200	4,413,908,032	-
Ⅸ. 당기순이익	18,130,855,337	19,245,381,592	15,369,685,349	-
Ⅹ. 총포괄손익	17,890,405,989	18,926,102,052	15,059,064,930	-

상기 손익계산서는 한국채택 국제회계기준(IFRS)으로 작성되었습니다.

출처-DART 네오팜 2020 사업보고서

년 1분기 904억 원. 주석으로 확인하니 단기금융상품 840억 원 기록돼 있습니다. 금융수익(이자)은 12~13억 원이니 저금리 시대에 단기금융상품은 큰 수익을 주지는 못하네요. 여하튼 네오팜이 여유자금이 많은데 주식투자는 안 하고 있다는 사실을 봤을 때, 보수적인 경영 스타일이 아닐까 조심스럽게 추측합니다.

2021년 1분기 매출액이 229억 원이고 영업이익이 67억 원을 냈습니다. 지난해도 좋은 편이었는데 2021년에도 견조한 성장이 기대되는 시그널입니다.

생각보다 네오팜의 매출액 규모가 적습니다. 유형자산 역시 100억 원 규모로 공장도 크지 않습니다. 네오팜의 장점은 특화된 시장과 그리고 기술력입니다. 네오팜이 주력으로 삼는 "보습제 시장은 환경오염 및 스트레스의 증가 등으로 민감성 피부용 보습제에 의한 관리가 필요한 인구의 증가로 성장 가능성이 큰 시장이며, 일반 화장품은 소비재로서 브랜드 이미지에 의하여 소비자의 선택이 크게 좌우되나, 민감성피부용 보습제의 경우 소비자가 갖고 있는 문제를 해결할 수 있는 품질 수준을 확보하지 못하면 차별적인 마케팅으로도 성공할 수 없는 시장입니다."

즉 피부에 맞지 않으면 좀처럼 바꾸지 않는 제품이라는 점입니다. 다만 시장 규모가 작은 이유도 있습니다. "보습제 시장은 계절과 밀접한 관련이 있습니다. 날씨가 건조해지는 동절기에는 화장품 사용의 증가로 판매가 향상되며, 습도가 높은 하절기에는 판매 하락을 보이고 있습니다."

기술력이 해자가 될 것인가?

네오팜은 사람의 피부에서 발생하는 다양한 피부질환 또는 문제들을 인체의 항상성(homeostasis) 유지, 피부장벽기능(Skin barrier function) 강화, 면역 조절(immune modulation)이라는 관점에서 접근하여 이를 해결할 수 있는 생체 기능성 소재를 선도적으로 개발하고, 이의 응용 연구에 주력한다고 합니다. 실질적으로 매출액의 3% 정도를 연구개발비에 투자하고 있습니다. 금액으로 따지면 28억 원. 숫자로 보면 또 그리 크지 않습니다.

화장품 산업은 OEM/ODM 전문업체(한국콜마, 코스맥스)의 발달로 인해 제조시설을 보유하지 않은 중소기업들도 화장품 시장 진입이 활발해짐에 따라 경쟁이 점점 치열해지는 상황입니다. 네오팜이 강점을 많아 가진 민감성피부용 보습제 시장도 2000년 초까지만 해도 2~3종에 불과했으나 경쟁자와 다수의 브랜드가 생겨났습니다.

2021년 1분기 실적이 좋지만 실제로는 코로나19 타격이 있습니다. 다행히 네오팜의 브랜드 중 제로이드와 더마비의 매출이 20% 정도 늘면서 건강식품 쪽 손실을 커버하고 있다고 합니다.

앞으로 유통 다변화와 해외 진출을 통해서 경쟁력을 강화한다고 합니다. 그런데 약간의 변화가 2021년 1분기에 보입니다만, 매출구조를 살펴보면 건강식품 쪽 비중 그리고 해외판매 매출이 아직은 미미합니다.

기본적으로 네오팜은 유아용 스킨케어 제품 아토팜이 입소문을 타면서 성장한 기업입니다. 해외 진출 역시 비슷한 전략으로 접근하고 있습니다. 손익구조를 보면 매출액 상승만 있으면 큰 이익으로 돌아올 수 있습니다.

투자 팁 ...

2021년 2~3분기 실적 중에 해외 쪽 매출 증가 이를 관찰해보면 네오팜의 유통전략이 성공하는지 확인할 수 있을 것입니다. 네오팜을 통해서 드는 생각은 화장품 관련 회사들의 실적은 브랜딩, 효과 등도 중요하지만 '중국장'과 '유통채널' 2가지가 오히려 더 매출에 영향을 준다는 사실입니다.

회사 소개

(FY2021 3Q 기준)

- **회 사 명:** 네오팜
- **회사개요:** 주식회사 네오팜(이하 "회사")는 2000년 7월에 설립돼 화장품 등을 주요 사업으로 영위하고 있다. 대전광역시 테크노2로 309-8에 본사와 제조시설을 두고 있다. 회사는 2007년 01월 26일에 주식을 코스닥 시장에 상장했다
- **대주주:** 잇츠한불 37.23%.

UNDERVALUED
STOCKS

| 에필로그 |

시장이 열리는 250일,
주가 상승 시기는 단 50일!
여러분은 어떻게, 어디에 투자할 건가요?

'재무제표 읽는 남자'로 회계지식을 활용하는 책을 써왔습니다. 직장인이 갖춰야 할 회계 마인드, 취준생이 필요한 기업정보를 재무제표로 풀어냈습니다. 그러다 보니 자연스럽게 '주린이'의 후회에 공감할 때가 많았습니다. "예상하고 안 산 주식은 상승하고, 직접 투자한 종목은 사자마자 떨어지는데 대체 왜 그럴까요?" 하고 묻습니다. 그리고 이들이 재무제표를 전혀 보지 않는다는 점이 안타까웠습니다. 그 중요성을 알고, 공부한 분들도 때로는 숫자를 믿지 않습니다. 그래서 아예 기업 재무제표에 담긴 숫자를 쉽게 설명하고, 기업의 투자 장단점을 미리 말해 줘야겠다 싶어 이 책을 기획했습니다.

_재무제표 읽는 남자 **이승환**

파생상품은 누군가 돈을 번다면, 다른 한쪽은 돈을 잃을 수밖에 없는 구조입니다. 그렇지만 주식투자는 모두가 승리하고, 다 함께 성공할 수 있습니다. 그 길 위에서 실패할 수밖에 없는 회사에 투자했거나, 성공을 끝까지 기다리지 못하는 투자자가 있을 뿐입니다. 1년 중 주식시장이 열리는 약 250영업일 중에 200일은 주가가 하락합니다. 단 50일이 주가를 상승시키고, 급등해 기업의 가치를 변화시킵니다. 그 50일까지를 기다리는 데 도움을 주고 싶습니다.

_하나금융투자 부장 **황우성**

주식투자에는 여러 방법이 있습니다. 그 시작은 회계를 아는 것에서부터 시작한다고 확신합니다. 회계는 비즈니스 언어입니다. 기업의 사업을 이해하고, 이익이 나는지, 성장하고 있는지, 부실은 없는지 판단하기 위해서는 회계가 출발점이 돼야 합니다. 물론 회계를 아는 것이 성공투자를 보장하는 것은 아닙니다. 주식에서의 성공은 내가 산 가격보다 비싼 가격에 파는 단순한 논리이므로, 오르는 종목을 사서 내가 산 가격보다 비싸게 팔기만 하면 된다고 생각하고, 투자하는 회사에 대한 아무런 지식이 없이 매수했다가는 낭패를 당하기 쉽습니다.

'남자친구 경제력 알아보는 법'이라는 유튜브 영상이 인기라고 합니다. 남자친구가 허세를 부리는지, 검소하지만 알짜인지 꼼꼼히 따져